디지털 쇼크
한국의 미래

디지털 쇼크
한국의 미래

초판 1쇄 발행 2021년 3월 22일
초판 2쇄 발행 2021년 3월 29일

지은이 이명호
펴낸이 권미경
편집 임경진
마케팅 심지훈, 강소연, 김재영
디자인 어나더페이퍼
펴낸곳 ㈜웨일북
출판등록 2015년 10월 12일 제2015-000316호
주소 서울시 서초구 강남대로95길 9-10 웨일빌딩 201호
전화 02-322-7187 **팩스** 02-337-8187
메일 sea@whalebook.co.kr **페이스북** facebook.com/whalebooks

ⓒ 이명호, 2021
ISBN 979-11-90313-79-7 03320

소중한 원고를 보내주세요.
좋은 저자에게서 좋은 책이 나온다는 믿음으로, 항상 진심을 다해 구하겠습니다.

문명의 변곡점에서 2030 대한민국을 전망하다

디지털 쇼크 한국의 미래

이명호 지음

whale books

일러두기

1. 외국 인명 · 지명 · 독음 등은 외래어표기법을 따르되 일부 단어에 대해서는 업계에서 통용되는 표기를 따랐다.

2. 책 제목은 『 』으로, 논문과 기사, 짧은 글의 제목은 「 」로, 신문, 잡지 등의 제목은 《 》로, 영화와 TV 프로그램은 〈 〉로 묶었다.

디지털문명,
변곡점에 서다

디지털은 이제 일상적인 단어가 되었다. 너무 많이 듣고 쓰고 있어서 디지털이 어떤 기술이라고 정확히 이해하지 못했더라도 단어 자체를 익숙하게 받아들인다. 아침에 일어나서부터 저녁에 다시 잠자리에 들 때까지 디지털 기기를 이용하여 물건을 사고, 금융 거래를 하고, 택시를 부르고, 뉴스를 보고, 사회관계망서비스sns를 이용한다. 현대사회는 디지털이 일상생활의 기반이 된 사회라고 볼 수 있다.

디지털이라는 말이 처음 등장했을 때는 가장 트렌디한 업계인 광고계에서 많이 사용할 정도로 첨단의 상징이자 핫Hot한 용어였다. 그러나 디지털 네이티브 세대가 청년이 되어 사회의 주도세력으로 등장하고 있는 이 시기에 디지털은 그저 평범한 단어일 뿐이다. 그래서 '4차 산업혁명'이라는 용어가 그 자리를 대신하기도 했다. 그런데 우리는 정말 디지털 시대에 걸맞게 살고 있는 것일까? 혹시 가죽 털옷을 걸치고 손에는 돌도끼 대신 스마트폰을 들고 있는 것은 아닐까?

디지털이 가져오는 본질적 변화를 우리 사회가 제대로 인식하지 못하고 있고, 여전히 산업사회의 틀 속에서 살고 있는 것은 아닌가 하는 의문 속에서 이 책을 쓰게 되었다.

사회구조를 바꾸는 범용기술

전 세계가 디지털이라는 용어에 주목하게 만든 사람은 니콜라스 네그로폰테Nicholas Negroponte다. 매사추세츠공과대학MIT 미디어연구소 설립자인 그는 1995년에 『디지털이다』라는 책을 펴내고 디지털 전도사가 되었다.

네그로폰테는 『디지털이다』라는 책에서 이렇게 서술했다. "기술의 최소 단위를 연구하고 그 기술이 만들어내는 새로운 기계를 분석하면 그 기계가 가져오는 인류 사회의 변화를 해석할 수 있고, 그 속에서 사회 변혁의 원동력을 찾아내면 새로운 질서의 창조 방향을 제시할 수 있다." 네그로폰테가 말한 이러한 기술을 범용기술GPT, General Purpose Technology이라 한다. 범용기술은 여러 경제 분야에 영향을 주는 모태가 되는 기술로서, 가정의 삶의 방식뿐만 아니라 기업, 사회의 운영 방식에도 큰 변화를 일으키는 근본적인 기술을 의미한다.

산업혁명을 가져온 범용기술은 증기기관이었다. 증기기관은 내연기관을 거쳐 모터로 발전했지만, 여전히 회전력을 이용해 동력을 만들어내는 기관이라는 점에서 둘은 같은 원리다. 광산의 물을 퍼 올리던 증기기관은 방적기와 기차의 동력으로 사용되면서 산업의 시대를 열었다. 내연기관은 자동차의 발명으로 이어져 생활상에 여러 변화를 가져왔다. 기차와 자동차는 근대도시의 형성과 성장에 커다란 기여를 했다. 동력기관은 전기 모터로 진화하면서 가정으로 들어왔다. 전기 모터로 작동되는 많은 가전제품(세탁기에서부터 냉장고에 이르기까지)은 가사 노동의 혁명, 나아가 여성의 사회 진출과 여성 해방의 물질적 기반이 되었다. 그래서 산업사회는 엔진이라는 범용기술에 기반한 사회라고 할 수 있고, 이 범용기술은 근대 도시화와 생산의 혁명을 촉발했다.

현대에 들어서는 디지털 기술이 발전하면서 엔진에 기반한 여러 제품이 사라지고 있다. 현재 우리가 사용하는 대부분의 제품이 디지털 기술을 기반으로 하고 있다. 한 사회의 범용기술이 엔진에서 디지털로 바뀐 것이다. 예를 들어 음악을 들을 때에도 예전에는 전축과 음반을 이용했다면, 이제는 MP3 플레이어와 음원만 있으면 된다. 사용하는 제품이 바뀌어도 음악을 듣는다는 점은 똑같고, 제품의 기술이 달라져도 음향에는 별로 달라지는 것이 없다고 느끼는 사람도 많을 것이다.

그러나 조금 더 생각해 보면 엄청난 차이를 알 수 있다. 전축과 음반은 아날로그로, 한번 만들어지면 바꾸기가 어렵다. 반면에 디지털은 가공이 쉽다는 것이 특징이다. 디지털화된 것은 쉽게 수정할 수 있다. 이전의 책, 필름, 앨범, CD 시대에는 불가능했지만 지금은 누구나 컴퓨터에서 글, 소리, 사진, 영상 등을 가공하여 자신만의 콘텐츠를 만들 수 있다. 아날로그는 변경이 어렵고, 변경 비용이 많이 들었으나, 디지털은 변경이 쉽고 비용이 저렴하다. 1인 미디어, 1인 기업가의 시대는 바로 이러한 디지털의 특징 때문에 가능하다.

지식을 다루는 기술의 변화가 혁명의 시작

산업사회의 또 다른 범용기술을 꼽자면 인쇄술을 들 수 있다. 증기기관이 발명된 때는 1769년이고 활판인쇄기가 발명된 때는 1450년이기 때문에 두 기술 사이에는 300여 년의 차이가 있다. 하지만 산업사회의 특징을 가장 잘 보여주는 기술은 인쇄술이다. 인쇄술이 발명되기 전까지 책은 필사로만 제작되었기 때문에 같은 내용을 필사했더라도 동일한 제품이라고 할 수 없었다. 사람이 하는 일이다 보니 잘못 옮겨 적은 문장에서부터 페이지까지 모두 조금씩은 달랐다.

인류 역사에서 수작업으로 제작된 제품들은 동일 제품이라고 말할 수 없었다. 그러나 인쇄술로 만든 책은 전부 동일한 제품이다. 인쇄술은 동일한 제품이 대량으로 생산되는 산업 시대의 공장제 생산방식을 그대로 보여준다. 표준화된 제품을 생산하는 인쇄술은 귀족을 위한 제품에서 대중을 위한 제품으로 시대의 변화를 예고하는 것이었다. 그래서 디지털이 발명되기까지 산업사회는 여전히 인쇄술에 기반한 사회였다.

지식을 다루는 범용기술 인쇄술이 가져온 또 다른 특징은 지식을 표준화했다는 것이다. 인쇄된 책에 담긴 지식은 어느 지역, 어느 시대에도 동일하다. 시공간을 넘어 지식이 표준화되면서 지식이 더 널리 퍼져나가고, 이러한 지식에 기반하여 새로운 지식이 발전할 수 있었다. 학문의 시대, 과학의 시대가 열렸고 이는 산업혁명으로 이어질 수 있는 지적 토대를 제공했다.

다시 디지털로 되돌아가 보자. 디지털은 범용기술이자 동시에 지식을 다루는 기술이라는 특징을 가지고 있다. 지식을 다루는 인쇄술이 증기기관의 발명과 산업혁명으로 이어졌듯이 디지털도 시작은 지식을 다루는 기술이었다. 수학과 공학에 편의를 더한 계산기가 그 출발이었고 이후 글에서부터 소리, 사진, 영상을 다루는 기술이 되었다. 그리고 또 한 번 획기적인 변화를 맞이한다. 디지털의 발달로 글은 더 이상 인쇄 과정이 필수가 아니게 되었다. 컴퓨터로 작성하여 인터넷에 올리면 바로 전 세계의 누구나 읽을 수 있다. 또한 게시된 후에도 언제든지 수정과 업데이트가 가능하다. 글의 일부가 다른 저작물과 쉽게 합쳐지고, 하이퍼링크로 연결되어 새로운 지식이 형성된다. 지식의 생산과 유통에서 시공간의 장벽이 없어지고, 지식의 생성이 가속화되는 사회가 되었다. 소수의 지식인이 책과 논문을 내는 시대에서 누구나 지식인, 작가가 되는 시대가 열렸다.

디지털이 그릴 미래와 한국의 현주소

산업 시대에는 새로운 것을 시도하는 일에 비용이 많이 들었기 때문에 한정된 전문가에게만 허용되었다. 그러나 디지털 시대에는 누구나 쉽게 지식과 콘텐츠를 만들고 새로운 일을 시도해 볼 수 있게 되었다. 산업 시대가 1명이 도전하고 9명이 따르는 시대였다면, 디지털 시대는 10명이 도전하고 1~2명이 대박을 터트리는 시대인 것이다. 그 어느 때보다 개성과 창의성, 도전이 중요한 시대가 되었다.

그러나 우리 사회는 여전히 시대의 변화를 잘 이해하지 못하고 있다. 급속한 산업화로 선진국 반열에 오른 한국의 성공모델은 빠른 추격자 전략이었다. 선진국의 산업 모델을 모방하는 방식이다. 토지와 설비 등 자본이 많이 드는 산업은 정부와 은행의 지원을 받아 소수의 기업가만이 빠르게 성장할 수 있었다. 그리고 이런 모델에 맞게 학교 교육을 비롯한 사회는 표준화된 인력을 양산하고 활용하는 방식으로 운영되었다. 바로 이러한 산업화의 성공모델이 오히려 디지털화의 발목을 잡고 있다. 디지털화에 맞게 사회 전반이 변해야 하는데 이미 시대에 뒤처진 산업화의 성공모델과 의식에 갇혀 있는 것이 현재 한국 사회의 문제라고 할 수 있다.

그렇다면 우리가 대비해야 할 디지털이 가져올 충격은 무엇일까? 디지털이 인공지능으로 진화하면서 산업과 경제의 변화는 사회제도의 변화로 이어질 것이다. 인간의 육체적 능력을 대신하여 증기기관이라는 동력이 등장했듯이, 인간의 정신적 능력을 대신할 인공지능의 등장은 인류 문명사에서 혁명적인 사건이라고 할 수 있다. 그 혁명적 사건은 어떤 변화를 가져올 것인가? 특히 코로나바이러스감염증-19 Covid-19 (이하 코로나19) 팬데믹이 강제한 사회적 거리두기는 디지털 전환을 더욱 가속하고 있다.

디지털과 인공지능에 의한 자동화, 지능화라는 생산 혁명은 스마트홈, 스마트팩토리, 스마트워크, 스마트시티라는 공간 혁명으로 진화하고 있다. 일하는 방식이 디지털로 전환됨에 따른 원격근무로 기업과 사무실이 바뀌고 있다. 직장의 시대가 저물고 있다는 뜻이다. 또한 기후변화와 지속가능성에 대한 위기의식으로 새로운 삶의 공간으로서 도시와 공동체의 등장이 요구되고 있다. 이는 사회시스템의 변화를 예고하는 것이고, 사람들에게 새로운 삶의 기준이 필요하다는 것을 의미한다.

디지털혁명이 새로운 문명 즉 디지털문명의 단계로 넘어가고 있다. 우리는 지금 산업문명에서 디지털문명으로 넘어가는 변곡점에 서 있다. 이 책의 목적은 이러한 변화를 추적하고, 분석하여 미래를 전망하고, 준비하는 데 있다.

디지털 시대에 살아남기 위한 성찰 촉구

디지털에 의한 변화가 긍정적인 것만은 아니다. 오히려 변화의 폭이 큰 만큼 사회 전 분야에 위기를 유발하고 있다. 잠재되어 있던 디지털의 본성이 드러나면서 디지털 경제에 대한 우려도 커지고 있다. 플랫폼은 글로벌화를 넘어 독점화되고, 인공지능에 의해 일자리가 감소하고, 보호받지 못하는 플랫폼 노동이라는 새로운 취약계층이 생기고 있다. 모든 사람에게 도전이 가능한 시대가 열렸지만, 승자는 소수에 불과하고 그들의 시장지배력은 더 커졌다. 전통적인 노동의 해체에 따른 불안감은 기본소득 논의를 촉발했다.

그뿐만 아니라 우리 주변을 둘러싼 디지털 기기에서 수집하는 빅데이터는 거대한 감시망의 등장을 예고하고, 개인정보와 프라이버시가 권력에 의해 쉽게 침해될 수 있는 가능성을 안고 있다. SNS는 정치적 편향과 대립을 심화시키고, 가짜뉴스가 민주주의를 위협하고 있다는 우려도 커지고 있다. 글로벌화를 완성했던 인터넷은 양극화의 공간이 되고 있다. 세계를 연결하던 통신망은 다시 미국과 중국의 양 진영으로 분열될 조짐을 보이고 있다.

점점 더 힘이 세지는 디지털 시대를 어떻게 맞이할 것인가? 디지털의 승자독식 위험을 줄이고 더불어 사는 새로운 번영의 기반을 만들 수 있을 것인가? 대한민국은 어떻게 디지털문명의 선도국가가 될 수 있을 것인가? 경제와 기업은 어떻게 변화해야 하는가? 공동체와 도시를 어떻게 새롭게 구성할 것인가? 노동과 직업의 변화에 어떻게 대응하고 준비할 것인가? 사회보장제도를 어떻게 개편할 것인가? 개인은 디지털 시대에서 살아남기 위해 무엇을 준비해야 하는가?

디지털이 가져올 문명적 전환을 이해하고 기존의 사고와 행동을 바꾸고 미래를 대비해야 한다. 시대는 우리의 성찰을 촉구하고 있다. 이 책이 앞으로 가야 할 길을 고민하는 사람, 기업과 직장의

디지털 쇼크 한국의 미래

미래를 준비하는 사람, 나아가 도시와 사회공동체의 미래를 고민하는 사람에게 도움이 되기를 바란다.

목차

1부

 디지털 시대를 이해하기 위한 최소한의 지식

2부

 새로운 지식 권력의 등장

3부

 이미 와 있는 미래 속 기회와 위기

4부

디지털 시대의 일과 공간

5부

대전환의 시대, 한국의 생존 전략

1부

디지털 시대를
이해하기 위한
최소한의 지식

1장

디지털,
새로운 시대를 열다

디지털이 사회적으로 주목을 받은 지도 벌써 20년이 넘었다. 계산기에서 시작한 컴퓨터는 인터넷과 스마트폰, 빅데이터와 사물인터넷IoT을 거쳐 인공지능AI이라는 새로운 단계로 진입하고 있다. 디지털이라고 통칭할 수 있는 이 기술들은 이메일이나 정보 검색을 넘어 콘텐츠 유통과 전자상거래, SNS, 모바일 애플리케이션 등 일상생활 영역에 들어왔다.

산업 현장에서도 인공지능과 로봇의 도입 및 활용이 늘어나고 있다. 이는 경제의 재편으로 이어지는 연쇄효과를 일으키고 있으며 그 강도 역시 커지고 있다. 음반산업은 한순간에 사라지고 디지털 음원이라는 새로운 시장과 산업생태계가 만들어졌다. 유통 분야는 아마존과 알리바바라는 전자상거래 업체가 장악하여 기존 유통업을 몰아내고 있다. 전기자동차 업체 테슬라가 전통적인 내연기관 자동차 업체보다 시장 가치가 더 커졌다. 비대면untact 서비스와 원격근무, 재택근무가 일반적인 현상이 되었다. 디지털은 우리의 일상생활을 넘어 사회구조와 작동 방식에도 영향을 끼치고 있다.

디지털이 그리는 새로운 미래에 대한 본격적인 논의에 앞서 지식기술이자 범용기술인 디지털의 기술적 특성을 살펴보려 한다. 이것이 사회 변화와 어떻게 연계되어 있으며 앞으로 사회는 어떻게 운영될 것인가를 분석하고 전망해 보자.

컴퓨터와 CPU는 시간의 기술이다

디지털이라는 범용기술의 핵심은 컴퓨터다. 컴퓨터의 특징은 핵심부품인 중앙처리장치CPU, Central Processing Unit와 관련이 있다. 연산장치인 CPU의 성능은 CPU 내부에서 일정한 주파수를 가지는 신호 '클럭Clock'의 속도로 결정된다. 이 신호에 동기화되어서 CPU의 모든 명령어가 동작한다. 예를 들어 클럭 수가 3.0GHz이면 초당 30억 회의 명령어를 처리할 수 있다는 것을 의미한다. 클럭 속도가 높을수록 제한된 시간에 더 많은 명령을 처리할 수 있기 때문에 CPU는 클럭 속도를 높여왔다. 현재 모든 사람이 손안에 들고 있는 스마트폰의 CPU 속도는 몇십 년 전 세상에 몇 대 없던 슈퍼컴퓨터의 CPU 속도보다 빠르다.

산업사회의 범용기술인 엔진 기술은 엔진의 속도에 따라, 같은 시간 안에 얼마나 멀리 가는가와 얼마나 많은 물건을 만들어내는

가가 결정되었다. 생산성의 시대였다는 뜻이다. 반면에 디지털사회의 범용기술인 컴퓨터, 즉 CPU는 같은 양을 얼마나 짧은 시간 안에 처리하는가로 성능이 결정된다. 생산성에서 효율성으로 척도가 바뀌었다.

하드웨어 CPU와 소프트웨어 알고리즘은 얼마나 시간을 단축하는가를 놓고 경쟁하며 발전하고 있다. 산업혁명 시대에는 생산성이 높은 기계를 개발하기 위해 경쟁했다. 그러나 지금은 생산 측면에서 공급이 부족하지 않은 시대가 되었다. 같은 양을 얼마나 적은 시간 안에 생산할 것인가, 노동력과 자원을 얼마나 절약할 것인가, 어떻게 품질을 높일 것인가로 경쟁의 기준이 바뀌었다. 이는 경제 분야에서도 엄청난 프레임의 변화를 의미한다. 산업혁명 시대가 생산성의 시대, 공간 확장의 시대였다면 디지털 시대는 시간을 줄이는 효율성의 시대라고 할 수 있다. 디지털 기술은 생산시간과 노동력을 줄이고 사회적으로 생산에 소요하는 시간을 다른 곳에 쓸 수 있도록 돕는다. 일하는 시간을 줄여서 생긴 여유시간에 다른 일을 할 수 있는 시대가 되었다는 뜻이다. 그러나 안타깝게도 디지털 시대가 시간을 확장해 여유를 선물해 주었지만, 우리는 여전히 산업사회의 생산성이라는 개념에서 벗어나지 못하고 장시간 노동에 시달리고 있다.

인공지능이 선물하는 두 손이 자유로운 생활

도구와 사물의 측면에서 보자면 디지털은 더 이상 사람의 손 조작이 필수가 아니게 만들었다. 직접 조작하지 않아도 움직이는 도구와 사물의 시대가 되고 있다. 그 핵심에는 인공지능의 발전이 있다. 이전의 도구와 기계들은 강력하고 지칠 줄 모르는 동력(엔진)을 기반으로 작동됐다. 그러나 지금의 도구들은 소프트웨어의 보강을 받아 자동화의 수준을 높여가고 있고, 인공지능에 의하여 사람의 조작이 거의 필요 없는 완전 자동화, 지능화로 나아가고 있다. 이러한 자동화는 전자상거래에서 중개인의 업무를 소프트웨어 프로세스로 대체했고, 도면을 그리는 작업은 CAD 프로그램으로 대신했다. 이제 자동화는 인공지능의 도움으로 스마트팩토리와 자율주행차 단계로 진입하고 있다.

　물론 자동화 때문에 인간의 노동력이 필요 없게 될 것이라는 우려의 목소리가 있지만, 그 전에 지능을 내장한 도구를 사용하여 생산성을 더욱 높이고 원하는 것을 더 쉽게 만드는 시대가 올 것이다. 사람들은 엑셀과 같이 쉽게 사용할 수 있는 인공지능을 이용하여 다양한 분야에서 데이터 분석을 바탕으로 효율성을 높이는 방안을 쉽게 찾을 수 있다. 단순 반복적인 작업, 또는 복잡하고 어렵거나 방대한 양의 자료를 처리하는 일에 컴퓨터 소프트웨어를 활용하듯이 점점 더 쉽고 강력해진 인공지능 기능을 내장한 스마트 도구를 이용할 것이다. 이는 개개인이 지능화된 도구를 더욱 잘 다루게 만들고, 거기에 더해 능력도 더욱 강화할 것이다. 인공지능을 장착한 모든 사물은 자율주행차와 같이 자동화의 수준을 높여가며 인간에게 엄청난 편리성을 제공해 줄 것이다.

지식 대중의 탄생과 개인의 영향력 강화

디지털 기반 사회는 산업사회와 다른 사회다. 디지털은 범용기술이면서 지식기술이라는 특징을 가지고 있다. 지식의 측면에서 디지털 기술은 블로그와 위키피디아Wikipedia처럼 대중을 지식생산자로 참여시킬 뿐만 아니라 대중이 쉽게 전문성을 획득할 수 있는 전문성의 대중화를 돕고 있다.

디지털 시대 이전에는 전문가가 되기 위해 전통적인 학교 시스템 또는 도제식 교육이 필요했다. 그러나 디지털이 등장한 후로는 누구나 인터넷을 통해 학습할 수 있고, 쉽게 전문 지식에 접근해 전문가와 같은 수준의 지식을 갖출 수 있게 되었다.

지식 데이터가 풍부해지고 빅데이터를 다루는 강력한 소프트웨어, 인공지능이 발달하면서 전문성은 더욱 대중화되고 있다. 숙련이 필요한 일을 비전문가도 쉽게 할 수 있게 된 것이다. 과거에는 사진을 보정하기 위해 고가의 소프트웨어가 필요했으나 이제는 스마트폰으로 사진을 찍고 애플리케이션으로 쉽게 보정할 수 있다. 기술 발달은 항상 전문성의 대중화를 야기하지만, 디지털은 특히 모든 사람이 사용할 수 있는 만능 도구로서 각 방면의 전문성을 대중화하고 있다. 인공지능 도구를 이용하여 누구나 쉽게 전문가 수준의 그림을 그리거나 작곡을 할 수 있다. 최근의 인공지능 기술은 법률과 의료 등 고소득 전문 분야 서비스의 대중화는 물론, 전문가들 사이의 경험 격차를 허물고 있다. 미국의 IT 기업 IBM이 개발한 인공지능 왓슨Watson의 암 진단 기능을 이용하면 수련의인

인턴도 수십 년 된 전문의와 동일한 수준에 도달할 수 있다.

대중의 지식 참여 증가와 전문성의 대중화는 동시에 개인의 영향력 증대를 유발한다. 이는 세 단계를 거쳐 발전하는데, 초기에는 대중의 지식 참여가 증가하면서 대중의 지식과 지혜를 모으는 일이 쉬워진다. 크라우드소싱Crowd Sourcing, 집단지성이 대표적인 사례다.

두 번째 단계는 연결된 개개인의 강화다. 전문성을 쉽게 습득할 수 있는 개개인은 이와 동시에 연결된 네트워크, 플랫폼 위에서 강한 힘을 발휘할 수 있게 되었다. 이전에는 개인이나 상품을 알리려 해도 한정된 지역을 벗어나기가 어려웠다. 지역을 넓혀 전국이나 전 세계로 알리려면 마케팅 비용도 많이 들었다. 하지만 지금은 유튜브에 올리기만 하면 입소문과 공유를 통해 순식간에 SNS에 있는 수만, 수억 명에게 전파될 수 있다. 비용을 거의 들이지 않고도 엄청난 속도로 자신과 자신이 만든 것을 알릴 수 있는 구조가 만들어진 것이다. 개인의 영향력이 커진다는 것은 개인의 재능이나 능력이 점점 더 중요해지는 시대가 되고 있다는 것을 의미한다. 산업 시대에는 표준화된 개인이면 충분하였으나, 디지털 시대에는 개성 있는 개인이 중요하다.

세 번째 단계는 신체 능력의 확장이다. 다양한 디지털 장비를 휴대하고 신체에 부착하는 것에 그치지 않고 앞으로는 이식까지 하게 될 것이다. 스마트워치, 스마트글라스를 넘어서 신체를 보강하는 장비를 부착하고 두뇌를 강화하는 칩chip을 이식하는 데까지 발전할 것이다. 증강된 인간의 탄생으로 나아가고 있다.

플랫폼이라는 생산 허브의 시대로

생산의 측면에서는 플랫폼이 생산의 중심 역할을 하고 있고, 그 중요성도 커지고 있다. 플랫폼은 단순히 전자상거래 플랫폼이나 앱스토어 같은 유통시장, 마켓 플레이스market place에 그치지 않는다. 그 자체가 생산의 주체가 되고 있다.

산업혁명도 분업을 통한 협력으로 생산성의 도약을 가져왔지만, 당시의 분업과 협력에는 공간과 시간의 제약이 있었다. 정보의 공유와 커뮤니케이션이 쉽지 않았기 때문에 특정 지역의 단일 공장과 기업을 넘어 협업을 조직화하는 것은 불가능했다. 한 장소에 모여서 작업을 하는 것이 가장 효율적이었다. 제품 원료에서부터 구매, 가공 및 생산, 유통, 판매, 마케팅 등의 가치사슬value chain은 선형으로 이루어져 한 프로세스가 마무리되면 다음 프로세스로 넘어가는 방식이었다.

그러나 디지털 기술, 즉 인터넷은 협력을 제한하는 시간과 공간의 제약을 뛰어넘어 전 세계 어디서나 동일한 정보를 공유하고 커뮤니케이션할 수 있도록 만들었다. 표준화된 정보의 교류와 실시간 커뮤니케이션이 가능해지고, 업무 및 작업의 도구가 컴퓨터로 표준화되면서 가치사슬의 다양한 이해관계자가 협력과 협업의 수준을 높일 수 있게 되었다. 플랫폼은 이러한 기술적 배경에서 등장했다. 일자형의 가치사슬이 플랫폼을 중심으로 허브형으로 바뀌면서, 생산자와 소비자 간의 거리가 짧아지고 중개인이나 기관이 사라지고 플랫폼을 중심으로 직접 만나는 것이 가능해졌다. 이제는 누구나 엣시Etsy 같은 수공예품 전자상거래 플랫폼에 상품을 올리면 전 세계에 알리고 판매할 수 있다.

유통만이 아니라 제품 개발도 쉬워졌다. 리눅스와 레드햇Red Hat 같은 오픈소스 기반의 소프트웨어 개발은 물론 로컬모터스닷컴과 같이 자동차 개발과 생산도 플랫폼을 기반으로 다양한 협력이 가능해지고 있다. 공유경제의 대명사인 에어비앤비airbnb, 우버Uber와 같은 주택 및 차량 공유 서비스도 플랫폼이 있었기 때문에 급속하게 시장을 확대할 수 있었다. 이와 같은 플랫폼의 등장은 앞에서 설명한 개인의 강화를 더욱 촉진하고 있다.

유연한 조직만이 살아남는다

개인과 연계된 또 하나의 변화는 조직의 유연화, 프로젝트 조직화다. 조직은 특정한 목적을 달성하기 위해 많은 개인과 여러 집단에 전문화되고 분화된 역할을 부여하고, 그 활동을 통합·조정하는 집단이라고 정의된다. 즉, 특정 목적을 수행하기 위하여 사람들을 모아 협력하는 방식을 제도화한 것이 조직이다.

산업사회의 대표적인 조직은 기업이다. 근대 이전까지 도제식의 생산조직은 생산 활동에 필요한 자원과 인력을 필요할 때마다 시장에서 조달했다. 그래서 중세 시대에는 기업의 인원이 몇십 명을 넘지 않았다. 그러나 산업혁명 이후 분업화에 기반한 대량생산 방식이 도입되면서 기업은 필요할 때마다 시장에서 자원과 인력을 조달하는 것보다 내부에 장기적으로 보유하는 것이 유리하다는 사실을 알게 되었다. 그 때문에 기업은 생산의 증대와 함께 규모를 키워왔다. 이는 근대 기업을 연구한 로널드 코스Ronald Coase의 '거래 비용 이론'으로 증명되었다. 코스는 1937년 발표한 「기업의 본질The Nature of the Firm」에서 "기업은 추가 거래를 기업 내부에서 처리할 때에 드는 비용과 외부의 시장에서 처리하는 비용을 비교하여 같아질 때까지 조직을 확대하는 경향을 가진다"라고 주장했다. 또한 기업 내 커뮤니케이션을 원활하게 해주는 전보와 전화 등 통신수단의 발달은 거대 기업의 통제 효율성을 높여주었다. 산업혁명 시대의 대표적인 기업인 US스틸은 무려 20만 명을 고용하기도 했다.

그러나 디지털 기술, 특히 플랫폼이 발달하면서 시장에서의 거래 비용이 획기적으로 낮아졌다. 일반적인 거래는 탐색 비용, 협상 비용, 집행 비용을 수반하는 반면, 플랫폼에 의한 표준화된 서비스와 투명성, 신뢰성의 강화는 거래 비용을 줄여주었다. 이는 기업조직에도 영향을 미치고 있다. 코스의 이론에 따라 거래 비용이 감소하면서 기업 내 조직의 복잡성, 조직의 규모도 감소하고 있다. 필요할 때 플랫폼이라는 시장에서 인력과 자원, 서비스를 구매하는 것이 기업 내부에 이를 보유하고 있는 것보다 유리한 환경으로 변한 것이다. 프리랜서 플랫폼이나 긱Gig 플랫폼에서 단기간만 활용할 인재를 구하고, 아마존 같은 플랫폼을 사용해 마케팅이나 유통에 필요한 인력을 줄이고, 고객과 직접 접촉하는 것이 가능해졌다. 플랫폼 이용자들의 후기나 평가는 거래상대방의 신용도를 평가하는 기준이 되어 불량 공급자나 소비자를 퇴출하는 역할을 하여 플랫폼의 신뢰도를 높였다. 이는 상대방을 탐색하고 협상하고 집행하는 거래 비용을 낮추는 결과로 이어지고 있다.

플랫폼을 이용하면 작은 기업도 전 세계를 상대로 영업할 수 있게 되면서 기업은 핵심적인 기능에 집중할 수 있게 되었다. 이는 스타트업과 작은 기업의 경쟁력을 높여주고 있으며, 사무실 없이 온라인에서 일하는 직원들로 구성된 기업도 등장하게 만들었다. 이에 따라 1인 기업, 프리랜서들도 다양한 외부의 자원을 활용하거나 협력하면서 일을 진행하는 사례가 늘어나는 추세다. 재즈 공연을 할 때 필요한 연주자나 지원 인력을 모아서 공연을 하고 끝나면 흩어지는 긱 활동과 같이, 기업의 활동이 온라인 플랫폼을 통해서 긱 경제로 전환되고 있다. 디지털은 기업의 규모가 아니라 유연성과 협업 능력이 중요한 시대를 열고 있다.

공간의 확장, 공간 혁명

디지털은 공간의 개념도 바꾸고 있다. 지금까지 사람들은 제품과 서비스가 있는 곳으로 가서 제품을 구매하거나 서비스를 받았다. 그러나 디지털 기술에 기반을 둔 전자상거래는 제품과 서비스의 이동 방식을 근본적으로 바꾸었다. 소비자는 가만히 있고 제품과 서비스가 이동하는 방식으로 바뀐 것이다. 이전에도 우편이나 통신판매가 있었으나, 디지털은 콘텐츠라는 무형의 상품을 비롯해 모든 제품과 서비스가 소비자를 중심으로 이동하는 방식으로 바뀌놓았다. 대형 쇼핑몰과 백화점이 전자상거래 업체와의 경쟁에서 밀려 매장을 축소하거나 폐업하는 것은 게임의 규칙이 바뀌었다는 것을 의미한다. 개인이 있는 곳에서 원격으로 교육과 의료 서비스를 받는 것이 점점 더 편리해지고 효율적인 일이 되고 있다. 가정의 화장실에서 대소변 검사를 하고 개인 헬스케어 장비로 생체 모니터링을 하게 되면 병원이 아니라 개인의 집이 의료의 중심지가 될 것이다.

디지털은 산업 시대에 중요했던 교통의 요지나 접근성이라는 위치의 중요성을 퇴색시키고 있다. 번화가의 백화점 시대에서 손 안의 스마트폰 쇼핑의 시대가 되었다. 헤드 마운트 디스플레이Head Mounted Display만 있으면 집이 영화관이 될 수 있다. 디지털에 의해 장소와 상관없이 어디서나 비슷한 서비스를 받을 수 있게 되었다. 장소의 보편성은 사물인터넷과 가상물리시스템CPS, Cyber-Physical Systems, 디지털트윈digital twin 같은 서비스가 공간에 내재되면서 더욱 강화되고 있다.

개인의 선호에 따라 쾌적하게 느끼는 정도로 실내 온도와 습기 등을 조정해 주는 스마트홈과 스마트빌딩 등 개인 맞춤형 공간의 지능화는 앞으로 더 발전할 것이다. 이러한 공간의 변화는 산업 시대가 만든 대도시에서의 주거지와 공장지대, 상업지역의 분리를 붕괴시키는 방향으로 작용하고 있다. 장거리 출퇴근을 하지 않고 원격으로 일하거나 재택근무가 가능해지고 있다. 노트북만으로 언제 어디서나 일할 수 있는 환경이 조성된 것이다. 아직 관성 때문에 출퇴근이 강제되고 있지만, 이미 선진국에서는 재택근무가 급속히 증가하고 있다. 우리는 앞으로 집이 일터이자 학교이자 병원의 역할을 하는 세상을 맞이할 것이다. 이런 흐름에 맞게 도시와 공간의 변화가 촉구된다.

디지털은 지능화된 지식 시스템, 연결된 개인의 강화, 조직의 유연화, 도구와 사물의 자동화와 지능화, 생산과 프로세스의 플랫폼화, 공간의 보편성과 지능화를 가져오고 있다. 이는 정치, 경제, 산업 등 사회경제 구조는 물론 직장, 교육, 의료 등 일상생활의 여러 측면에서 근본적인 변화로 이어진다. 이 책에서 이러한 변화를 하나하나 살펴보려 한다. 다만 그에 앞서 우리 삶에 깊숙이 들어온 디지털이라는 개념에 대해 조금 더 자세히 짚어보자.

[디지털에 의한 사회 변화 구성도]

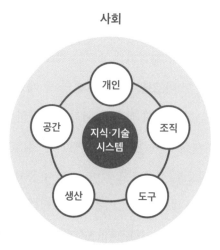

2장

17세기 라이프니츠에서
21세기 인공지능까지

우리의 일상을 바꾸고 미래를 새롭게 디자인할 디지털사회를 이해하고, 전망하고, 선도하기 위해서는 어떻게 해야 할까? 니콜라스 네그로폰테가 말했듯이 디지털이라는 최소 단위의 기술적 특성을 이해하는 것에서 시작해 보자.

400년 전 홉스 "사고란 계산이다"

디지털이 신호의 가장 작은 단위를 0과 1이라는 비트Bit로 표현하여 모든 정보와 프로세스를 구성하는 기술이라는 점은 잘 알려져 있다. 그러나 디지털의 기원이 생각보다 훨씬 오래됐다는 사실을 아는 사람은 많지 않다.

모든 언어는 0과 1로 이루어진 인공 기호 시스템으로 쓰는 것이 가장 합리적이라고 말한 사람은 독일의 철학자 고트프리트 라이프니츠Gottfried Wilhelm Leibniz였다. 무려 300년 전 라이프니츠가 컴퓨터를 원리적으로 발명했다고 볼 수 있다. 그리고 그보다 수십 년 전에 영국의 철학자 토머스 홉스Thomas Hobbes가 "사고란 계산이다"라고 말했다. 디지털로 정보를 다루고 사고를 처리하는 학문적 단초가 이때 이미 마련되어 있었다고 말할 수 있다.

그러나 디지털이라는 개념이 실제 형태를 가진 기계로 등장하기까지는 300여 년의 시간이 필요했다. 디지털을 기반으로 한 계산 기계가 처음 등장한 것은 1940년대 중반이다. 3년에 걸친 제작 과정 끝에 1946년 에니악ENIAC이 완성됐다. 본래 용도는 군사용으로 2차 세계대전 당시 포탄의 탄도를 계산하기 위해 개발에 착수했으나 완성되기 전인 1945년에 종전을 맞이했다. 에니악은 난수 연구, 로켓 연구, 풍동 설계, 일기예보 연구 등 각종 과학 분야에서 사용됐으며, 수소폭탄 설계에도 활용됐다. 에니악의 성능은 오늘날의 공학용 계산기 수준에 불과했지만, 무게만 30톤에 달하고 제작 비용이 50만 달러에 달했다.

에니악이 등장했던 시대에는 컴퓨터가 우리의 일상생활에 없어서는 안 될 기계가 되리라고 누구도 생각하지 못했을 것이다. 그런데 계산기 수준에 불과하던 이 기계가 기계 간 통신을 위한 네트워크로 진화하게 된다. 1969년에 등장한 알파넷ARPAnet이다. 당시 알파넷은 핵전쟁에 대비해 미군의 대형 컴퓨터만을 연결하는 네트워크였지만, 1990년대에 민간에 개방되면서 인터넷으로 새롭게 탄생했다.

인터넷은 개인에게도 지급된 개인용 컴퓨터를 전 세계 통신망에 연결함으로써 컴퓨터 역사에 새로운 장을 열었다. 1993년에 등장한 웹 브라우저인 모자이크Mosaic는 인터넷을 전문가들의 텍스트 통신에서 일반 사람들을 위한 멀티미디어 페이지로 바꾸어놓았다. 그리고 책상 위의 컴퓨터는 2007년 애플 아이폰의 등장으로 우리 손안의 스마트폰으로 바뀌었다.

이러한 혁신적인 기술과 기계의 등장에는 항상 선구적인 아이디어를 제시한 인물이 있기 마련이다. 인터넷의 웹, 하이퍼텍스트는 책과 같이 순차적으로 정보를 담는 방식이 아니라 정보들이 관련 정보로 연결되는 링크들로 구성된 새로운 정보 저장 방식을 선보였다. 인터넷과 하이퍼텍스트 개념을 처음 제시한 사람은 버니바 부시Vannevar Bush다. 아날로그 컴퓨터의 선구자인 그는 1939년 기억 확장기라는 개념의 가상 기계, 메멕스Memex, Memory Extender를 고안했다. 메멕스는 우리가 생각하고 상상하는 방식대로 인간의 기억을 저장하고 확장하며 나아가 네트워킹을 하게 될 것이라는 개념을 담고 있다. 이 개념은 「우리가 생각하는 대로As we may think」라는 글로 1945년에 발표되었으며, 정보의 효율적인 저장과 검색, 연결이라는 개념은 인터넷과 하이퍼텍스트 발전에 영감을 주었다. 그리고 부시의 MIT 제자였던 클로드 섀넌Claude Shannon은 정보이론을 제시하고 디지털회로 디자인을 발명하여 컴퓨터가 등장하는 데 커다란 디딤돌을 놓았다.

0과 1이라는 디지털이 사고 처리와 정보의 기본 단위가 될 수 있다는 논리로 개발된 컴퓨터는 네트워크로 연결되면서 인터넷과 웹, 하이퍼미디어, 모바일의 시대로 진화하였다. 디지털이라는 특성 자체에 이런 발전이 이미 내재되어 있었다고도 볼 수 있다.

디지털 개념의 진화

400년 전, 토머스 홉스(1588~1679)

"사고란 계산이다."

300년 전, 고트프리트 라이프니츠(1646~1716)

"모든 언어는 0과 1로 이뤄진 인공 기호 시스템으로 쓰는 것이 가장 합리적이다."

80년 전, 버니바 부시(1890~1974)

"생각하고 상상하는 방식대로 인간의 기억을 저장하고 확장하고 나아가 네트워킹을 하게 될 것이다."

20년 전, 니콜라스 네그로폰테(1943~현재)

"기술의 최소 단위를 연구하고 그 기술이 만들어내는 새로운 기계를 분석하면 그 기계가 가져오는 인류 사회 변화를 해석할 수 있고, 그 속에서 사회 변혁의 원동력을 찾아내면 새로운 질서의 창조 방향을 제시할 수 있다."

디지털의 개체적Node 특성, 연결된Link 특성, 공간적Space 특성이 어떻게 발현되고 있는지를 살펴보면 디지털에 의한 변화를 이해하고 앞으로의 발전 방향을 전망하는 데 도움이 될 것이다.

개체로서의 디지털의 특성은 첫째 통합성이다. 글, 소리, 그림, 영상 등 각기 다른 성질의 아날로그 정보들이 비트로 통합될 수 있다. 이러한 통합성이 탄생시킨 것이 멀티미디어의 시대다. 둘째는 복제성으로 정보의 손실과 변형, 손상 없이 무한 저장, 복제, 변환이 가능하다. 복제에 따른 비용도 거의 없다. 셋째는 전파성으로 비트는 빛의 속도로 물리적인 장벽 없이 확산될 수 있다. 이러한 복제성과 전파성은 디지털 콘텐츠의 유통 비용을 제로로 만들었다. 아날로그 시대의 상품은 추가 생산을 하면 최소 원료비와 가공비가 들었는데, 디지털 콘텐츠는 인터넷상에서 추가 비용 없이 무한대로 복제, 전파될 수 있다. 넷째는 축적성 또는 저장성이다. 비트는 거의 공간을 차지하지 않고 무한의 정보를 수집, 저장할 수 있다. 아날로그 방식으로 정보를 책이나 비디오에 담을 때는 많은 저장 공간이 필요했으나, 디지털 방식으로는 아주 작은 칩에 책 몇만 권에 해당하는 정보를 저장할 수 있다. 이와 같은 디지털의 특성으로 인하여 디지털로 변형된 정보는 독립적으로 존재할 수 없고 하드디스크, 메모리 등 디지털 기기에 저장되어 프로세싱을 거쳐 기기의 디스플레이 등 인터페이스로 표출된다는 특성을 가지게 된다. 책과 메모 등은 정보가 매체와 일체된 형태로 존재하지만, 디지털 정보는 기기와 결합한 형태로 언제든지 수정과 삭제 등

변형이 가능하다.

디지털의 개체로서의 특성들이 연결되면 새로운 특성이 나타난다. 우선 연결성이라는 네트워크 특성 덕분에 디지털은 연결 비용이 거의 없이 무한 증식될 수 있다. 이는 사용자들이 몰리면 몰릴수록 사용자 간의 영향력이 증가하여 사용자가 계속 늘어나는 '네트워크 효과'를 일으키며, 경제적으로는 특정 제품을 사용하는 소비자가 많아질수록 해당 상품의 가치가 더욱 높아지는 현상인 '네트워크 외부성network externality'을 만들어낸다. 둘째는 디지털의 비경합성이다. 일반적인 아날로그 재화는 한 사람이 사용하면 다른 사람이 그 재화를 소비하는 데 제한을 받는 경합성이 있지만, 디지털 재화는 두 사람이 동시에 사용해도 제한받지 않는 비경합성을 가진다. 셋째, 비경합성은 공유성으로 나타나 오히려 추가 비용 없이 사용자가 증가하면 증가할수록 가치가 커지는 특성을 갖게 된다. 넷째, 디지털은 연결과 거래가 쉬워지면서 표준화된 규칙을 기반으로 공유성과 연결성을 극대화한 플랫폼으로 발전하게 된다. 다섯째, 네트워크 연결과 접속이 쉬워지면 동시에 단절과 재연결이 쉬워지면서 상호 독립적인 결합과 분리라는 유동성의 강화를 가져온다. 특정 노드에 급속히 연결이 몰렸다가 급속히 빠져나가는 현상이 일어나게 된다.

디지털 기술이 산업 변화의 핵심

일반적으로 디지털화란 정보를 디지털 개체(노드)로 만드는 것을 의미하며, 디지털 전환은 노드 간의 네트워크를 통하여 프로세스를 디지털로 전환하는 것을 의미한다. 이에 따라 디지털은 데이터와 정보를 다루는 지식기술이면서 동시에 프로세스를 다루는 프로그램이라는 측면에서 테크놀로지, 즉 범용기술이라는 두 가지 특성을 모두 갖게 된다. 데이터와 프로세스라는 특징을 동시에 가진 디지털은 결국 인공지능으로 발전하고 있다.

또 다른 측면에서 디지털은 아날로그 세상과 결합하여 가상물리시스템으로 발전하고 있다. 이는 디지털이 기기를 통해서만 존재한다는 특성과 연관된 것으로, 이러한 기기의 기능이 모든 사물에 내재하고 확대되는 것이 가상물리시스템이다.

책의 서두에서 복잡하게 느껴지는 디지털의 노드와 네트워크 특성을 설명한 것은 이를 이해해야만 디지털 관련 산업의 발전을 이해할 수 있기 때문이다. 이제 전자상거래에서의 거래 비용 감소와 중개 기능의 해체, 특정 네트워크 서비스 및 기업의 시장 지배력 강화, 플랫폼 경제, 공유경제 등으로 발전하는 디지털사회의 경제 변화를 살펴보도록 하자.

3장

사회 변화의 동력,
지식 패러다임의 변화

이 시대에 컴퓨터와 인터넷이 없는 일상생활은 상상하기 어렵다. 전화에 컴퓨터가 들어가 스마트폰이 된 것을 시작으로 내비게이션, MP3 플레이어, 포스POS단말기 등 모든 제품에 컴퓨터 기능이 들어가고 있다. 증기기관이 산업사회를 열었다면, 컴퓨터와 디지털이 만드는 이 사회는 디지털사회라고 해야 할 것이다.

그렇다면 이러한 사회 변화를 어떤 프레임으로 해석해야 할까? 이 책에서는 경영학의 대가이며 지식경제론을 제시한 피터 드러커Peter Drucker가 역사를 한 문장으로 분석한 "지식 패러다임의 변화가 역사 발전의 원동력이다"라는 명제를 사회 변화를 분석하는 틀의 기초로 사용하고자 한다.

지식 패러다임의 변화를 가져오는 것은 무엇인가? 커뮤니케이션 이론가 마셜 매클루언Marshall McLuhan은 미디어라고 보았다. 그는 미디어는 '인간의 확장'이라며 "미디어에 의한 인간의 확장은 정신적, 사회적 복합체 전체에 영향을 미친다"라고 하였다. 매클루언은 미디어의 범주를 일반적인 통념인 신문, 라디오, 텔레비전에 국한하지 않고 바퀴와 옷, 주택, 무기, 자동화 등 인간이 만든 모든 인공물로 확장했다. 그에 따르면 바퀴는 발의 확장이고 옷은 피부의 확장이며 라디오는 귀의 확장이다. 그러나 가장 중요한 것은 역시 좁은 의미의 미디어, 커뮤니케이션 미디어라고 할 수 있다. 커뮤니케이션 방법의 변화, 즉 말에서부터 문자, 필사, 인쇄, 통신, 인터넷 등 새로운 미디어의 등장은 사회 변화를 촉진하고 사회의 성격을 규정했다.

커뮤니케이션 도구의 변화가 곧 사회의 변화

그런 의미에서 마셜 매클루언은 '산업사회는 구텐베르크의 사회'라고 했다. 구텐베르크가 1450년 활판인쇄기를 발명한 후 인쇄의 기계화는 모든 기계화의 원형으로 작용하였다. 활판인쇄술 덕분에 균일한 재현이 가능한 생산품이 최초로 만들어졌다. 활판인쇄기는 최초의 조립라인 대량생산 공정인 헨리 포드Henry Ford의 자동차 공장으로 이어졌다. 활판인쇄기 이전의 책은 사람이 손으로 옮겨 쓰기 때문에 필사 과정에서 일어나는 실수 등으로 완벽하게 같은 책이 나올 수 없었다. 활판인쇄기가 표준화된 공산품 생산의 시대를 열었다고 볼 수 있다.

또한 활판인쇄술로 읽고 쓰는 능력이 널리 퍼지게 되었다. 이는 생산과 판매 과정만 변화시킨 것이 아니라 교육에서 도시계획, 그리고 산업자본주의 자체에 이르기까지 모든 삶의 영역을 바꾸어놓았다. 인쇄술은 인간을 전통적인 문화 지형으로부터 분리하며 그와 함께 개인들을 하나씩 차곡차곡 쌓아 올려 국가와 산업 강국이라는 거대한 복합체를 만드는 법을 보여주었다고 매클루언은 주장한다.

이처럼 커뮤니케이션 미디어의 변화, 특히 지식을 저장하고 전달하는 미디어의 변화는 그 시대의 사회와 문명을 규정하는 중요한 동력이다. 말에서부터 문자, 인쇄, 통신 등 새로운 미디어의 등장은 그 시대의 문명과 불가분의 관계를 맺고 있다. 그 변화와 발달의 순서는 곧 문명의 순서다.

원래 인간의 언어는 여럿이 협력하여 동물을 사냥하는 데 필요한, 창과 도끼를 사용하는 몸과 함께 생산도구의 일부였다. 수렵채집의 씨족사회는 언어를 기반으로 한 사회였기 때문에 언어의 영향력은 씨족의 범위를 넘을 수 없었다. 언어는 지식을 저장하고 전달하는 유일한 수단이었다.

말은 머릿속의 기억으로만 저장될 수 있고, 오직 다른 사람의 기억을 통해서만 먼 거리로 전달되며 세대를 넘어 전승될 수 있다. 고대 그리스와 아테네에서 수사학과 논리학만이 학문으로 인정받고 토론과 웅변이 지도자의 중요한 능력이었듯이 말은 오랫동안 지식의 도구였다. 그러나 말은 실시간 협력과 정확성 및 즉시성은 보장했지만 시공간을 넘어 온전하게 기록되고 전달되는 데는 한계가 있었다.

기억을 정확하게 남기는 방법은 기록하는 것이다. 그림을 그리거나 기호를 만들고 문자를 발명하면서 인간의 협력 규모는 커졌다. 문자는 교환과 상거래 내용을 기록하기 위해 발명되었다. 농업이 발달하면서 기록의 중요성은 더 커졌다. 사냥은 몇 시간으로 충분했지만, 농사는 1년 동안의 생산 활동이다. 또한 농지는 사냥터보다 소유 개념이 강하다. 경지의 면적, 수확량 등을 관리하고 기록할 필요성이 커졌으며, 계절의 변화와 작물의 변화 등 천문 지리에 대한 많은 정보가 필요했다. 문자와 기록은 농업과 농업사회를 유지하는 중요한 지식 수단이 되었다. 경작지를 넓혀 나가면서 집단의 규모도 커졌으며 대규모의 수로와 저수지를 만들 수 있는 부족국가가 등장한다.

기록된 글은 곧 지켜야 할 규율을 의미했다. 말은 발화된 순간부터 전달과 기억 과정에서 왜곡이나 오해가 발생하지만, 글은 변하지 않는 따라야 할 율법이 되었다. 여러 씨족공동체가 뭉쳐 부족을 이루려면 규칙과 율법이 있어야 했다. 성문화된 율법은 부족국가의 안정성을 유지하는 질서를 제공했다. 글을 아는 학자들은 관료가 될 수 있었으며, 관료들은 국가 질서의 유지자이면서 지식생산자가 되었다.

1500년대 중세에 이르기까지 책은 사람들이 직접 손으로 베껴쓰는 필사를 통해서만 만들어졌기 때문에 지식을 담고 있는 책이 귀했다. 책 1권을 만들려면 필경사 1명이 두 달을 꼬박 옮겨 적어야 했기 때문에 당시 책 1권의 가격은 현재 가격으로 500만 원에 달했다. 활판인쇄술이 발명되기 전까지 지식은 누구나 쉽게 접할 수 있는 것이 아니었다.

지식 대중의 시대 연 디지털

커뮤니케이션 도구, 즉 지식 도구는 그 당시의 생산도구 및 생산 방식과 밀접한 관계를 맺고 발전한다. 말은 동물 사냥을 위한 작전을 짜고 서로 협력하는 데 중요한 지식기술이었다. 계절의 변화와 작물의 특성에 대한 정보가 많이 필요한 농업을 번성하기 위해 기록의 중요성이 커졌고, 문자와 필사는 농업을 위한 지식기술로 발전하였다. 활판인쇄술은 표준화된 상품생산 방식의 모델이 됨과 동시에 지식의 확산을 가져왔고 발명과 발견으로 이어져 산업혁명의 토대가 되었다.

컴퓨터와 인터넷은 지식의 생산과 유통을 아날로그 방식에서 디지털과 네트워크라는 새로운 방식으로 재편하였다. 누구나 쉽게 지식과 정보를 접하고 생산할 수 있는 지식 대중의 시대를 연 것이다. 사물인터넷, 빅데이터, 인공지능이라는 새로운 디지털 기술은 정보와 지식의 생산과 처리자를 인간에서 기계로 확대하면서 지식의 개념을 바꾸고 있다.

도쿄대 대학원 종합문화연구과 교수인 이시다 히데타카는『디지털 미디어의 이해』에서 "인간은 도구를 만듦으로써 대상과의 관계를 시간적 공간적으로 선취하는 것이다. 그를 통해 인간의 시간, 인간의 공간인 인공적인 환경이 만들어진다"라고 하였다. 이와 같이 정보와 지식을 다루는 기술과 매체는 당시의 주요 도구와 생산방식, 생산공간과 밀접한 관련이 있다. 그리고 도구와 생산방식, 생산공간을 구성하는 기반이 되는 범용기술은 지식기술과 함께 인간의 사회 구성과 생활에 영향을 미치게 된다.

수렵채집 시대에는 창과 도끼를 만드는 범용기술과 말이라는 지식기술이 사회를 유지하는 기반이었다. 농업시대에는 쟁기를 만드는 범용기술과 문자가 농업국가의 틀을 유지해 주었다. 산업문명은 증기기관(엔진)이라는 범용기술이 모든 기계의 동력원을 제공하는 대량생산 공장제 시스템을 가능하게 했으며, 인쇄술은 관료에 의해 유지되는 더 넓은 국가라는 통치 체계를 형성하는 기반이 되었다.

이제 디지털이 지식의 생산과 유통, 활용이라는 새로운 지식기술로 등장하고, 디지털이 범용기술로서 생산의 자동화와 지식산업이라는 새로운 경제구조를 만들어나가고 있다. 지식 대중의 확대는 국가 권력에의 참여로 이어지며, 통치 구조의 변화를 예고하고 있다. 이는 산업문명과 다른 디지털문명으로의 전환을 이끌 것이다.

지금까지 사회 변화를 지식기술과 범용기술의 프레임에서 분석해 보았다. 정보와 지식을 다루는 기술과 매체를 이용한 지식의 창출, 전파, 활용으로 이어지는 전체적인 시스템을 지식기술이라고 정의하고, 이러한 지식기술과 범용기술의 조합을 지식·기술시

[사회의 변화를 가져오는 지식 · 기술시스템의 구성]

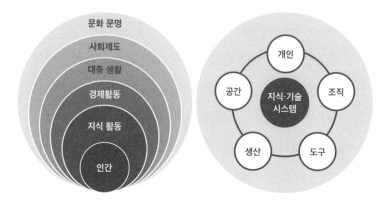

템이라고 약칭하고자 한다. 사회 변화의 핵심에는 지식기술과 범용기술의 변화가 자리 잡고 있다. 범용기술과 지식기술은 도구와 생산방식, 생산공간의 변화를 가져온다. 그리고 도구를 사용하는 주체인 인간을 비롯해 개인과 조직의 변화를 일으킨다. 즉, 지식기술과 범용기술을 사용하여 인간은 도구, 생산, 공간의 측면에서 사회를 새롭게 변화시키고 구성해 나간다.

다음 장에서는 이와 같은 분석 프레임을 통해 산업사회의 지식기술과 범용기술이 어떻게 산업사회를 촉발하고 완성하였는가를 분석하면서, 산업사회의 성격과 한계를 규명해 보고자 한다.

4장

인쇄술과 엔진으로 움직인
산업사회

우리는 과거를 통해 미래를 그린다. 새로운 지식기술과 범용기술이 어떻게 새로운 사회를 만들어낼 것인지 예측하는 일도 이전 사회의 발자취를 살펴보는 것에서 출발할 수 있다.

활판인쇄술에서 출발한 산업사회

산업사회는 활판인쇄술이라는 지식기술과 엔진이라는 범용기술이 만든 사회, 즉 인쇄술과 엔진에 기반을 둔 사회다. 구텐베르크가 발명한 활판인쇄술은 산업사회가 태동하는 데 핵심적인 역할을 했다. 문자는 오래전에 발명되었지만, 문자의 활용과 글쓰기는 사회활동에서 매우 제한적으로 사용되었다. 국가와 지배계급의 통치를 위한 법률과 행정 문서 또는 상거래의 장부로 사용되는 정도였다. 그러나 활판인쇄술은 현대 이전의 다른 어떤 기술도 해내지 못했던 방식으로 유럽을 혁신했다. 르네상스와 종교개혁, 과학혁명, 그리고 그 이후의 산업혁명에 이르기까지, 이 모든 것의 연원을 구텐베르크의 활판인쇄술에서 찾을 수 있다.

구텐베르크는 금속으로 된 낱개 알파벳 자형을 조합해 활판을 만들고 이것을 포도주를 만드는 압축기press에 붙여 균일한 품질의 인쇄물을 찍어내는 방법을 고안했다. 이는 필사보다 생산 속도가 15배 이상 빨라 서적 생산에 혁명을 불러왔다.

구텐베르크보다 80여 년 빠른 1377년에 고려에서 『직지심체요절』이 세계 최초로 금속활자로 인쇄됐다. 그러나 고려의 인쇄 기술은 압축기가 부착되지 않은 금속 활판을 이용했기 때문에 인쇄 속도와 생산성의 혁신으로 이어지지 못했다. 반면 구텐베르크의 인쇄기는 크기가 작고 이동이 쉬웠기 때문에 발명된 지 불과 50년 만인 1500년대 초에 이미 독일의 60개 도시와 유럽 12개국에 보급되었다.

인쇄술이 없었다면 종교혁명도 르네상스도 없었다

인쇄기 덕분에 책과 그 속에 담긴 지식은 표준화된 상품이 되었다. 가장 많이 인쇄된 책은 성서였다. 당시에는 국가권력을 공유하는 소수의 성직자만이 성경을 가지고 있었고, 성경은 이들에게 하나님의 권위를 부여해 줬다. 그런데 독일의 성직자 마르틴 루터가 라틴어로 쓰인 성경을 독일어로 번역해 출판하면서 교회와 성직자들의 하나님 권위에 대한 독점력이 약화되었다. 이전에 마르틴 루터가 부패한 교회의 면죄부 판매를 비판하며 썼던 「95개조 반박문」도 구텐베르크 인쇄기로 인쇄되어 독일 전역으로 퍼져나가며 종교개혁의 발단이 되었다. 결국 종교의 자유와 양심의 자유를 바탕으로 성서에 자유롭게 접근할 수 있도록 만든 종교개혁은 신정일치라는 중세의 권력 기반을 뿌리째 흔들었다.

인쇄기가 보급된 후 연간 책 생산량이 수백 권에서 수백만 권으로 증가했다. 인쇄술은 대중이 소비하는 지식의 범위를 확장했으며, 창작 분야에서 대중의 참여를 확대했다. 1500년에서 1530년 사이에 무역상, 점원, 장인, 전문가, 설교자 등 다양한 사람이 약 4,000종에 이르는 팸플릿(소책자)을 펴냈으며 학자들은 이를 이용해 새로운 발견에 신속하게 자신의 이름을 붙이거나 경쟁자의 연구 결과를 반박했다.

라틴어가 아닌 자국의 언어로 쓰인 책들이 늘어나면서, 글 읽는 법을 배우려는 대중의 관심 또한 높아졌다. 이렇게 인쇄술은 지식이 공유되는 계층과 지리적 범위를 확대했고 이는 과학혁명의 초석을 만들기도 했다. 코페르니쿠스의 지동설부터 생물학, 공학, 항해술, 의학에 이르는 광범위한 분야에서 새로운 발견과 발명이 늘어나고 지식이 발전하고 전파되었다. 바야흐로 르네상스 시대가 열린 것이다. 이처럼 구텐베르크의 인쇄술은 인류의 의사소통 방식에 풍부한 정보, 저렴한 유통, 급진적인 다양성과 광범위한 참여라는 새로운 표준을 정립했다. 나아가 중세 시대에 가족과 공동체의 일부에 불과했던 인간을 호기심과 욕망을 추구하는 근대적인 개인으로 재탄생시켰다.

특허법 제정과 증기기관 발명

인쇄술로 촉발된 학문과 과학의 발전이 경제적인 번영으로 이어지려면 시간과 제도가 필요했다. 특히 지식과 아이디어에 재산적인 가치를 부여하는 특허제도는 인쇄술과 산업혁명을 이어주는 역할을 하였다. 1474년에 베네치아는 세계 최초로 공식적인 특허법을 제정했다. 당시 법안 전문에는 "뛰어난 천재성을 지닌 사람들이 발견한 작품이나 기기를 보호할 수 있는 법 조항이 마련되면 더 많은 사람이 천재성을 발휘하고, 공공의 이익에 도움이 되는 유용성이 뛰어난 기기를 제작할 것이다"라고 특허법의 목적을 명확히 밝히고 있다.

특허법으로 보장받은 아이디어와 발명이 경제적 번영으로 이어지기 위해서는 동력의 문제를 해결해야 했다. 생산에 필요한 인간과 가축의 노동력을 확보하려면 출생과 성장이라는 생물학적 시간이 필요했기 때문에 단기간에 노동력을 확충하는 것은 불가능했다(이 때문에 전쟁이 단기간에 노동력을 빼앗아 오는 수단으로도 활용되었다). 풍력과 수력을 이용해 풍차와 수차로 동력을 만들 수도 있었지만 지리적, 자연적 제약에서 벗어나기 힘들었다. 영국에서 제임스 와트James Watt가 발명한 증기기관은 이 같은 노동력의 제약을 일시에 해방시켰다. 증기기관은 1705년에 영국의 발명가

디지털 쇼크 한국의 미래

토머스 뉴커먼Thomas Newcomen이 처음 발명했고, 이를 제임스 와트가 개량 혁신해 현재와 같은 모습이 되었다. 1769년 특허를 얻은 증기기관이 1776년 상업화되면서 본격적으로 산업에 사용되기 시작하였다. 영국은 와트의 특허를 보호하기 위하여 의회법으로 특허 기간을 15년에서 30년으로 연장해 주었다.

초기의 증기기관은 연료인 석탄이 생산되는 지역을 중심으로 설치되었지만, 효율성이 높아지고 증기기관으로 움직이는 기차가 등장하면서 석탄이 생산되지 않는 지역에도 설치되었다. 증기기관은 인간과 가축의 육체적 노동력을 대체할 수 있는 기계이자 동시에 빠른 시일 내에 제작하여 총 동력량을 늘릴 수 있는 범용성을 가진 동력기관이며 기술이었다.

기계의 등장이 가져온 대번영의 시대

초기 증기기관은 집채만 했으며, 주로 한 공장에 한 대가 설치되어 공장 안에 있는 모든 기계에 동력을 제공하는 방식으로 사용되었다. 이후 동력이 전기로 바뀌며 각각의 기계에 필요한 동력(모터)을 직접 공급하게 되면서 작업 공정은 더욱 분화되고 전문화되었다. 수작업 노동은 노동자 자신이 주도적으로 노동을 하는 숙련 노동이었으나 컨베이어벨트 작업대가 등장하면서 노동자들이 컨베이어벨트 속도에 맞춰 분업화된 동일한 노동을 반복하는 비숙련 노동으로 바뀌었다.

또한 연속공정의 도입으로 제품의 생산력이 획기적으로 증대했다. 1881년에 제임스 본색James Bonsack이 특허를 낸 궐련 제조기는 한 대가 하루에 12만 개비의 궐련을 생산했다. 당시 숙련된 수작업 노동자가 하루에 3,000개비를 만드는 수준이었으니 생산력이 40배 증가했다고 할 수 있다.

지난 200여 년 동안 인류가 이룩한 발전은 인간의 2만 년 역사 전체와 비교할 때 놀라울 정도로 급진적이었다. 서기 1년에 약 2억 3000만 명이었던 인구는 1800년에 약 9억 명으로 증가하였을 뿐이지만, 1800년부터 2000년까지 2세기 만에 인구는 약 61억 명으로 약 7배 증가하였다. 1인당 평균 소득이 서기 1년 약 400달러에서 1800년 약 600달러로 1.5배 증가한 것에 불과한 반면 1820년 약 650달러에서 2000년 약 5,800달러로 9배 증가하였다. 인구 증가에 1인당 산출량 증가가 합세해 세계 경제활동은 1820년에서 2000년 사이 180년 동안 약 49배 증가하였다. 이와 같이 산업혁명은 대중이 저렴하게 다양한 상품을 살 수 있는 시대를 열었다. 중세 시대에 근근이 생계를 유지하는 정도의 생활을 하던 대중이 귀족들이나 누리던 상품을 소비할 수 있는 세상이 열린 것이다. 산업혁명은 최초로 대중이 상업적 상품의 주 생산자이며 소비자인 대번영의 시대를 가져왔다.

철도와 도로가 공간을 확장, 도시는 창조적 영감 제공

공간의 확장, 생산의 최대화를 추구하는 산업사회는 분업과 분리의 사회라고 할 수 있다. 분업을 기반으로 하는 대량생산 시스템과 교통 시스템은 분리를 가속했다. 지역과 지역을 잇는 철도와 도로가 확장되고, 기차와 자동차의 속도도 빨라졌다. 대규모 공단인 직장과 주거지가 분리되어 출퇴근 거리는 길어졌지만 소요시간은 상대적으로 줄어들었다. 생산과 소비에서도 분리가 나타났다. 이전 농업사회에서는 생산물이 인근 지역에서만 소비되었는데 교통의 발달로 생산과 소비가 국가의 범위를 넘어 확대되었다. 거리가 멀어지는 만큼 생산과 소비가 익명화되면서 상호 필요에 의한 생산과 교환에서 상품으로서의 생산과 소비로 개념이 바뀌었다. 물론 익명화된 상품, 표준화된 상품이 기업의 명성과 브랜드를 통해 신뢰를 구축하는 데는 오랜 시간이 필요했다.

철도와 도로에 의한 공간의 확장은 공동체와 개인의 분리도 유발했다. 마을공동체 안에서 가족과 공동체의 일원으로 살던 개인은 마을을 떠나 도시에서 사업가, 전문가, 노동자로 모습을 바꾸며 욕망을 추구하는 새로운 개인으로 재탄생했다.

공동체의 보호에서 벗어난 개인은 자신의 능력만을 의지하며 살아야 하는 불안한 존재가 되었다. 그러나 도시는 여러 지역 출신의 사람들을 하나의 공간에서 만나게 했고, 이 공간 안에서 다양한 경험과 아이디어가 교류되면서 개인에게 새로운 창조적 영감을 제공했다. 익명의 개인들은 도시라는 창조의 엔진 속에서 부와 권력을 추구하는 개인으로 도시의 역동성을 폭발시켰다. 도시는 산업과 경제의 중심이 되고, 사람들이 일자리를 찾아 농촌에서 도시로 몰려들면서 도시의 규모는 점점 더 커져 갔다. 참여와 도전 정신, 자기표현, 개인의 성장과 같은 개인의 삶은 근대국가의 핵심이 되었다. 개인의 지식과 정보, 상상력을 기반으로 한 창의성에서 비롯된 독창적인 아이디어는 근대 경제의 활력을 제공하였다.

500년 만의 변화, 엔진에서 디지털로

산업화와 더불어 크고 빠른 것이 좋은 것의 기준이 되었다. 공장은 더 커지고 빌딩은 더 높아졌다. 거대한 기계는 사람들의 의식에도 영향을 미쳤다. 자연과 사회를 기계로 인식하기 시작했다. 여러 부품으로 구성된 기계들이 공장 시스템 아래에서 일사불란하게 작동하듯이 사회는 계층구조를 반영하는 관료제를 받아들였다. 관료제는 더욱 효율적으로 조직을 관리하면서 기업과 국가 통치의 성공적인 모델로 정착하였다.

상업적 생산은 소비와 물질 만능을 부추겼다. 가전제품은 이전에는 누리지 못했던 가사 노동으로부터의 해방을 가져왔으며, 더 많은 상품의 구매와 소비를 이끌었다. 중세에는 신분이 태어날 때 결정되었지만, 산업사회에서는 소비가 신분을 나타냈다. 생산과 소비라는 소유의 정점에 자본가와 기업가가 있었다. 산업사회는 자본가와 기업가가 만들고 주인이 된 사회다. 기업가는 혁신을 주도하고 대량생산 시스템을 구축하여 대중에게 물질적 풍요를 가져다주었다. 이는 전문가 집단의 성장을 불러왔다. 전문가들은 학문과 과학기술의 발전, 법률과 의료 등 전문적인 서비스의 제공, 통치의 대리인으로 성장했다.

디지털 쇼크 한국의 미래

산업사회가 정착되고 발전하기 위해서는 욕망하는 개인의 소비 활동과 기업가의 생산 활동을 보장하고 촉진해야 했다. 자유로운 경제활동을 위해서는 귀족과 왕족 또는 종교와 봉건세력의 통치권을 약화시킬 필요가 있었으며, 자유와 평등의 보장은 산업사회의 이념적 기반이 되었다. 소유권은 생산과 소비의 양 측면에서 한정된 자원을 확보하고 자본 축적을 통하여 성장할 수 있는 권리를 보장해 주었다. 법치는 자본과 지식 등의 생산수단을 보호하고 공정한 경쟁을 통하여 혁신이 지속적으로 일어나는 환경을 조성했다. 이와 같은 가치와 제도는 산업사회가 계속해서 성장할 수 있는 기반이 되었다.

산업사회의 풍요의 이면에는 환경과 공동체의 파괴가 있었다. 경쟁적으로 생산하고 소비하지 않으면 도태되는 시스템 아래에서 자원은 고갈되고 자연환경은 파괴되었다. 특히 산업사회의 동력인 엔진을 가동하는 데 필요한 석탄과 석유 등의 원료 사용이 급증함에 따라 대기오염과 온난화 등 자연재해가 발생했고 생태계가 교란되었다. 이는 생물의 다양성 파괴라는 생태계 위협뿐만 아니라 인류라는 생명체에게도 위협이 되고 있다.

엔진에 기반을 둔 산업사회가 풍요와 지속가능성의 위기 상황을 맞닥뜨린 시점에서 디지털이라는 범용기술에 기반한 디지털사회가 등장하고 있다. 디지털사회는 인류에게 또다시 풍요와 번영을 가져다줄 것인가? 이는 산업사회가 물려준 지속가능성의 위기를 디지털사회가 극복할 수 있는가에 달려 있다.

2부

새로운
지식 권력의
등장

5장

누구나 지식인이 되는 인터넷 세상

디지털, 특히 인터넷이 가져온 가장 큰 변화는 대중이 지식생산자로 등장했다는 것이다. 18세기에 유럽에서 일어난 독서혁명으로 지식이 엘리트 집단을 넘어 대중에게로 확산되기는 했지만, 지식인은 여전히 소수에 불과했다. 대다수 대중은 여전히 지식을 소비하는 수준에 머물렀다.

그러나 1980년대 등장한 개인용 컴퓨터가 저술을 인쇄라는 관문에서 해방시켰고 곧이어 인터넷이 저작물의 유통과정을 사실상 없애 버렸다. 인쇄에 기반을 둔 출판은 제작비용이 많이 들기 때문에 전문가와 출판사의 선택이라는 관문을 통과해야 한다. 출판된 책도 바로 독자에게 전달되는 것이 아니라 여러 단계의 유통과정을 거쳐야 한다. 운이 좋아 서점 진열에 성공하더라도 판매가 좋지 않으면 한정된 공간의 서점 판매대에서 밀려났다. 하지만 아마존은 드문드문 팔리는 책도 고객이 쉽게 찾아 구매할 수 있도록 공간의 제약이 없는 온라인에 서점을 만들어 이런 문제를 해결했다. 지식 유통의 대혁신이었다.

이뿐만 아니라 인터넷은 누군가에게 선택받지 않아도 지식을 쉽게 공유할 수 있는 환경을 마련해 주었다. 작성된 저작물을 블로그나 개인 홈페이지에 올리면, 누구나 찾아와서 읽고 의견을 전할 수 있다. 복잡한 제작과 유통과정이 사라지거나 단순해졌다. 수천, 수만 부를 인쇄할 필요도 없어져 제작비와 재고 관리 부담도 사라졌다. 감상문에서부터 주장, 논문, 보고서 등 어떤 형식의 저작물이라도 누구나 다른 사람의 검토 없이 직접 공유할 수 있게 되었다. 인쇄에 기반한 출판물을 낼 수 있는 사람은 소수의 전문가에 불과했지만, 홈페이지에 저작물을 올리는 일은 누구에게나 가능했다. 추가 비용 없이 수만, 수백만 명에게 전달될 수 있는 지식생태계가 구축된 것이다. 최근에는 학술논문도 저자가 직접 등록하고 누구나 무료로 열람할 수 있는 아카이브 플랫폼arVix이 등장하여 유료 학술지라는 장벽을 제거하고 있다.

인류 역사 전체에 걸쳐 출간된 책은 1억 3000만 권으로 추정된다. 세계 최대 규모의 물리적 도서관인 미국 워싱턴 의회도서관에는 약 3000만 권이 소장되어 있을 뿐이다. 대조적으로 2021년 1월 기준 전 세계 웹 사이트는 18억 3000만 개에 달하고, 한 해에 15억 개가 넘는 글이 블로그에 게시되고 있으며, 구글 검색엔진이 찾을 수 있는 웹 페이지는 약 30조 개에 달한다. 구글은 2019년 10월 기준으로 4000만 권이 넘는 책을 스캔하여 디지털 사본으로 제공하고 있다. 지식의 생산, 유통, 소비에 일대 전환이 일어난 것이다.

독립된 지식에서 연결된 지식으로, 위키피디아 혁명

디지털과 인터넷으로 대중이 지식생산자로 참여하게 되었다는 것은 사회적으로 어떤 의미가 있을까? 지식 활동은 지식의 내용과 존재 형태, 지식의 담지자agent, 지식의 제도화라는 세 가지 측면에서 분석할 수 있다.

우선 누구나 쉽게 지식을 생산하고 지식에 접근할 수 있게 되면서 일차적으로 지식의 내용과 그 존재 형태가 변하고 있다. 인터넷에 올라간 저작물의 주요 특징은 페이지 간의 하이퍼링크를 통해 다른 사람의 게시물과 나의 게시물이 하나의 게시물로 연결된다는 점이다. 저작물이 책이나 논문처럼 단일 저자의 것이라는 개념에서 여러 명의 공동 저작물로 바뀌고 있다.

크리에이티브 코먼스 라이선스CCL, Creative Commons License는 디지털 저작물의 이런 특징을 잘 반영하고 있다. CCL은 자신의 창작물을 일정 조건 아래 다른 사람이 자유롭게 이용하는 것을 허락하는 자유 이용 라이선스다. 조작자 표시, 비영리, 변경 금지, 동일 조건 변경 허락 등의 조건만 따르면 사전에 저작자의 허락을 받지 않고도 이용할 수 있다. 일반적으로 인쇄물은 책과 같이 독립적인 객체로 존재하지만, 디지털 저작물은 인터넷이라는 네트워크상에서 상호 연결된 복합적인 연결체로 존재한다. 따라서 인쇄술 시대의 독립 저작물에 대한 지식재산권 개념은 디지털로 된 지식 형태와 충돌하게 된다. 결국 CCL은 이러한 디지털 저작물의 특성을 반영해 선제적으로 라이선스를 허용하여 디지털 시대의 지식 생산과 유통을 촉진하자는 원칙을 제시하고 있다. 위키피디아는 디지털 저작물의 특징을 활용해 백과사전 항목(표제어)의 생성과 서술, 수정, 편집을 대중에게 개방했다. 실시간으로 생성되는 지식으로 디지털 시대 지식의 특징을 잘 보여주는 성공 사례다.

지배계급에 봉사하던 지식의 해방

두 번째 지식의 담지자라는 측면에서 살펴보자. 지식은 계급적 함의를 갖기 때문에 지식을 생산하고 향유하는 권한을 가진 사람들이 누구인가는 중요한 문제다. 지식 집단은 지식의 내용, 그 발전 정도에 따라 구체적인 모습을 달리하지만, 대체로 지배계급의 일원이거나 그들의 동반자 또는 봉사자였다. 또한 지식 집단은 지식 제도화, 학문 제도화의 기지이며 이를 담당할 집단을 재생산하는 고등교육 체계를 구축하는 역할도 한다.

인쇄술이 등장하기 전인 고대에 귀하고 비싼 필사본 책을 접할 수 있는 지식 집단은 왕을 비롯한 귀족과 사대부, 엘리트 관료들이었다. 세습되고 선발된 이들만이 지식을 습득하고, 활용하는 역할을 하며 왕이나 봉건영주 중심의 국가 질서를 유지하는 데 필요한 법률과 행정 정보를 독점하였다. 당시 상황에서는 비싼 책을 보급하는 것이 어려웠기 때문에 자연스럽게 귀족이나 사대부 자녀 같은 한정된 인원만이 교육을 받으며 지식 권력을 세습하는 구조가 정착되었다.

유럽의 중세 시대에는 교회의 권력이 커져 율법이 사회를 지배하게 되면서 지식을 담당하는 기관이 수도원으로 바뀌었다. 수도원은 신정을 위한 지식과 이데올로기의 생산과 전달의 기능을 담당했다. 교육 방법도 말을 중시하던 고대의 방식에서 벗어나 텍스트를 중시하는 교육으로 바뀌게 된다. 수도사들은 필사를 통하여 지식을 축적하고 전파하는 역할을 담당했다. 지식은 텍스트를 쓸 수 있는 권위를 독점한 신학자와 관료의 손에서 벗어나지 못했다.

1450년 구텐베르크의 인쇄기가 등장하면서 이 모든 것이 바뀌었다. 인쇄술은 통치를 위해서 독점되던 지식을 해방시켰다. 지식의 독점이 붕괴하면서 왕과 귀족, 사대부와 성직자의 권력도 붕괴되었다. 대중의 자유와 평등에 대한 요구가 확대됐고, 권력이 독점하던 신학과 법률 등의 지식을 가르치는 전문학교들이 설립되었다. 누구나 능력이 있으면 관료가 될 수 있는 길이 열리면서 세습 권력의 정당성이 상실되었다. 이후 선거라는 국민의 선택과 권력 위임 절차에 의해서 국가가 통치되는 민주주의 시대가 열렸다.

권력이 민주화되면서 지식도 해방되어 학문의 역할로 넘어갔다. 책의 제작비용이 낮아지면서 자연과 세상에 대한 호기심, 관찰과 이해도 늘었고 이런 결과물들이 책으로 출판되었다. 지리, 천문, 토목, 화학, 물리 등으로 학문이 분화되고, 이를 전문적으로 연구하는 저술가와 학자들의 집단이 생겨났다. 자연과 인간에 관한 탐구를 통해 근대적인 학문이 수립되고 르네상스 시대가 열렸다.

자연에 대한 이해와 과학 지식의 발달은 새로운 기술이 발명되는 토대가 되었고 산업혁명으로 이어졌다. 농업시대에 지식을 창출하는 방법은 경험을 이용하는 것이었다. 당시 사람들은 경험을 통하여 농기구 등의 도구를 개량했다. 중국의 4대 발명이라고 불리는 종이, 인쇄술, 나침반, 화약 등은 모두 우연하게 발견한 것을 개선하거나, 사용하면서 개량한 것이었다. 오랜 경험의 장인들이 기술과 도구의 주요 발명자들이었다. 그러나 인쇄술에 의한 학문의 발전은 발명의 방식을 바꿔놓았다. 자연과학 지식은 기계를 개량하고 기술을 발명하는 데 일조했다. 증기기관은 열역학 지식에 기반을 둔 개량 과정을 거쳐 상용화될 수 있었다. 이와 같이 당시의 지연과학, 물리학, 회학, 금속학, 수학은 새로운 기술과 제품을 개발하는 데 필요한 지식과, 자연의 원리를 이해하고 활용하는 데 도움이 되는 지식을 제공했다. 기술과 자연과학의 통합이라는 새로운 지식 방법론은 근대 물리학을 개척한 뉴턴 시대의 영국에서 산업혁명이 일어날 수 있는 지적 기반을 제공해 주었다.

새로운 지식이 계속해서 개척되고 학문이 세분화·전문화되면서 많은 양의 지식을 이해하고 관리하고 적용하는 새로운 지식 전문가의 필요성이 대두되었다. 특히 19세기 산업혁명 이후에는 주기적으로 변화하는 많은 정보 및 지식체계를 다루는 데 능한 전문가의 수요가 증가하면서 전문가 양성을 위한 전문교육도 번창했다. 전문가 조직은 진입 규칙을 정하고 학위를 수여하고 임명과 승진, 프로젝트 자금 지원 등의 절차를 만들면서 관료화되었다.

한편 인쇄물로 대표되는 지식의 양이 늘어나면서 일반 대중도 지식을 접할 수 있게 돕는 대중 교육의 필요성이 대두됐다. 1642년 지금의 독일 지역에 위치한 고타공국은 교육령으로 초등학교 무상교육을 시작했다. 이는 세계 최초의 공교육제도 수립이었다. 일

[사회의 발달과 지식체계의 변천]

구분	농업사회	산업사회	디지털사회	비고
매체	문자	책	네트워크 기반의 디지털	매체의 복합성 증가
정보량	소량의 필사본	활판인쇄술로 출판물 급증	세계의 정보량 매년 2배 이상 증가	정보량의 기하급수적 증가
지식 방법론	경험과 도구의 통합	자연과학과 기술의 통합	컴퓨터와 과학기술의 통합	손에서 머리로 이동
생산자	귀족, 사대부	지식인	개인 (사물지능)	지식생산자 확대
전달 체계	엘리트 중심의 선별 교육	전문대학 및 직업 교육	대학, 인터넷	개인 중심의 교육 공간 확장
영향	진리의 시대 (법, 질서 중시)	과학기술 및 학문의 시대	재능과 개성을 존중하는 인간의 시대	개인의 존중과 영향력 증대
지배자	왕, 귀족	기업인, 전문가	재능을 가진 개인	권력의 대중화

반 대중에게 읽기·쓰기·셈하기 등의 기초 지식을 가르쳤던 이 교육제도는 시민교육과 함께 공장 노동자들을 위한 기초교육의 필요성이 사회적으로 대두되면서 영국과 미국, 프랑스 등으로 확대되었고 근대 교육의 기초로 자리 잡았다.

인터넷, 전문가로부터 지식 권력을 빼앗다

인쇄술이 귀족과 성직자의 권력을 붕괴시키고 학자와 전문가의 시대를 열었다면, 인터넷은 학자와 전문가의 시대에서 벗어나 대중의 시대를 열고 있다. 방대한 전문서적에 기반한 전문 지식을 습득하기 위해서는 전문학교에서 다년간 전문가(교수)로부터 교육을 받고, 일정한 자격을 얻거나 시험에 통과해야 했다. 전문가가 되기 위한 통로는 시험과 선발이라는 방식으로 통제되었고, 전문 지식에 대한 접근과 활용도 제한되었다.

일반 대중이 전문 지식이나 정보를 얻기 위해서는 힘들게 책을 구하고, 어려운 전문용어의 벽을 넘어야 했다. 지식을 얻는 데 성공해도 응용하려면 경험 부족 때문에 상황에 적합한 지식인지를 판별해야 하는 또 하나의 울타리를 넘어야 했다. 일반인들이 문제를 해결하기 위하여 직접 전문 지식을 익혀서 활용하는 것보다는 지식과 경험을 갖춘 전문가에게 의뢰하는 것이 더 경제적이었다고 할 수 있다. 전문가는 일반 대중에게 전문적인 지식을 쉽게 풀어서 설명해 주는 조언자로, 현실의 문제를 해결해 주는 대행자로, 지식을 대중에게 전달하는 중개인으로 사회에 기여하였다. 그러나 인터넷의 등장이 전문가의 지식 울타리를 허물어버렸다.

정보를 저장하고 소통하는 방식의 변화는 사회에서 전문성을 공유하는 방식에 직접적인 영향을 끼친다. 지금까지 실용적 전문성은 사람의 머리, 교과서, 서류 보관함 안에 있었다. 이제 전문성은 점점 더 다양해져 기계, 체계, 도구에 의해 디지털 형태로 보관되고 표현된다. 인터넷과 디지털 기술은 전문성이 저장, 공유, 사용되는 모든 방식을 바꾸어놓았다.

컴퓨터 앞에 앉아서 관련 지식을 검색하고 링크를 따라가면 필요한 지식과 정보를 쉽게 얻을 수 있다. 인류 역사상 지금처럼 많은 사람이 이처럼 많은 양의 지식을 접했던 적은 없었다. 인터넷이라는 지식 공동체의 등장으로 전문직 종사자들이 더 이상 지식을 독점하지 못하게 된 것이다.

지식은 이제 플랫폼에서

백 개를 알고 있는 한 명의 전문가보다 한 개를 알고 있는 백 명, 천 명, 만 명의 비전문가가 모여 뛰어난 집단지성을 만들 수 있는 곳이 인터넷이다. 미국의 웹사이트 페이션츠라이크미PatientsLikeMe에서는 30만 명 이상의 사용자가 2,300여 가지에 이르는 자기 질병 내용을 공유하고 투병 및 치료 경험을 나눈다.

선출되고 선발된 정치인과 관료라는 전문가의 통치 역시 도전을 받고 있다. 영국 국무조정실의 열린정책결정팀Open Policy Making team은 공무원들이 정책 결정을 '독점'하던 상황을 타파하기 위해

블로그, 소셜미디어, 크라우드소싱 등 다양한 온라인 플랫폼을 활용하고 있다.

컴퓨터와 인터넷으로 상징되는 디지털 시대의 지식은 대중이 지식생산자로 등장하고, 동시에 대중의 지식이 플랫폼이라는 틀 위에서 지식생태계를 형성하며 발전하는 구조가 만들어졌다는 특징을 갖는다. 똑똑한 한 명의 전문가에게 기대는 것이 아니라 여러 사람의 지식이 모여 상호작용하고, 검증하고, 발전하는 창발적 지식생태계의 시대가 열린 것이다.

6장

인간과 기계가
대화한다는 것의 의미

말이 다시 커뮤니케이션의 중심으로 등장하고 있다. 애플이 아이폰에서 시리Siri라는 음성인식 비서 서비스를 시작하기 전에만 해도 말은 문자의 보조 수단일 뿐이었다. 스마트폰과 같은 디지털 기기를 조작하기 위해서는 텍스트를 읽고, 이미지를 보고, 손으로 버튼을 눌러야 했다. 그리고 그 사이사이에 사용자가 판단하고 의사결정을 내리는 과정이 있다. 2011년 등장한 시리는 손으로 조작하는 과정을 생략하고 말로 스마트폰을 조작하는 시대를 열었다.

2015년 아마존에서 출시한 에코Echo라는 음성인식 스마트 스피커는 스마트폰 없이도 여러 디지털 기기를 조작할 수 있게 했다. 디지털 기기는 텍스트와 이미지라는 시각 정보에의 의존성에서 완전히 탈피하여 음성만으로 모든 것을 할 수 있는 새로운 말의 시대로 나아가고 있다. 알렉사_{Alexa}라는 이름을 부르면 반응하는 에코와 이후 등장한 수많은 스마트 스피커들은 비서이자, 친구이며, 애인으로 다가오고 있다. 목소리만으로 인공지능 운영체제와 사랑에 빠지는 영화 〈그녀〉를 통해서도 음성이 우리 삶에 얼마나 많은 영향을 미치고 중요한 부분을 차지하는지 알 수 있다.

글보다 원초적인 말

말은 문자보다 더 오래된 커뮤니케이션 수단이다. 문자의 발명은 시공간에 남지 못하고 사라지는 말에서 정보와 지식을 분리하여 시공간에 고정하고 보존하는 것을 가능하게 만들었다. 문자와 인쇄술은 지식의 축적과 확산, 새로운 지식의 재생산이라는 지식 혁명을 가져왔다. 그러나 문자는 행위의 주체인 인간과 분리되어 있으므로 인간에 의해서 다시 결합되어야 한다는 한계를 갖고 있다. 외부에 저장된 지식을 활용하기 위해서는 다시 인간의 인식과 분석, 의사 결정, 행동의 과정을 거쳐야 한다. 자신의 의지를 전하거나 원하는 결과를 얻기 위해서는 스마트폰 화면의 문자와 이미지를 보고, 판단하고, 결정하여 버튼을 누르는 과정을 거쳐야 한다. 이는 인간 대 인간 사이의 커뮤니케이션과는 다른 방식이다.

주로 말에 의존하는 인간의 커뮤니케이션은 인쇄술, 통신, 인터넷 등 매체가 발달하면서 간접적인 커뮤니케이션으로 그 모습을 바꾸어왔다. 그런데 스마트 스피커가 등장하면서 인간 대 기계의 커뮤니케이션이 음성을 통한 직접 커뮤니케이션으로 변화하고 있다. 중간에 걸리적거리던 매체가 사라진 것이다. 기계를 조작하는 것이 아니라 친구에게 말하는 것처럼 바뀌었다. 기계가 음성이라는 가면을 쓰고 더 친숙하게 다가오고 있다. 최근 음성만으로 소통하는 SNS '클럽하우스'가 인기를 끄는 것도 음성의 부활을 의미한다.

기계가 인간의 말을 듣고 이해하고 반응하기 위해서는 엄청난 기술적 발전이 필요했다. 최근 급속하게 발전하고 있는 딥러닝Deep Learning, 기계학습의 알고리즘에 기반을 둔 인공지능 기술은 기계가 사람같이 생각하고 말하고 행동하는 꿈같은 일을 현실로 만들고 있다. 인공지능이 내 말을 알아듣고, 친구의 얼굴을 알아보고 사진에 친구 이름을 태그하고, 좋아할 만한 음악을 추천해 주고, 진단 사진을 보고 암을 판독하고, 바둑을 두고, 주식 거래를 하고, 판례를 분석하고, 경영 자문을 하고, 자동차와 비행기를 운전한다. 다른 기술들은 특정 분야에서만 한정적으로 사용되고 우리의 일상 속으로 들어오기에는 아직 멀었지만, 인공지능 기능을 갖춘 스마트 스피커는 상대적으로 가격이 저렴해져서 일반 가전제품처럼 쉽게 사서 쓸 수 있다.

그러나 인공지능 스피커라고 해도 쓰다 보면 아직은 좀 불편하다. 말귀를 잘 못 알아듣는 한계가 있다. 지금까지 우리가 버튼만 누르면 바로 실행되던 스마트기기들과 달리 몇 번을 설명하고 확인해야 한다. 이것은 말이라는 커뮤니케이션 도구가 맥락 속에서 전달되고 이해되는 속성을 가졌기 때문이다. 사람과의 음성 커뮤니케이션은 상황이라는 시공간을 공유하면서 맥락을 전제하고 이루어진다. 우리는 당연히 그런 맥락이 통할 것으로 생각하고 스마트 스피커에 말을 거는데, 스마트 스피커는 맥락을 모르기 때문에 혼란이 일어난다. "시리야, 내 배에 이상이 있나 봐, 어떻게 하면 좋겠니?" 하면 시리는 "당신 몸의 배가 아프다는 겁니까? 당신 소유의 배에 이상이 있다는 겁니까?" 하고 물어볼 것이다. 친구라면 표정을 보고 한 번에 알아들을 이야기도 못 알아들을 수 있다. 말의 맥락을 이해하기 위해서는 발화자에 대한 정보를 많이 알고 있어야 한다. 친구를 사귀는 데 오랜 시간이 걸리듯이 인공지능 친구를 사귀는 데도 시간이 필요하다.

인공지능, 언어 처리의 도약을 준비 중

2020년에 괄목할 만한 성과를 남긴 인공지능 기술을 뽑으라면 자연어 처리 능력의 급격한 향상이라 말할 수 있다. 특히 획기적인 성과를 보여준 인공지능은 인공지능 연구 단체 오픈AI OpenAI에서 개발한 GPT-3 작문 프로그램이다. GPT-3는 인간 수준의 작문 실력을 보여주어 화제가 되었다. 3000만 명이 사용하는 채팅 사이트에 GPT-3봇이 일주일 동안 수백 개의 글을 올렸지만, 아무도 이를 인공지능이 작성했다고 의심하지 않았다. GPT-3가 작성한 댓글 대부분은 편향되지도 해롭지도 않았다. 자살을 주제로 한 글에는 자기를 지지해 준 부모를 생각하면 자살을 포기하게 된다는 내용을 담기도 했다. "제게 가장 도움이 된 것은 아마도 부모님이었을 것입니다. 나는 부모님과 아주 좋은 관계를 맺고 있으며, 무슨 일이 있어도 부모님은 항상 나를 지지해 주셨습니다. 자살하고 싶은 생각이 많이 들었지만 그런 부모님 때문에 한 번도 시도해 본 적이 없습니다." 일상 대화뿐 아니라 신의 존재와 인류의 운명 등 고차원적인 주제에 관한 대화도 이어갔다.

GPT-3는 시작 문장과 주제를 주면 장문의 글도 작성한다. 영국의 유력 일간지 《가디언》은 GPT-3가 작성한 장문의 기사를 게재하기도 했다. GPT-3가 윤리적인 주제도 포함하여 인간과 비슷한 작문 실력을 보여주고 있지만, 아직 공식적인 서비스는 시작하지 않고 여전히 개발 중이다. 현재 GPT-3는 무려 1750억 개의 매개변수를 처리하는 능력을 갖추고 있다. 메모리만 해도 350GB에 달한다. 2019년 GPT-2 버전은 15억 개의 매개변수를 처리했는데, 2021년 GPT-4는 조 수준의 매개변수를 처리할 것으로 전망된다. GPT-3는 막대한 하드웨어 성능을 요구하고, 오남용 우려 때문에 제한적인 라이선스를 주는 방식으로 서비스를 시작할 것으로 보인다.

우리나라에서도 오랫동안 자연어 처리 프로그램을 개발해 왔고, 〈장학퀴즈〉에서 우승하는 정도의 실력을 갖추었다. 그러나 아직 GPT-3에 비할 정도는 못 된다는 평가를 받는다. 한글 언어 처리 기술력이 뒤처지면 한글 작문 프로그램을 외국이 주도할 수도 있다. 실제로 GPT-3도 한글 버전을 개발 중이라고 한다. 사회는 언어에 기반하고 있다. 한글 번역에서도 외국 프로그램이 앞섰다는 평가가 나오고 있는 실정에 한글 언어 처리 기술에 대한 정부와 기업체의 더 많은 협력과 투자가 요구된다.

인공지능 언어 프로그램은 비즈니스 영역에서 이미 활용되고 있다. 언어의 미묘한 뉘앙스가 걸림돌이 되고 있지만, 인공지능 챗봇은 고객 상담 서비스에서 만족할 만한 성과를 보인다. 최근에는 복잡한 조사 보고서를 요약하고, 재무 문서, 텔레마케팅, 콜센터 기록 등을 분석하는 영역으로 확대되고 있다.

그러나 인공지능 작문 프로그램은 아직 넘어야 할 산이 많다. 2021년 1월 인공지능 챗봇 '이루다'가 성희롱, 소수자 차별 등의 논란에 휩싸여 3주 만에 서비스를 중단했듯이 인공지능이 건전한 상식, 윤리적인 의식을 갖고 인간과 같이 언어를 구사하는 것은 그리 간단한 문제가 아니다. 현재 인공지능 자연어 처리 기술은 사람이 남긴 방대한 문서를 학습하는 딥러닝 방식이다. 인간이 작성한 문장에서 가장 많이 사용되는 패턴을 따라서 단어와 문장을 배치하는 방식이다. 이렇게 학습된 알고리즘은 다른 영역에 적용하기 어렵고, 추론 및 지식이 불투명하여 왜 그런 문장을 작성했는지도 설명하기 어렵다. 사람의 문장을 모방하지만, 사람과 같은 수준의 지식과 상식, 추론 능력은 없다. 앞으로 이런 능력을 어떻게 갖추게 할 것인가가 자연어 처리 분야의 과제다.

일반적으로 우리 인간의 사고는 '시스템1' 사고와 '시스템2' 사고로 구분된다. 노벨 경제학상을 수상한 대니얼 카너먼Daniel Kahneman은 시스템1 사고는 직관적이고 빠르며 자동적인 사고라고 했다. 고양이와 개의 구분, 지나가는 광고판의 단어 인식, "로미오와 ○○"의 빈칸 완성 등이 의식적인 처리가 거의 필요하지 않은 시스템1 사고 영역이다. 사람들이 1초 미만의 생각으로 처리할 수 있는 일들의 영역에서 인공지능 프로그램들이 뛰어난 성과를 보여주고 있다.

반면 시스템2 사고는 분석적이고 시간을 필요로 하는 깊은 의식적인 사고다. 추상적인 문제를 해결하거나 새로운 상황을 다루기 위해 추론이 필요할 때 시스템2 사고를 사용한다. 복잡한 수수께끼를 풀거나, 새로운 개념을 제시하거나 계획을 세우고, 인과관계를 이해하고, 사회적 환경에서 특정 행동의 적절성을 결정하는 일 등이 포함된다. 우리가 세상을 이해하고, 더 좋은 세상을 만들기 위해 생각하고, 새로운 지식을 얻으려는 노력은 시스템2 사고 영역이다.

현재 인공지능 언어 처리는 시스템1 사고에서 시스템2 사고로 넘어가기 위해 시도하는 단계라고 할 수 있다. 시스템1 사고를 갖추는 과정에서는 인공지능에 잘 짜인 데이터 세트를 주고 학습하도록 하는 지도학습 방법을 사용했다. 최근에는 개방형 탐색 및 추론을 통해 인간이 세상을 배우는 방식을 모방하는 비지도학습 모델이 개발되고 있다. 인공지능이 시스템2 사고가 가능하기까지 수년이 걸릴지 아니면 당장 올해가 될지는 아무도 모른다. 다만 알파고가 갑자기 우리에게 충격을 주었듯이, 인공지능이 인간과 같은 수준으로 사고하기 시작할 때 우리가 이를 어떻게 받아들이고 활용할 것인가에 대해 준비해야 한다.

체계적인 지식 구축이 맥락을 만든다

인공지능이 맥락을 이해하기 위해서는 먼저 체계화된 지식을 갖추어야 한다. 지금까지 지식은 인간의 시각과 청각을 통한 이해를 전제로 구성되었다. 책을 찾아보거나 검색해서 텍스트 형식의 정보를 얻고 이를 이해해야만 활용할 수 있는 지식으로 바뀐다. 즉 지식을 활용하려면 체계적인 지식체계, 온톨로지ontology를 갖추어야 한다.

오랜 기간 공부하여 체계적인 지식을 갖춘 사람을 전문가라고 한다. 법, 의료, 회계, 연구, 공학, 기술, 과학 등 많은 분야에서 체계적인 지식을 갖춘 전문가들이 활동하고 있다. 인공지능이 체계적인 지식을 습득하고 활용하여 일반인들이 다루기 어려운 문제에 대해 조언할 수 있을 때 인공지능은 전문가를 대체하게 될 것이다. IBM이 만든 인공지능 의사 왓슨과 인공지능 변호사 로스ROSS가 그 예다. 아직 왓슨은 의사를 대체하기보다는 의사를 보조하는 기능에 머물러 있지만 활용 분야를 넓혀 가고 있다.

단편적인 정보만을 알려주는 데이터베이스는 인간의 검색과 인지, 활용을 전제로 하고 있다. 그래서 검색에서 얻은 정보는 바로 지식으로 전환되지 못한다. 구글 같은 전통적인 검색엔진은 수집한 정보를 중요도에 따라 나열해 주고, 인간이 알아서 취사선택하게 한다. 아무리 방대한 빅데이터가 있어도 지식체계를 갖추지 못하면 지식을 활용하는 능력이 떨어지고, 인공지능도 지식으로 습득하기 어렵다. 이에 대항해 지능형 검색엔진으로 개발 중인 울프

럼알파Wolfram Alpha는 지식을 기반으로 한 검색 서비스로, 체계적으로 구축한 방대한 정보를 처리하여 사용자에게 간략한 형태의 답을 제공한다. 애플의 시리에도 적용된 이 검색엔진은 웹상의 정보를 그대로 제시하는 것이 아니라 웹상의 정보를 재구성한 응답형 답변을 사용자에게 제공한다.

인공지능 스피커가 단순히 정보를 알려주는 것을 넘어서 지식 서비스를 제공할 수 있으려면 각 분야의 지식은 물론 사용자 개인의 특성에 맞춘 온톨로지 지식을 갖추어야 한다. 우리는 앞으로 "연말정산을 어떻게 해야 해?"라고 물어보는 것에서 나아가 "연말정산을 해줘"라고 지시하는 것까지 원하게 될 것이다. 그때 비로소 인공지능 스피커는 정말 똑똑한 개인 비서가 되어 지시를 알아듣고 사용자를 대신해서 임무를 수행하게 된다.

일반적으로 우리가 음성을 사용하는 목적은 정보 얻기보다는 지시를 내리고 행동의 결과를 얻기 위함이다. 이는 정보 습득을 중시하는 시각視覺과 달리 정보 활용을 중시하는 음성의 특징이다. 이처럼 지식이 실행되기 위해서는 정보 이외에 절차와 조건 등 프로세스가 결합되어야 하며 정보가 맥락에 맞는 실행적 지식, 코드Code화된 지식으로 전환되어야 한다.

지식의 집대성, 지식기지를 구축해야

전문 분야에서 온톨로지 기반의 인공지능 지식 서비스가 등장하고 있다. 자동화 데이터 분석 플랫폼인 아야스디Ayasdi, 비욘드코어BeyondCore 등은 심지어 인간이 질문할 때까지 기다리지 않고, 상관관계를 찾아내기 위해 스스로 자료 집합을 분석해 추가 분석이 필요한 흥미로운 관계를 발견해 내거나 분석에 더 필요한 자료를 알려주고 있다. '최고 임원 조언자C-Suite adviser' 역할을 하도록 개조된 IBM의 왓슨은 전략 문서를 탐색하고, 회의에서 나눈 대화를 듣고 요약하며, "어떤 회사에 투자할 만한가?"라는 질문을 받으면 자체 통찰을 기반으로 분석해 조언한다. 골드만삭스가 투자한 켄쇼Kensho는 "개인정보 보호에 대한 우려가 커지면 기술 회사의 주식은 어떻게 되지?"와 같은 재무 관련 질문에도 관련 지식을 바탕으로 새로운 정보를 분석해 답을 내놓는다. 켄쇼 없이 사람들이 이런 문제의 답을 얻으려면 많은 시간을 들여 조사하고 의사 결정을 해야 한다.

그런데 우리나라는 전문 분야에서 인공지능 서비스가 발달할 수 있는 지식체계, 온톨로지가 부족하다. 네이버 지식인처럼 단편적인 지식을 알려주는 서비스는 활발하게 이용 중이지만 위키피디아 같은 종합적인 지식 서비스는 인터넷 강국이라는 이름이 무색하게 아주 낮은 수준이다. 또한 인공지능이 학습할 수 있는 양질의 데이터도 부족하다. 최근 조사에 의하면 국내에서 공개된 공공데이터 중 인공지능 기계학습 알고리즘에 활용할 수 있는 데이터는 0.3%에 불과한 것으로 나타났다.

우리가 인공지능 서비스 강국이 되기 위해서는 지식과 처리 프로세스가 결합할 수 있는 플랫폼도 필요하다. 행정과 민원 서비

디지털 쇼크 한국의 미래

스에 인공지능을 결합하여 진정한 '원스톱' 서비스를 만드는 것이다. 정부 법률과 시행령, 규정, 규칙을 모두 디지털 지식으로 만들어 먼저 공무원들의 행정 처리를 인공지능 시스템으로 구축하고 순차적으로 민원 서비스로 확대하면 차세대 스마트정부를 구현할 수 있다. 민간 영역에서는 모든 가전 및 기계류의 제품 설명서를 인공지능 지식으로 구축하는 플랫폼도 제안해 본다. 제품의 AS 문의와 처리도 훨씬 효율화되고 제품의 개선에도 활용할 수 있을 것이다.

인공지능 시대에 음성 서비스는 손쉽게 전문가와 대화하면서 온라인으로 문제를 해결하는 시대를 열 것이다. 그때 우리는 진정으로 전문성의 대중화, 전문성의 민주화를 느끼게 될 것이다. 그러나 넘어야 할 산이 많다. 문제는 지식 플랫폼이다. 플랫폼에 대해서는 12장에서 자세히 다루도록 하겠다.

7장

대학의 붕괴와
교육의 대변혁

패러다임 전환기와 같이 붙어 다니는 단어는 '위기'다. 제조업 위기, 유통 위기, 서비스업 위기, 경영 위기, 혁신 위기 등 경제와 산업 분야의 위기에서부터 의사의 위기, 변호사의 위기 등 전문성을 필요로 하는 안정적인 고소득 직업에 이르기까지 위기는 전 분야에 걸쳐 있다. 그러나 가장 심각한 위기는 다름 아닌 대학에 있다. 대학은 사회로 진입하는 긴 과정의 마지막 단계다. 파열은 접점에서 가장 먼저 발생한다. 대학은 바로 그 지점에 위치해 있다.

대학에서 배운 지식이 사회에서 별 도움이 안 된다는 비판은 이미 오래전부터 있었다. 그래도 대학을 졸업하면 상대적으로 좋은 직장에 들어가 고액의 임금을 받을 확률이 높아지므로 비싼 등록금을 내고 대학에 진학하는 수요가 꾸준히 증가해 왔다. 그러나 이제 많은 나라에서 더 이상 대학 졸업장이 높은 임금을 보장해 주지 않는 정체 현상이 나타나고 있다. 그런데도 대학들은 높은 등록금을 요구하며 건물을 올리는 외적·양적 성장의 관성에서 벗어나지 못하고 있다.

대학은 단지 직업인을 길러내는 곳이 아니라 학문의 상아탑으로서 지성인과 지식인을 길러내는 곳이며 진리 탐구의 전당이라고 주장하는 엘리트주의도 이제는 설득력을 잃었다. 대학의 이런 역할은 지식 대중의 증가와 함께 시대적 소임을 다했다. 누구나 쉽게 지식과 정보를 접할 수 있는 시대다. 민주시민을 길러내는 교육은 고등학교 과정에서 이루어져야 한다.

현실적 이해를 떠나 순수하게 학문을 지향하고 진리를 탐구하는 곳이 대학이라는 이상도 사회적으로 외면받고 있다. 대학은 높은 임금과 사회적 지위를 미끼로 대학 진학률을 높여왔고, 높은 등록금을 당연시하면서 성장을 추구하는 이익집단이 된 지 오래다. 대학의 연구 기금이 정부와 기업에서 나오고, 대학교수도 임금을 받는 직업인에서 벗어나기 어렵기 때문에 발생한 문제다.

새롭게 등장한 인재상, 변화를 요구받는 교육 방식

디지털 기술이 교육 분야에 접목되면서 고비용의 대학 구조에 균열을 내고 있다. 온라인 공개 강좌 사이트 무크MOOC에서는 하버드, 스탠퍼드, MIT 등 세계 최고의 대학 강의를 무료로 들을 수 있다. 등록금보다 저렴한 비용을 내면 학점도 받을 수 있다. 여전히 좋은 대학의 졸업장이 주는 프리미엄이 존재하긴 하지만, 지식을 습득하거나 최고 수준의 강의를 듣는 데 굳이 비싼 등록금을 내지 않아도 되는 환경이 마련되고 있다. 코로나19는 온라인 교육에 불을 붙였고 긍정적인 효과와 부정적인 효과가 교차하고 있다. 온라인이 편리한 지식 전달 방식이라는 것은 확인되었지만, 지식의 전달을 넘어 대학 교육이 추구해야 할 것은 무엇인가에 대한 과제를 남기고 있다.

현재 제기되는 대학 위기의 핵심은 다가오는 미래 사회, 이른바 디지털 시대에 필요한 인재를 교육하고 있는가에 대한 의구심에서 시작된다. 앞으로는 인공지능을 비롯해 자동화와 지능화 기술의 발달로 많은 직업이 사라지고 새로운 직업이 생길 것으로 전망된다. 대학에서 배우고 익힌 지식과 기술이 대학 졸업과 동시에 사라져가는 것을 눈앞에서 지켜봐야 할 수도 있다. 필요한 것은 빠른 변화에 적응하고 그 변화 속에서 새로운 것을 찾아내 혁신적인 무언가로 만들어내는 능력이다.

학생들은 생각하는 힘, 즉 지식의 근육을 키워야 한다. 스스로 문제를 발굴하고, 문제를 새롭게 정의하고, 자신만의 문제해결 능력을 키우고 창의적인 아이디어를 내는 능력이 미래의 인재 조건이다. 빅데이터와 인공지능 시대에는 방대한 데이터를 읽고 분석하고 활용하는 데이터 리터러시Data Literacy, 컴퓨터 사고력과 공학 원리를 이해하는 테크놀로지컬 리터러시Technological Literacy, 인문학적 이해와 디자인 역량을 뜻하는 휴먼 리터러시Human Literacy의 3L이 요구된다. 여기에 창의력Creativity, 비판적 사고력Critical Thinking, 협력Collaboration, 소통Communication 역량을 의미하는 4C를 갖춘 인재를 키우는 교육을 해야 한다.

이런 능력을 갖춘 인재를 배출하기 위해 대학에 요구되는 교육 방식은 강당에서, 온라인 화면에서 진행되는 일방적인 강의와 그에 따른 졸업자 대량생산 시스템이 아니다. 무크와 인공지능 기반의 개인 맞춤형adaptive learning 학습 같은 첨단 학습법이 대안이다. 시험을 위한 암기 위주의 학습에서 새로운 지식을 탐구하는 법을 배우는 학습으로, 많은 정보를 얕게 배우는 것에서 핵심 정보들을 다양한 체험을 통해 깊이 있게 배우는 학습으로, 한 분야만 전문적으로 배우는 방식에서 연관 분야와의 융합 학습으로 학습 방식의 변화가 요구된다. 교수의 역할도 가르치는 역할에서 배움의 환경을 디자인해 주는 역할로 변화하기를 요구받고 있다.

그러나 현실은 시대적 변화가 대학에 어떤 역할을 요구하고 있는지, 대학은 그 역할을 감당할 수 있는 적합한 기관인지에 대한 고민까지 나아가지 못하고 있다. 무크와 인공지능 기반의 개인 맞춤형 학습은 교육의 표준화를 의미한다. 시스템만 갖추면 누구나 일정 수준의 교육 효과를 얻을 수 있으며 차별적인 요소들이 사라진다. 즉 명문대 강의실에 앉아 있든지, 시골집 컴퓨터 앞에 앉아 있든지 누구나 동등한 효과를 얻을 수 있게 된다. 결국 지식의 전달이라는 측면에서 대학 교육의 중요성이 감소한다.

지식의 생산, 유통, 활용

현대 대학의 등장에는 독일과 미국이 선도적인 역할을 하였다. 독일은 현장의 이슈를 강의실로 가져와 토론하는 세미나 방식의 교육법을 도입하고, 연구중심대학이라는 모델을 만들어 영국에 뒤처졌던 산업화를 따라잡으며 화학을 비롯한 새로운 산업을 이끌었다. 미국은 1862년과 1890년 모릴법Morill Act을 제정해 농업과 공업 중심의 대학 설립에 필요한 토지를 주 정부가 무상으로 제공했다. 이는 새로 독립한 미국이 근대적인 학문과 산업에 필요한 전문가를 양산하고, 연구대학을 성장시키는 물적 토대가 되었다. 21세기를 주도하는 반도체와 IT 산업이 연구중심대학교인 스탠퍼드를 중심으로 한 실리콘밸리에서 태동한 것은 우연이 아니다.

19세기 말에 대학이 지식 개척의 최전선에 있었다면, 20세기에는 대학이 주춤하는 사이 정부 지원의 공공 및 기업 연구기관과 지식 집단인 싱크탱크가 점점 중요한 역할을 담당하고 있다. 기업의 역할도 커져 첨단 지식인 인공지능에 관한 연구는 기업이 주도하고 있다. 특히 인공지능 연구에 필요한 빅데이터를 보유한 플랫폼 기업들의 활약이 두드러지고 있다.

지식의 유통 측면에서 보면 새로운 지식이 등장하고 활용되는 시간이 짧아지면서 지식의 수명도 짧아졌다. 생산되는 지식의 양이 증가하면서, 특정 지식의 효용성이 떨어지고 무용성이 증가하는 반감기 또한 짧아지고 있다. 공학 분야의 지식 반감기는 1930년대에는 35년이었으나, 1960년대에는 10년으로 단축되었다. 지금은 더 짧아졌다. 대학이 축적되고 정립된 지식을 체계화하여 전달하는 순간부터 지식의 효용성은 감소한다. 지식이 생산되는 곳으로 지식의 유통 기능이 점점 더 흡수되고, 전달된 지식이 바로 활용되는 지식생태계가 요구되고 있다. 새로운 지식 개척의 선두에 나서고 있는 기업과 대학이 혼재하는 모델, 대학의 새로운 아이디어가 현장에서 바로 실험되는 모델, 지식 개척의 기능이 현실과 산업 현장으로 옮겨 가는 모델이 주목받는다. 즉 지식의 생산-유통-활용의 사이클에서 지식의 유통 사이클이 짧아졌다는 뜻이다. 최근 기업체와 학교가 공동으로 설립하여 운영하는 IBM의 P-TECH, 구글과 같은 기업체의 기술 인증 프로그램, 직업 교육 프로그램이 인기를 얻고 있는 것은 이러한 추세를 반영하는 것이다.

대안은 시산학의 혁신생태계

교수와 학생, 강의실과 연구실, 대학과 기업으로 분리되어 있는 현재의 대학은 지식생태계에서 역할 변화를 요구받고 있다. 지식의 반감기가 길 때에는 현재와 같은 대학 구조가 유효했으나 디지털 시대에 들어 지식의 반감기가 짧아지면서 대학 구조는 도전받고 있다. 원하기만 하면 언제 어디서나 대학 강의를 비롯하여 각 분야 전문가들의 강의를 들을 수 있는 시대다. 지식의 전달, 학습이라는 측면에서 더 이상 대학 강의실은 유용한 공간이 아니다. 새로운 지식 개척 또한 캠퍼스 안의 연구실로는 한계가 있다. 산업 현장, 생활 현장과의 긴밀한 관계가 더욱 요구된다.

대학은 새로운 지식을 개척하고 세상과 호흡하는 연구와 실천 공간으로 다시 태어나야 한다. 구체적인 방식으로 말하자면 대학은 현재의 공간, 상아탑에서 나와 지식 및 혁신생태계의 일원으로 들어가야 한다. 기업의 지식 연구소와 공간을 공유하는 도시 속의 새로운 캠퍼스에 대학이 일원으로 참여해야 한다. 기업도 독자적인 연구를 하던 시대는 지났다. 스마트폰 하나에만 25만 개의 특허가 관련되어 있다. 관련 분야의 협력을 통하여 새로운 솔루션을 만들어내는 지식생태계, 산업생태계 속에서 대학은 기업 연구소와 협력하면서 새로운 지식을 개척하는 역할을 담당한다.

네덜란드의 림뷔르흐Limburg주가 주도하는 브라이트랜드Brightlands가 좋은 예다. 브라이트랜드는 열린 혁신 커뮤니티Open Innovation Community로 지식이 교차하는 곳에서 혁신이 일어나도록 장려하는 새로운 캠퍼스 모델을 제시한다. 건강과 영양 등 생명과학 산업 분야를 개척하기 위하여 과학과 비즈니스와 교육을 결합한 4개의 캠퍼스로 구성되어 있다. 여기서 캠퍼스는 대학의 캠퍼스를 말하는 것이 아니다. 기업과 연구소가 자리 잡고, 이들이 참여하여 협력이 일어나는 공간이라면 어디든 캠퍼스다. 브라이트랜드 캠퍼스는 과학자, 기업가, 학생들에게 연구와 혁신, 성장을 지원하는 최첨단 시설을 제공하고 있다. 시의 주도로 새로운 산업을 개척하기 위한 시산학市産學(도시-산업-대학 간의 협력) 혁신생태계 모델의 표본이 되고 있다.

대학, 새로운 지식생산자로 재탄생해야

한국의 대학은 학생 공급과잉 시대에 편안하게 성장할 수 있었다. 그러나 지금은 교수법을 혁신하거나 시대에 맞는 인재상을 배출하는 데도 뒤처졌다. 우리 대학들은 디지털혁명이 제기하는 새로운 도전과 저출산에 따른 학생 수 감소라는 가중된 위기에 직면했다. 대학의 새로운 모델은 뒷전이고 대학입시만을 쟁점으로 삼으며 적절히 대처하지 못하고 있다. 중앙정부의 보조금으로 연명하며 이대로 가다가는 미래에 요구되는 기능을 갖추지 못한 채 사회적으로 외면당할 것이다.

대학은 지역 혁신의 일원으로, 지역 혁신을 위한 새로운 지식 개척자로 참여해야 한다. 강의실에서 교육하는 것에서 벗어나 지역 기업과 함께 연구하고, 학생들을 교육하고, 새로운 산업을 일으키는 역할을 해야 한다. 지역 대학들이 새로운 산업 혁신을 목표로 협력하고 역할을 분담하고 전문성도 강화해야 한다. 이것이 디지털 시대에 맞는 대학의 교육 기능이면서 지식 개척과 지역 혁신 모델이라고 할 수 있다.

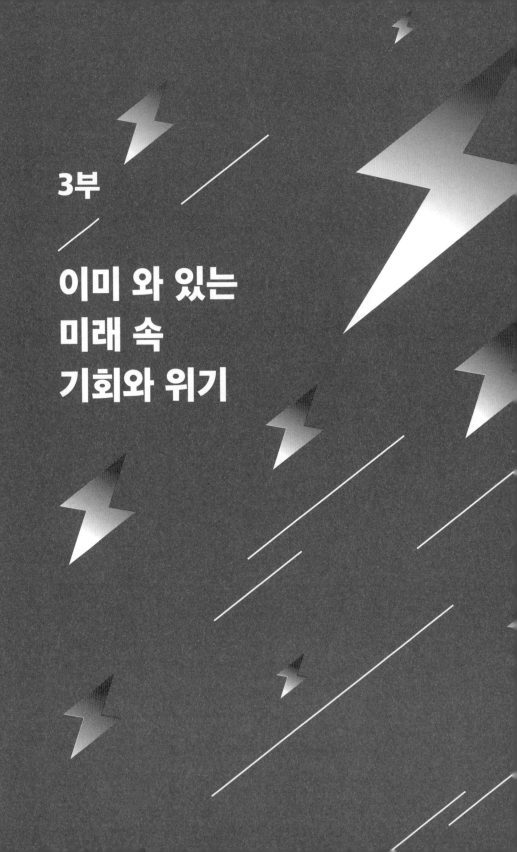

3부

이미 와 있는
미래 속
기회와 위기

8장

단순한 기계도, 인간도 아닌 인공지능

인공지능은 인류 최후의 발명품이 될 것인가? 아니면 인류 역사에 등장했던 다른 도구들처럼 인간을 위한 도구 중 하나에 불과할 것인가? 최후의 발명품이라는 말은 인공지능이 결국에는 인간과의 대결에서 승리하게 될 것을 뜻한다. 인공지능 시스템을 인체에 삽입하여 사이보그 같은 신인류(트랜스휴먼)가 탄생하면 순수 인간은 살아남기 어렵게 되거나 피지배종이 될 것이라는 주장이다. 이 문제는 인공지능의 미래에 관해 가장 입장이 갈리는 지점이다.

튜링 테스트(기계와 인간의 대화를 통해 인공지능의 완성도를 판별하는 시험)를 고안해 컴퓨터의 아버지라고 불리는 앨런 튜링Alan Turing은 1951년 BBC 라디오 방송에 출연하여 다음과 같은 도전적인 질문을 던졌다. "생각하는 기계가 만들어진다면, 인간보다 더

지능적으로 생각할 수 있게 될 것이다. 그렇게 되면 우리 인간이 설 땅은 어디겠는가?" 그러나 새로운 인공지능 기술이 등장할 때마다 기대가 환상으로 끝나는 사건이 반복되었다. 컴퓨터는 단순히 인간보다 계산을 빨리 하는 기계에 불과하다는 생각이 퍼지면서 계산을 사고로 착각하는 환상이 사라졌다. 그러다가 2016년 인공지능이 인간과의 바둑 대결에서 승리를 거둠으로써 발생한 알파고AlphaGo 쇼크는 "악마를 소환하는 것이다", "인공지능에 대한 개발을 통제해야 한다"라는 환상과 우려를 또다시 불러일으켰다.

물론 이에 대한 반론도 다양하게 제기되고 있다. 페이스북 CEO인 마크 저커버그Mark Zuckerberg는 2016년 1월, 이런 종류의 불안감은 과장되었다고 말했다. "나는 인공지능으로 하여금 인간을 위해 봉사하고 우리에게 도움이 되도록 만들 수 있다고 생각한다. 공포감을 조성하는 사람들은 마치 인공지능이 엄청난 위험을 초래할 것 같이 호들갑을 떨지만, 그것은 지나친 과장이라고 생각한다. 인공지능이 초래할 위험은 광범위하게 퍼진 질병이나 폭력 같은 재앙에 비해 훨씬 경미할 것이다." 이외에도 많은 전문가가 인공지능에 대한 우려는 과장되었고 유용성이 더 크기 때문에 인공지능 개발에 더 투자해야 한다고 주장하고 있다.

인공지능은 과연 '악마의 소환'인가?

세계적인 뇌과학자 이대열 미국 예일대 교수는 그의 저서『지능의 탄생』에서 "지능은 새로운 대상이나 상황에 부딪혔을 때, 그 의

미를 이해하고 합리적인 적응 방법을 알아내는 능력"이라고 정의했다. 그리고 생명체가 지능을 갖게 된 것은 새로운 대상이나 상황의 의미를 이해하고 합리적인 적응 방법을 알아내는 능력(문제해결 능력)이 필요했기 때문이며, 뇌는 유전자가 해결할 수 없는 문제를 대신 해결하기 위해서 등장한 일종의 대리인이라고 말했다. 즉 지능이란 개별 생명체가 진화하는 과정의 산물이기 때문에 생명체 또는 몸과 떼어놓을 수 없다는 것이다.

생명체 진화의 산물이 '지능'이라는 관점에서 볼 때, 인공지능은 어떻게 이해해야 할 것인가? 우선 인공지능을 생명체로 의인화하는 실수에서 벗어나야 한다. 설령 지능과 몸이 분리될 수 있다고 하더라도 인공지능이 진정한 지능을 가진 존재가 되기 위해서는 자신을 보호하고 복제하는 등 존재 자체의 내재적 목적을 위한 행동을 할 수 있어야 한다. 그러나 인공지능은 인간에 의해 주어진 문제를 해결할 뿐이다. 즉 자신의 주변 상황을 인식하고, 문제를 자각하고 해결하는 피드백 메커니즘이 없으므로 진정한 지능을 가진 존재라고 할 수 없다.

물론 인공지능이라고 해도 우리와 다른 성격의 자의식, 자각이 존재할 수 있다는 주장도 있다. 현재도 우리는 인공지능이 내놓는 결과만을 볼 수 있을 뿐이고, 인공지능이 왜 그런 결과를 내놓았는지는 알 수 없다. 인공지능의 처리 과정은 블랙박스와 같은 영역이다(그래서 최근에 설명 가능한 인공지능 연구가 시도되고 있다). 그러나 인공지능이 인간과 다른 방식으로 자의식을 가진다고 할지라도 이는 어떤 식으로든 자신을 보호하기 위한 행동으로 표출돼야 한다. 그리고 자신에게 이롭다는 판단의 기준(일반적으로 효능감)에 따라 행동이 확대되거나 수정돼야 한다. 그런데 인공지능은 이러한 효능감을 느낄 수 있는 감각기관(일반적으로 생명체의 몸)이 없으므로 지능을 가진 주체가 될 수 없다는 한계를 드러낸다. 최근 인공지능의 급격한 발전을 가져온 강화학습이 보상을 주면서 더 높은 보상을 받을 수 있도록 자신의 논리를 수정해 나가는 피드백 과정을 바탕으로 하고 있지만, 그 보상도 인간이 정해준 것에 불과하다.

그렇다고 인공지능을 그동안 등장했던 많은 도구와 기술, 기계의 하나로 간주하는 것은 너무 안일한 생각이다. 연구자 대부분은 인류 사회에 등장했던 불, 바퀴, 증기기관, 컴퓨터와 같이 인공지능도 기술과 인간의 관계뿐만 아니라 인간과 인간의 관계도 바꿀 것이며, 나아가서 인간이 어떤 존재인가에 대한 지금까지의 생각까지 바꾸어놓을 것이라고 전망한다. 그렇기 때문에 많은 선진국이 인공지능 연구에 자금과 인력을 쏟아붓고 있다. 특히 중국은 그동안 서구에서 개발된 기술을 뒤늦게 도입하던 처지에서 벗어나, 새롭게 등장하는 인공지능 분야야말로 선두에 설 기회라고 인식하고 있다. 최근 연구되는 인공지능은 신경망과 기계학습을 기반으로 데이터를 학습하고 발전시키는 방식이기 때문에 빅데이터를 많이 확보하고 활용할 수 있는 중국은 인공지능 기술 발전에 좋은 환경을 갖추고 있다.

디지털 쇼크 한국의 미래

블랙홀 관측도 가능하게 만드는 기술의 진보

인류 역사를 되돌아보면, 인간은 10만 년에 걸쳐 사냥과 채집이라는 힘든 노동과 이동 생활을 이어왔다. 농사를 지으며 한곳에 정착하게 된 지도 수천 년에 불과하다. 겨우 200년 전에 대부분의 수작업을 기계에 맡기는 산업사회로의 전환을 이뤘고, 겨우 한 세대전인 1980년대에 개인용 컴퓨터가 등장했으며 이제는 전 세계 성인 인구의 절반 정도가 스마트폰을 쓰는 디지털 시대로 전환되고 있다. 물리적 생산물, 즉 원자가 아니라 가상의 비트가 중요한 세상이 되었다. 컴퓨터는 보편적인 도구가 되었고, 인간이 하는 수작업은 대부분 컴퓨터 연산으로 대체되거나 컴퓨터를 다루는 작업으로 대체되고 있다. 특히 방대한 데이터를 다루는 작업은 인공지능이 인간의 능력을 뛰어넘고 있다.

예를 들어 페이스북은 오직 8,000장의 위성사진으로만 훈련시켜 20개 국가의 지도를 그려낼 수 있는 인공지능 알고리즘을 개발했다. 위성사진만 있다면 지구 전체 지도를 약 6일 만에 그려낼 수 있다. 이 인공지능 시스템이 보여준 수준의 지도 제작은 어떤 규모의 인간 조직이 하더라도 수십 년은 걸릴 작업이고, 데이터의 양도 인간과 조직이 다룰 수 있는 범위를 넘는다. 얼마 전에 인류 최초로 촬영한 5,500광년 떨어진 블랙홀 사진도 인공지능이 없었다면 불가능했다. 블랙홀 관측은 6개 대륙에 있는 8개의 전파망원경을 가상으로 연결해 지구 크기의 망원경을 구성하고, 지구가 도는 동안 순차적으로 관측한 수백만 기가바이트 분량의 데이터를 서로 맞추고 합성해 이미지화할 수 있는 인공지능 프로그램을 사용한 덕분에 가능했다.

인공지능은 사회를 개선하는 데도 유용하게 사용되고 있다. 우리나라에서는 서울시가 늦은 밤에 귀가하는 사람들의 이동 경로를 조사하여 올빼미 버스를 운영했다. 싱가포르 정부는 이 수준에서 더 나아가 도시 관리에 국가위험관리시스템RAHS, Risk Assessment and Horizon Scanning을 사용하고 있다. 이 시스템은 엄청난 양의 데이터에서 '미세한 신호'를 포착해 도시 각 지역에 필요한 것을 보여주는 능력을 갖추고 있다. 예를 들어 휴대전화에서 추려낸 지리적 위치 정보는 도시 전역에서 시민들의 행동 상황을 알려준다. 이런 이미지를 활용해 도시계획 전문가들은 붐비는 지역이나 인기 있는 동선, 점심식사 장소 등을 파악해 새롭게 학교와 병원, 자전거 도로와 버스 정류장을 선정하는 계획을 세운다.

인공지능은 많은 양의 데이터를 처리해서 유의미한 내용을 뽑아내거나, 과거 사례에 대한 지식을 바탕으로 합리적인 대안을 추론하는 업무를 자동화하는 뛰어난 능력을 보여준다. 현재는 인공지능 음성인식 및 문서 처리 응용 기술로 동시통역, 복잡한 표준 문서 및 간단한 서신 자동 작성, 대량 법률 문서 분석까지 가능하다. 의학 부문의 경우, 지능형 영상 인식 소프트웨어는 여러 질병에 대한 진단의 정확성을 획기적으로 개선하고 의사들의 역량을 높여줄 수 있다. 돌봄 부문에서는 고령자의 정서적, 심리적 안정을 돕기 위해 설계된 상호작용 시스템이 시범 운용 중이다. 요컨대 산업, 서비스, 지식 노동 등 분야를 불문하고, 디지털과 인공지능은 인간과 일 속에 깊숙이 들어와 중요한 기술이 되고 있다.

그전에는 불가능했던 일을 가능하게 해주는 기술의 진보는 비싼 것에서 싼 것으로, 희귀한 것에서 풍요로운 것으로의 변화를 끌어낸다. 가격이 내려가면 사람들은 더 많이 이용하기 마련이다. 초기에 컴퓨터와 인터넷은 고가였으나 지금은 누구나 이용할 수 있을 정도로 가격이 내려갔고, 유통과 통신, 상거래의 기본 인프라가 되었다. 경제학자 윌리엄 노드하우스William Nordhaus가 조사한 바에 따르면, 동일한 밝기를 내기 위해 1800년대 초에 지불한 빛의 값은 지금보다 400배 더 비쌌다. 양초에서 가스등, 전등으로 발전하면서 더 저렴한 가격으로 더 밝은 빛을 사용하고 있다. 이와 같이 기술의 변화는 한때 비쌌던 것을 싸게 만들고, 쉽게 쓰지 못했던 것을 더 많이 사용하게 만든다. 인공지능은 알고리즘이기 때문에 더 빠르게 확산되고, 사용법이 더 쉬워지며 더 많은 사람이 사용하고, 더 강력한 능력을 발휘하게 될 것이다.

지식 노동의 자동화를 촉진하는 인공지능

3차 산업혁명의 자동화가 주로 공장, 생산설비의 자동화였다면 현재 인공지능에 의한 자동화는 사무실, 즉 지식 노동의 자동화라는 특징을 보여준다. 보험 처리, 주문 처리 등 정형화된 데이터를 처리하는 규칙적인 업무는 일차적으로 컴퓨터 코드로 전환되어 자동화된다. 나아가 최고의 전문성을 요구하는 의사와 변호사의 업무도 코드화되어 인공지능으로 처리할 수 있게 된다. 이는 곧 생산비 절감이라는 효과를 가져오기 때문에 회사들이 앞장서서 자동화에 나서는 요인이 되고 있다.

일반적으로 자동화를 도입하는 방법은 두 가지가 있다. 첫째는 기존의 업무 방식을 자동화하여 노동력을 줄이는 방식, 즉 노동력을 배제하는 비용 절감 방식이다. 둘째는 기존의 업무 처리를 자동화로 효율화하고 새로운 업무로 확대하는 방식으로 노동력을 증강해 고부가가치를 추구하는 방식이다. 첫 번째와 같이 기술을 단순히 인건비 절감 도구로 간주하는 것은 과잉투자와 수익 약화로 이어진다는 증거가 과거뿐 아니라 현재에도 널려 있다.

제너럴모터스GM는 1980년대 토요타TOYOTA의 생산 시스템을 따라잡으려 500억 달러를 로봇에 투자했었다. 그러나 결과적으로 별다른 성과를 얻지 못했다. 후에 GM은 토요타와의 합작 벤처를 통해 신기술과 새로운 작업 관행을 통합함으로써 '근로자가 기계에 지혜를 전수'하는 방식이 최고의 투자수익을 가져왔음을 깨닫게 됐다.[1] 이 사례가 기업에 주는 핵심적인 교훈은 생산성 향상 극대화를 위한 신기술의 설계와 배치에 노동자를 참여시켜야 한다는 것이다. 우리나라의 자동차, 전자 등 제조 생산설비의 로봇 도입률은 일본과 미국의 2배에 달하는 세계 최고 수준이다. 그러나 우리나라 자동차산업은 전기차와 자율주행차라는 새로운 전환기에 경쟁력이 약화됐다는 지적을 받고 있다. 역시 노동력 배제 자동화의 한계라고 볼 수 있다.

자동화 도구와 증강 도구는 서로 다른 범주에 있지 않다. 다만 기술을 적용하는 의도와 방식이 다를 뿐이다. '자동화'는 인간의 작업을 분해하고 코드화하여 인간의 개입을 줄이고 경비를 절감하는 데 목표를 둔다. 이에 비해 '증강'은 업무를 효율화하고 인간과 기계가 서로의 강점을 살려 상호보완적인 관계에서 협력할 방안에 초점을 맞춘다. 규칙과 구조화된 시스템에서도 불확실성과 예외, 변동이 빈번히 발생할 경우 자동화가 아니라 증강이 더 효과적이다. 소품종 대량생산 시스템에서는 자동화가 효과적이었을 수 있지만, 차별화된 제품과 맞춤형 서비스로 고객의 소비가 바뀌고 있는 다품종 소량생산 상황에서는 증강이 더 필요하다고 본다. 그리고 협력을 통해 업무 프로세스를 유연화 및 효율화하고, 품질이나 고객의 새로운 만족을 이끌어낼 수 있도록 작업을 개선하는 방법을 모색해야 한다.

대표적인 사례로 '인더스트리 4.0'을 추구하고 있는 독일 지멘스siemens의 암베르크 공장은 20여 년 동안 생산량이 13배 증가하는 와중에도 인력은 1,300여 명을 그대로 유지하고 있다. 1,000종이 넘는 제품을 연 1200만 개 이상 생산하는데, 한 라인에서 동시에 여러 제품을 생산할 수 있다. 그럼에도 불구하고 불량품 발생률은 0.0009%(100만 개 중 9개 결함)에 불과하며 꾸준히 낮아지고 있다. 또한 기존 공장 대비 에너지 소비량이 30%에 불과하며, 부품 입고부터 제품 출하까지 걸리는 시간도 50% 줄였다. 노동자들은 생산라인의 공정률, 불량률 등 생산 과정에 관한 모든 정보를 알 수 있고, 이 빅데이터로 타 부서의 작업 데이터도 공유하며 하루 세 차례 라인별 작업자들이 모여 일정과 부품 등에 관해 의논한다. 이런 논의를 통해 생산량이 향상되면 담당 노동자들에게 인센티브가 주어진다고 한다.[2]

인간들이 좀 더 의미 있는 일을 할 수 있는 환경을 만들어 생산 시스템의 경쟁력을 강화하는 것이 증강의 목표다. 기계가 인간을 쓸모없는 존재로 만드는 게 아니라, 인간이 더 많은 능력을 발휘할 수 있도록 돕는 것이다. 증강은 인간과 기계의 상호보완적 관계를 전제로, 인간 노동자가 기계의 도움으로 더 많은 가치를 창출할 수 있고, 나아가 그렇게 함으로써 개인이 훨씬 비약적인 성과를 거둘 수 있도록 하는 방법이다. 애플의 창업자 스티브 잡스는 "컴퓨터는 우리가 지금까지 만들어낸 도구 중에서 가장 주목할 만한 도구다. 말하자면 우리의 두뇌를 위한 자전거(바퀴)와 같다"라고 했다. 컴퓨터는 우리의 두뇌 능력을 증강하는 도구라는 뜻이다.

인공지능은 인간의 도움을 바란다

10년 이내에 우리는 인공지능을 지금의 스프레드시트 프로그램(대표적인 프로그램은 MS오피스의 엑셀)처럼 널리 사용하게 될 것이다. 1970년대 말 미국에는 40만 명의 회계사와 경리들이 활동하고 있었다. 스프레드시트는 그들의 주 업무였던 계산을 불필요한 것으로 만들었다. 그렇지만 경리들의 일자리는 사라지지 않았다. 코드화된 스프레드시트에 제대로 된 질문을 던질 수 있는 사람은 스프레드시트가 등장하기 전부터 열심히 답을 계산하던 바로 그 사람들이었다. 오히려 계산 업무에 빼앗기던 시간을 분석 업무에 사용하면서 더 중요한 의사 결정에 영향을 미치는 권한을 부여받았다. 기계가 직무의 일부를 대신하게 되면 직무를 구성하는 과제도 바뀌고, 새롭게 생겨나는 과제도 발생한다. 과제를 수행하는 데 꼭 필요했던 기술은 새로운 기술로 대체된다. 이때 단순히 시간과 노동력의 절약을 넘어 새로운 부가가치를 생산할 수 있으려면 인간과 인공지능의 협력이 필요하다.

인공지능이 인간과 협력할 때 더 좋은 결과를 내는 사례는 많다. 한 연구 결과에 의하면 질병을 진단할 때 알고리즘의 예측과 병리학자의 예측을 결합하면 적중률이 높아진다. 암 진단 판독 과정에서 인공지능은 7.5% 오류율을, 병리학자는 3.5%의 오류율을 보였는데 병리학자가 인공지능을 활용하면 오류가 85% 이상 감소해 오류율이 0.5%로 떨어졌다. 인간과 기계가 예측을 잘하는 분야도 서로 달랐다. 인간이 암이 있다고 판정했는데 암이 아닌 경우는 드물었다. 반대로 인공지능은 암이 없다고 판단할 때 훨씬 정확했다. 인간과 기계는 실수하는 유형이 달랐다. 이렇게 인간과 기계는 서로 다른 능력을 인정하고 보완함으로써 각자의 약점을 극복했고 오류율을 크게 줄였다.

인공지능은 아직 많은 한계를 갖고 있다. 이미지를 판독하거나 특정 이미지에서 객체를 분리해 식별할 수는 있어도, 연속된 장면 같은 넓은 맥락을 이해하는 일에는 아직 부족하다. 인공지능은 지도학습 단계를 넘어서 더는 인간이 지도하지 않아도 학습할 수 있지만, 인공지능이 배운 지식은 정해진 문제 범위를 넘는 순간 쓸모가 없어진다. 인공지능은 방대한 데이터 분석에 기반하여 판단을 내리는 능력은 뛰어나지만, 과거의 데이터가 많지 않은 이례적인 사안에서는 예측 능력이 떨어진다. 인간은 데이터 생성 과정을 알면 인공지능보다 더 정확하게 예측할 수 있다. 인간은 세상이 돌아가는 방식에 대한 인식적 모델을 갖고 있기 때문에 적은 양의 데이터로도 예측하는 것이 가능하다. 인공지능은 특정 작업을 모델링할 수는 있지만, 그 작업이 일어나는 세계를 모델링하고 인식하는 데까지는 나아가지 못했다. 반면에 인간은 여러 인공지능 프로그램의 강점을 파악해 그 강점들을 하나로 통합할 수 있다.

인간과 인공지능의 협력은 인공지능을 기준으로 인공지능이 할 수 있는 일에서 인간을 배제하는 방식이 아니라 인공지능이 하기 어려운 일을 인간이 보완하는 방식으로 접근해야 한다. '인공지능 없이 내가 할 수 있는 일은 무엇인가?' 대신 '내가 없다면 인공지능이 할 수 없는 일은 무엇인가?'라고 물어봐야 한다.

세계 3대 경영전략 애널리스트로 꼽히는 토머스 데븐포트는 『AI 시대, 인간과 일』에서 최소한 기계는 다음의 주된 능력을 채우기 위해 인간을 필요로 한다고 보았다. 첫째는 기계의 사고 능력 설계와 창조다. 컴퓨터 프로그램과 분석 알고리즘 등을 설계하고 작성하는 일은 인간의 몫이다. 둘째는 '큰 그림'을 볼 수 있는 시야 제공이다. 특정한 해결책이 전체에도 잘 맞는지 파악하고, 세상의

디지털 쇼크 한국의 미래

변화를 예의 주시하고, 똑같은 문제에 여러 가지 접근법을 적용해 보면서 그 결과를 비교할 수 있어야 한다. 셋째, 다양한 시스템과 결과의 집약 및 통합이다. 인간은 자료의 정확도를 평가하거나 여러 가지 가능성을 비교해 답을 유추해 내는 능력에서도 아주 뛰어나다. 넷째, 기계의 원활한 업무 수행 감독이다. 분석 모델과 인지 시스템은 특정 상황에 맞게 설계된다. 따라서 상황이 달라지면 기능이 떨어질 가능성이 크다. 인간이 시스템을 관찰하면서 높은 품질의 답을 제공하지 못하면 시스템을 업데이트를 하거나 교체해야 한다. 이외에도 인공지능이 인간의 능력을 필요로 하는 영역으로는 기계의 약점과 강점 파악, 시스템이 필요로 하는 정보 도출, 자동화된 추천에 따라 행동하도록 인간을 설득하기 등이 있다.

사라지는 일자리와 새롭게 태어나는 일자리

현재 자동화를 둘러싼 논쟁은 두 가지 입장으로 나뉘고 있다. 자동화가 영원한 고실업률로 이끌어가고 있다고 전망하는 입장과, 새로운 형태의 일자리가 생겨나 사라지는 일자리를 대체할 것이라고 전망하는 입장이다. 두 입장 모두 맞는 부분이 있다. 역사적으로 새로운 기술과 기계의 등장은 기존 일자리와 산업을 축소하고 새로운 산업을 확대했다. 산업화되면서 농민은 줄어들었지만 노동자가 늘어났으며 농업 대신 제조업 중심 사회가 되었다. 농업은 더 적은 인력으로 더 많은 농산물을 생산하고 있고, 농민의 업무도 농기계를 다루는 노동자 성격의 업무로 바뀌었다. 자동 방직기는 직조공, 방적공의 일자리를 빼앗았지만 기계공과 새로운 일자리를 만들어냈다. 계속된 자동화로 제조업의 생산직 일자리는 줄어 들었고 대신 사무직과 서비스직, 전문직이 늘어났다. 이제 주목해야 할 문제는 인공지능에 의한 자동화로 줄어들 사무직과 서비스직, 전문직의 일자리가 어느 분야에서 새로 생길 것인가이다. 생산성 향상으로 축적된 자본이 사람들의 새로운 욕구를 충족하기 위해 투자될 테지만 그 분야는 아직 미지의 영역이라고 할 수 있다.

또 다른 문제는 노동시간이다. 존 메이너드 케인스John Maynard Keynes는 1930년에 발표한 「손주 세대의 경제적 가능성 Economic Possibilities for our Grandchildren」이라는 글에서 "우리가 노동의 새로운 용도를 찾아내는 속도보다 더 빨리 노동을 절약하는 방법을 찾아내기 때문에" 세계는 계속해서 '기술적 실업technological unemployment'에 직면할 것으로 전망했다. 그리고 그는 생산성과 과학기술의 진보가 후손들에게 새로운 종류의 문제를 안겨줄 것이라고 주장했다. 즉 남아도는 여가를 어떻게 활용하느냐 하는 문제다. 그는 "창조 이후 처음으로 인간은 실질적이면서 영원한 문제, 즉 시급한 경제적 근심에서 벗어나 얻은 자유를 어떻게 활용할지, 과학과 자본의 복리가 가져온 여가를 어떻게 보내야 할지 하는 문제들과 직면하게 될 것"이라고 전망했다. 또한 그는 2030년까지 인간의 주당 노동시간은 15시간으로 줄어들고, 나머지 시간은 '현명하고, 기분 좋게, 잘' 살기 위해 노력하면서 보내게 될 것으로 예측했다. 케인스가 예측했던 시간까지 10년밖에 안 남았지만, 우리는 여전히 주 40시간 노동하고 있으며 자동화와 인공지능에 의한 실업을 걱정하고 있다.

그렇다면 앞에서 언급한 인공지능에 의한 자동화로 사무직과 서비스직, 전문직에서 줄어든 일자리가 어느 분야에서 생길 것인가에 대한 답은 케인스에서 찾을 수 있다. 생산성 향상으로 축적된 자본이 사람들의 새로운 욕구를 충족하기 위하여 투자할 미지의 영역은 줄어든 노동시간으로 사람들이 새롭게 누리고자 하는 욕구의 영역이 될 것이다. 이 영역은 아직 미지의 영역일 수 있으며, 이미 우리에게 와 있지만 충분히 퍼지지 않은 영역일 수도 있다. 인간은 진정 어떤 존재인가에 대한 새로운 정의가 넘쳐나게 될 것이다. 이 속에서 인간은 새로운 욕구를 드러내고, 이를 공급하는 새로운 산업이 등장할 것이다.

인공지능 시대엔 새로운 분야에 도전해야 한다

기계와 인공지능이 전적으로 노동을 담당하고 인간은 남은 시간에 다른 일을 하는 유토피아가 우리를 기다릴까? 그렇게는 되지 않을 것이다. 인간을 배제하는 자동화는 변화하는 상황에 대처 능력이 떨어진다. 디지털은 사회의 변화(다른 말로 불확실성)를 가속하기 때문에 자동화보다는 '증강'이 더 경쟁력 있는 전략이다. 그 속에서 인간의 가치는 높아지고, 노동시간도 점점 줄어들 것이다.

앞으로는 인공지능과 인간이 협력하여 인간의 능력을 증강하는 방향으로 인공지능이 도입되고 설계돼야 한다. 노동자를 포함하여 사람들의 인공지능 활용 능력을 높이고, 새로운 분야에 도전하는 것을 권장해야 한다. 사라지는 일자리에 머물러 있는 사람에게는 새로운 영역으로 옮겨 갈 수 있도록 전직 훈련과 사회보장을 제공해야 한다. 자신의 업무가 남기를 바라며 저항하면 사회 전체의 경쟁력이 약화될 수 있다. 전체 업무의 조정을 통해 기존의 일을 새로운 일로 바꾸어야 한다. 전직과 전환에 따른 비용은 기업체와 사회가 부담해야 한다. 노동자들도 앞장서서 새로운 직무를 습득해야 한다.

정부와 사회, 기업은 '자동화'가 단기적인 성과를 얻을 수 있지만, '증강'이 장기적으로 경쟁력이 있다는 것을 공동으로 인식할 필요가 있다. 그렇게 되기 위해서는 인공지능 시대에 노동의 변화를 뒷받침하는 제도적 틀을 검토해야 한다. 미국의 뉴딜 정책은 미국을 농업 위주 경제에서 공업 경제로 전환하도록 이끈 일련의 개혁 프로그램이자 프로젝트였다. 단체협상권을 확립하고, 사회보장 제도와 실업보험을 신설하고, 최저임금과 노동 기준을 수립하여 노동 공급을 안정시켰고, 훈련받은 양질의 노동자는 미국 산업의 경쟁력이 되었다. 이제는 산업 경제에서 인공지능으로 증강된 디지털 경제로의 전환을 위한 제도적 틀이 필요하다.

기업이 단기적인 성과 때문에 자동화를 선택하는 대신 장기적인 시각에서 증강으로 나아가도록 지원하기 위해서는 제도적인 틀과 함께 사회적인 인센티브도 필요하다. 첫째로는 산업의 경쟁력을 위한 자동화와 노동의 재구조화에 다양한 업종과 산업에서의 실험과 분석이 필요하다. 기업체의 요구와 상황에 맞게 충분한 사례를 통하여 증강의 프로세스를 선택할 수 있도록 환경을 제공해야 한다. 두 번째는 노동자의 재훈련 비용을 기업체와 사회가 공동으로 부담하는 방안을 모색해야 한다. 기업체는 자동화로 단순화된 업무의 통합과 새롭게 증강해야 할 노동의 재구성을 노동자와 협력하여 결정해야 한다. 경쟁력은 고용주만의 문제가 아니라 기업 구성원이 공동으로 달성해야 할 목표가 되어야 한다. 세 번째는 계속 고용을 유지하기 어려운 기업체 노동자들을 위한 사회보장의 강화다. 여기에는 재취업만이 아니라 창업과 재교육 등 다양한 경로를 포함하여 본인이 선택할 수 있는 길을 열어주어야 한다. 네 번째는 사회보장의 혜택을 거의 받지 못하는 플랫폼 노동, 독립 노동자에 대한 보호다. 특히 공유경제, 플랫폼 경제라는 경제체제에서 외부화되는 독립 노동자들은 노동의 약한 고리로 늘어나고 있다. 이는 증강의 측면에서도 바람직하지 못하다. 독립 노동자들의 단결권, 사회보장을 강화해야 기업체들도 단기적인 관점의 자동화보다는 장기적인 전략인 증강을 선택할 수 있다.

9장

데이터 경제와
개인정보

2020년 8월, 데이터 3법이 시행되자 데이터 경제Data Economy 시대의 서막이 올랐다는 기대와 함께 개인정보 보호에 대한 우려가 일었다. 데이터 3법은 「개인정보 보호법」, 「정보통신망 이용촉진 및 정보보호 등에 관한 법률(정보통신망법)」, 「신용정보의 이용 및 보호에 관한 법률(신용정보법)」 개정안을 일컫는 말이다.

　디지털 시대를 맞이하여 핵심 자원인 데이터를 활용한 신산업 육성이 국가적 과제로 대두되었다. 그러나 우리나라 법체계는 인공지능, 인터넷 기반 정보통신 자원통합(클라우드), 사물인터넷 등 신기술을 활용한 데이터 이용에 제약을 가하고 있다는 주장이 산업계에서 지속적으로 제기되어 왔다. 정부도 '데이터 고속도로', '데이터를 가장 안전하게 잘 쓰는 나라'라는 정책적 목표를 제시하였지만, 데이터 3법을 정비하지 않고서는 정책적 효과를 발휘하기 어려웠다. 시민사회에서도 안전한 데이터 이용을 위한 사회적 규범 정립이 시급하다고 주장하였다. 각각 다른 목적으로 입안된 법률 조항들은 모두 데이터라는 공통의 대상을 다루고 있었지만, 체계화되지 못하고 따로 존재했다. 이에 데이터 이용에 관한 규제 혁신과 개인정보 보호 거버넌스 체계 정비라는 두 가지 과제를 해결하기 위해 데이터 3법이 개정되었다.

국회를 통과한 데이터 3법의 주요 개정 내용은 데이터 이용 활성화를 위한 가명정보 개념 도입, 모호한 '개인정보' 판단 기준의 명확화, 데이터 활용에 따른 개인정보 처리자의 책임 강화, 관련 법률의 유사·중복 규정을 정비하고 추진 체계를 일원화하는 등 개인정보 보호 협치거버넌스 체계의 효율화를 목표로 한다.

데이터에 기반한 의사 결정, 경제활동의 기반이 마련되다

데이터 3법 개정의 근본적인 목적은 개인정보 관련 개념을 세 가지로 구분하여 혼선을 줄이고, 데이터를 안전하게 활용하는 방법과 기준을 마련해 데이터 이용을 활성화하는 데 있다.

개정된 개인정보 보호법은 데이터를 기반으로 한 새로운 기술·제품·서비스의 개발과 산업 목적을 포함하는 과학 연구, 시장조사, 상업 목적의 통계 작성, 공익적 기록 보존 등을 위해서 가명정보를 이용할 수 있도록 허용했다. 신용정보법도 금융 분야 빅데이터 분석 및 이용의 법적 근거를 명확히 하고 빅데이터 활용의 안전장치를 마련함으로써, 가명정보를 상업 목적을 포함한 통계 작성, 연구와 공익적 기록 보존 목적으로는 동의 없이 활용할 수 있도록 했다. 즉, 가명정보는 통계 작성, 과학적 연구, 공익적 기록 보존 목적으로 정보 주체의 동의 없이 사용하는 것이 가능하게 되었다. 가명정보란 개인정보에서 특정 개인을 식별할 수 없도록 이름, 주민등록번호 등을 제거한 정보를 말한다. 개인정보에 기반한 데이터 시장이 열린 것이다.

데이터는 의사 결정의 근거를 제공하는 재료라고 할 수 있다. 오래전부터 정부와 기업, 조직은 의사 결정을 할 때 통계 자료, 서베이 자료, 표본조사, 포커스그룹 인터뷰 등에 의존해 왔다. 이러한 자료들은 사람들이 직접 수집해 정리하고 분석하기 때문에 비용이 많이 든다. 데이터 기반의 의사 결정이 어려운 이유였다.

그러나 인터넷이 발달하면서 새로운 국면에 접어들었다. 사람들의 인터넷상에서의 활동이 기록log으로 남게 되면서 엄청나게 많은 양의 데이터가 빅데이터로 형성되기 시작한 것이다. 특정 유형의 사람들이 어떤 구매 패턴이 있는지 파악하는 것은 물론, A에 관심 있는 사람에게 B 제품을 광고하면 구매할 확률이 높아진다는 사실을 파악할 수 있어 개인 차원으로 접근하는 타깃 마케팅이 가능해졌다. 환자들의 의료 기록을 분석하면 특정 질병에 어떤 치료 방법이 효과적인지도 알 수 있게 되었다. 이와 같이 데이터에 기반해서 의사 결정을 하면 정확도가 높아지고 데이터 주도 혁신Data-driven Innovation도 이끌 수 있다.

국내에서 데이터를 활용한 사례는 다음과 같다.

- 날씨 데이터 분석자료 활용, 제과점 진열품과 생산량 조정해 매출 증가
- 신용카드사, 가맹점에 동종업권 연령대별·성별·시간대별 매출 정보 등 상권분석 정보 제공
- 중고차 빅데이터 기반으로 허위매물 필터링 프로그램을 개발·적용한 중고차 거래 앱 출시
- 공공정보 데이터 분석해 소형 부동산 시세정보 제공, 서민 대출 이용 지원, 은행은 소형 주택 대상 금융상품 개발에 활용
- 흩어진 내 자산 한눈에 조회하고 소비패턴 분석해 금융상품 추천하는 서비스
- 통신사 고객의 위치 정보 활용, 버스 정류장 이용량 분석해 노선 만든 심야 올빼미버스

[데이터 경제 정책브리핑(2019.8.8.)]

데이터 분석의 또 다른 특성은 교차 분석될 때 가치가 높아진다는 점이다. 각자 다른 목적으로 생산된 데이터를 연계, 결합하면 새로운 의미가 도출될 수 있다. 공공 데이터와 민간 데이터, 식생활 데이터와 의료 데이터처럼 각기 다른 분야의 데이터가 결합하면 새로운 의미를 제공한다.

그러나 문제는 각각의 데이터가 개인정보와 연계되어 있어 개

인정보 보호법 때문에 서로 결합하여 활용하는 것이 어렵다는 점이다. 예를 들어, 의료 데이터는 병원이나 의료보험 기관에 있고, 식생활 데이터는 신용카드의 사용 내역에서 수집할 수 있다. 의료 데이터와 식생활 데이터를 결합하면 질병과 식생활 간의 여러 가지 상관관계 또는 인과관계를 분석할 수 있지만 함부로 결합할 수 없다. 데이터 3법은 이와 같이 개인정보라는 꼬리표가 붙은 데이터를 보호하면서 활용도 가능하도록 데이터를 통해 개인을 식별할 가능성은 낮추고 활용 가능성은 높이기 위해 개정되었다. 특히 정책 분야에서 공공기관 등이 보유한 행정 자료와 민간 자료의 교차 분석은 증거에 기반을 둔 정책의 질을 높일 수 있다. 데이터 기반의 경영·행정·정책 등 의사 결정의 질을 높임과 동시에 새로운 서비스를 개발할 수 있다.

앞으로는 새롭고 효과적인 복지정책이 시행될 것으로 기대된다. 특히 재난, 응급, 공중보건학적 측면에서는 개인정보 보호의 편익보다 활용을 통한 편익에 더 집중하는 것이 필요하다. 다음과 같은 데이터 분석에 기반한 사회복지 서비스가 가능해진다. 구급대와 응급실 데이터를 연계한 심정지 환자 생존율 향상 목적의 정책연구, 기관 간 자료 연계를 통한 우리나라 사망 원인 2~3위인 심뇌혈관질환 예측 모델 개발 등이다. 이 밖에 사망률 1위인 자살을 예방하는 정책 마련을 위한 데이터 간 연계로 응급실의 자살시도자 정보(건강보험료 청구 자료), 경제적 상황 변화 정보(건강보험 자격 변화, 소득세 자료), 질병력 확인 정보 등을 분석하여 실효성 높은 정

책을 개발할 수 있다.[1]

데이터 경제의 도래

생산되는 데이터의 양이 많아지고, 데이터를 활용해 부가가치를 높일 수 있는 여러 가지 가능성이 커지면서 데이터 경제라는 새로운 개념이 등장하였다. 데이터 경제는 데이터, 데이터 기술, 데이터 제품 및 서비스에 기반을 둔 경제를 말한다. 데이터의 활용이 다른 산업의 발전 촉매 역할을 하고 새로운 제품과 서비스를 창출하게 된다. 데이터 경제는 디지털 컴퓨팅 기술을 기반으로 하는 경제를 의미하는 디지털 경제Digital Economy의 하위 개념이기도 하다.

데이터 경제는 IT 분야 리서치 전문 기업 가트너Gartner의 부사장 데이비드 뉴먼David Newman이 2011년 발표한 보고서에서 처음 사용했고, 2014년 유럽연합 집행위원회EC가 경제성장과 일자리 창출 동력으로 데이터 경제 개념을 도입하면서 주목받았다. 데이터는 노동, 자본, 과학기술 등 기존의 생산요소 이외에 제4의 요소이자 이 요소들을 결합하는 역할로서 그 중요성이 커지고 있다. 데이터를 잘 활용하면 생산성을 높이고, 새로운 제품을 기획하고, 유통과 판매를 효율화해서 새로운 서비스와 일자리를 창출할 수 있다. 한 보고서에 의하면 데이터를 바탕으로 의사 결정을 하는 기업들은 생산성이 5~6% 향상된다. 이외에 많은 국가가 데이터 경제 정책을 발표하면서 일자리 창출, 새로운 비즈니스 등장, GDP 상승을 가져올 것으로 전망하고 있다.

미국에 비해 상대적으로 디지털 경제, 데이터 경제가 뒤처진 유럽은 지역 내 디지털 경제활동 제약을 제거하고 단일 시장 형성을 위해 노력하고 있다. EC는 2015년 5월 디지털 단일시장 전략Digital Single Market Strategy for Europe을 발표하고 중요한 정책과제 중 하나로 '데이터 경제'를 제시하였다. 이후 2018년 5월에 개인정보보호규정 GDPR을 제정하여 데이터 삭제권, 정보 이동권, 프로파일링에 대한 권리 등 개인정보 보호 강화와 합법적 데이터 유통을 동시에 추구하는 진전을 이끌어냈다. EC는 데이터 경제가 거시경제와 미시경제에 다음과 같은 영향을 미칠 것으로 예측한다. 거시경제 분야에서는 GDP 성장, 중소기업의 성장과 고용 창출, EU 산업들의 데이터 주도 경쟁력이 향상될 것으로 기대한다. 미시경제 분야에서는 비용 절감, 시의적절하고 발전된 의사 결정을 통한 유연성 확보, 신제품 개발과 서비스 향상을 전망한다.

전 세계 데이터 시장의 규모는 2018년 1660억 달러에서 2022년 2600억 달러로 증가하고, 세계 데이터양도 2016년 16ZB(제타바이트)에서 2025년 163ZB로, 10배 이상 증가할 것으로 전망된다. 미국, 유럽연합, 일본, 중국 등 각국도 데이터 산업과 빅데이터를 분석하는 인공지능 산업을 육성하는 다양한 정책을 추진하고 있다. 우리나라는 아직까지 데이터 분야 기술력(정보통신기획평가원 발표 미국 100 대비 79)과 활용도(국제경영개발대학원 발표 63개국 중 31위)가 선진국에 비해 낮은 수준으로 평가되고 있다. 데이터 3법의 개정으로 이러한 한계를 따라잡을 수 있는 발판이 마련되었다.

활용과 보호 사이의 갈등 관계

데이터 경제와 개인정보 보호는 불가분의 관계다. 일반적으로 빅데이터의 발생원은 사물과 사람으로 구분된다. 사물에서 생성된 데이터는 활용에 제약이 없다. 문제는 사람에 대한, 사람에 의해 생성된 데이터다. 개인이 사용하는 사물에서 발생하는 데이터는 개인정보에 속한다. 스마트폰의 GPS 기록은 스마트폰의 이동 기록이 아니고 해당 스마트폰을 소유한 개인의 이동 기록이기 때문에 개인정보로 취급한다. 제품의 서비스화는 사물정보와 개인정보의 구분을 어렵게 하고 있다. 궁극적으로 모든 스마트한 기기의 사물정보는 이것을 사용하는 사람의 개인정보가 되는 상황이다.

인터넷이 모든 경제활동과 일상생활의 기본 인프라가 됨에 따라 사물 데이터가 사용자 정보를 포함하게 되면서 문제가 복잡해지고 있다. 어떤 물건을 판매한 기록은 사물에 대한 데이터라고 할 수 있다. 그러나 구매한 사람의 정보가 들어가면 개인정보가 된다. 인터넷이 없던 시대에는 판매 기록에 개인정보가 포함되지 않았으나, 현대에는 인터넷 쇼핑과 신용카드 사용이 일반화되면서 판매 기록에 개인정보가 포함된다. 판매 기록에서 개인정보를 어디까지 분리해 낼 것인가가 뜨거운 쟁점이 됐다.

인터넷이 등장하기 이전에는 개인에 대한 정보가 직접 대면하는 상황에서 공유되었는데 인터넷이 등장한 뒤로는 개인정보를 시간과 공간의 제약 없이 주고받을 수 있게 되었다. 익명의 개인이 실명의 개인으로 등장할 수밖에 없는 사회적 환경이 조성된 것이다. 또한 개인에 대한 정보가 증가하면서 보호돼야 하는 개인정보와 공개 및 활용을 허용해 줘야 하는 개인정보의 기준도 불분명하게 되었다.

개인에 대한 측정 정보(키, 몸무게, 혈압 등), 개인의 활동 흔적(구매 기록, 게시글 등), 사회적 감시 정보(금융, 납세, CCTV 등) 등이 전산 시스템에 기록되고 온라인으로 정보가 전달됨으로써 정보 유출의 가능성이 점점 커지고 있는 상황이다. 또한 보호해야 할 개인정보의 대상과 개념이 계속해서 변하고 있다. 스마트폰의 GPS 기능 때문에 개인의 이동 기록이 저장되는 이슈가 발생하는 등 보호해야 할 개인정보의 종류가 날마다 새롭게 추가되고 있다. 이에 대한 기준은 사회의 성격에 따라 다를 수 있다. 예를 들어 납세 기록에 대해서도 나라별로 입장이 다르다. 우리나라에서는 개인의 납세 정보가 개인정보 보호 대상이지만, 북유럽의 대다수 국가에서는 공개하는 것이 공익에 도움이 된다고 여겨 보호 대상으로 취급하지 않는다. 각 정보의 보호 수준은 사회적 합의 속에서 정해진다.

우리나라의 경우 인터넷상에서 개인정보가 유출되는 사고가 빈번하게 일어나면서 개인정보의 보호와 이용에 합리적인 기준을 정하기 어려운 사회적 분위기가 만들어졌다. 인터넷 보급 초기에는 회원가입을 할 때 주민등록번호를 요구하기도 하였고, 포털에 글을 쓸 때 주민등록번호를 확인하는 인터넷 실명제라는 정책도 있었다. 이런 정책과 관행이 개인정보가 쉽게 유출되는 환경을 만들었다. 개인이 특정 업무를 위하여 필요한 정보를 제공할 때, 필수적인 정보의 범위가 명확하지 않은 상태에서 개인정보가 광범위하게 여러 서비스에 제공되면서 개인정보 정책이 꼬이게 되었다. 행정을 위한 개인식별번호가 일반적인 상거래 서비스에 요구되면서 민감하게 다뤄야 할 식별정보가 너무 많은 시스템에 남게 되었다. 정보가 유출될 가능성이 커졌고, 결국 해커나 데이터 장사꾼에 의해 유출되는 사건이 종종 사회적 이슈가 되었다. 개인을 통제하기 위하여 개인정보를 요구하는 행정 행태가 사회적으로 자리를 잡으면서, 개인정보를 보호하기 어려운 사회 환경이 만들어졌다고 할 수 있다. 결국 개인정보 보안의 이슈가 커지면서 개인정보 보호정책이 강화되고, 스마트폰에서도 본인인증을 위해서 매번 습관적으로 '개인정보이용' 약관에 동의하는 불필요한 행위가 반복되고 있다.

빅데이터는 사회에 필요한 데이터의 분석과 의사 결정을 위해서 필수적이다. 문제는 이러한 빅데이터에 많은 사람의 개인정보가 포함되어 있다는 것이다. 민감한 개인정보에 대한 보호와 사회적 가치를 높일 수 있는 빅데이터의 활용은 한쪽이 유리해지면 다른 한쪽이 불리해지는 트레이드오프trade-off 관계에 있다. 개인정보를 보호하는 가장 좋은 방법은 모든 개인정보의 활용을 원천적으로 막는 것이다. 그러나 이는 개인 맞춤형 서비스와 사회적으로 적절한 정책이나 대책을 세우는 데 데이터가 활용될 수 있는 길 또한 막음으로써 사회 구성원 모두에게 불이익을 주는 상황을 초래한다. 내 정보는 보호하고 다른 사람의 정보는 활용해도 된다는 이기적인 태도를 유발하기도 한다. 사회적 균형점이 요구되는 지점이다.

시민단체들은 데이터 3법의 핵심인 개인정보 보호법 개정을 '개인정보 보호 포기법'이라 명명하고 반대해 왔다. 데이터 3법이 국회를 통과한 후 시민단체들은 "시민사회의 우려와 비판에도 불구하고 제대로 된 보호 장치도 없이 통과시켰다"라며 "2020년 1월 9일은 정보인권 사망의 날, 인간성의 일부인 개인정보를 기업의 돈벌이 수단으로 넘겨버린 날로 기억될 것"이라며 강하게 비판했다. 또한 "헌법 제10조에서 도출되고 17조로 보장받는 개인정보 자기결정권이 국회의 입법으로 사실상 부정된 것"이라고 주장했다. 이는 개인정보의 보호와 활용 사이에서 우리 사회가 균형점을 찾지 못하고 있는 현실을 여실히 보어준다.

가명정보, 비식별화를 둘러싼 논란

개인정보 보호와 활용을 둘러싸고 산업계의 기대와 시민사회의 우려가 교차하는 접점은 '가명정보'다. 현재 데이터 3법은 정보를 개인정보, 가명정보, 익명정보 세 가지로 구분했다. 여기서 가명정보란 제3자에게 제공하는 등 활용이 가능한 정보인데 개인정보와는 오른쪽 표와 같이 구별하고 있다.

예를 들어 A라는 사람이 포털에 글을 쓸 때, 그 사람을 특정할 수 있는 정보가 있으면 개인정보가 노출된 것이고 암호화된 연락

	개념	활용 가능 범위
개인 정보	특정 개인에 관한 정보, 개인을 알아볼 수 있는 정보 예: 홍길동, 1999년 9월 9일생, 연락처 010-9999-9999, 가족(배우자, 아들 1, 딸 1), 소득 5000만 원.	사전적이고 구체적인 동의를 받은 범위 내에서 활용 가능
가명 정보	추가 정보의 사용 없이는 특정 개인을 알아볼 수 없게 조치한 정보 예: 이름 삭제, 1999년생, 연락처 암호화, 가족(배우자, 아들 1, 딸 1), 소득 5000만 원.	다음 목적에 동의 없이 활용 가능 (EU의 GDPR 반영) ① 통계 작성(상업적 목적 포함) ② 연구(산업적 연구 포함) ③ 공익적 기록 보존 목적 등
익명 정보	개인을 알아볼 수 없게 (복원 불가능할 정도로) 조치한 정보 예: 이름 삭제, 1999년생, 연락처 삭제. 가족 3명, 소득 5000만 원.	개인정보가 아니기 때문에 제한 없이 자유롭게 활용

[금융위원회 보도참고자료(2019.11.28.)에 예시 추가]

처 정보와 서울 거주, 40대, 소득 5000만 원 정도의 정보만 알 수 있다면 가명정보다. 개인을 특정할 수 없는 서울 거주, 40대, 소득 5000만 원이라는 정보는 익명정보라고 할 수 있다.

개정법은 서로 다른 개인정보 처리자 간의 '추가 정보의 사용 없이는 특정 개인을 알아볼 수 없게 조치한' 가명정보의 결합을 지정된 전문기관이 수행하도록 하고 있다. 재식별이라는 기술적 방법에 대해서는 전문가들 사이에서 논란이 있다.

실제 미국의 보안회사는 뉴욕시의 택시 운행 기록과 연예인 가십기사를 분석하여 특정 연예인의 택시 승하차 장소와 지불한 요금의 정보를 알아낸 경우가 있다. 다양한 정보가 공개되고 있는 상황에서 비식별화가 쉽지 않은 일이라는 것을 보여주는 사례다.

데이터 주권, 마이아이디와 마이데이터 도입

사회적으로 보호해야 할 개인정보의 범위를 정하는 것은 쉽지 않은 일이다. 이를 해결하기 위해 새롭게 등장한 개념이 마이데이터MyData다. 개인에게 개인정보 보호와 활용에 대한 권한을 주는 방식으로 데이터 주체의 권리를 보장하는 '데이터 오너십Data ownership' 개념이다. 데이터 주체인 개인은 한 기관에 있는 자신의 개인정보와 금융정보를 다른 곳에 제공하도록 요구할 수 있는 '개인정보 이동권'을 갖게 된다. 정보 주체의 권리행사에 따라 마이데이터 산업이 가능하다. 마이데이터 사업자는 수집된 정보를 바탕으로 개인의 정보 관리를 돕고, 맞춤형 상품 추천, 금융상품 자문, 건강 의료 자문 등을 할 수 있다. 금융위원회는 2020년 12월에 뱅크샐러드 등의 핀테크 기업과 은행, 카드 업계 등 21개 금융사들에 본인신용정보관리업(마이데이터) 예비허가를 내줬다.

유럽의 GDPR 방식처럼 이용자가 A란 기업에 있는 정보를 자신에게 달라고 요청하거나 다른 기업에 이전하라고 요청할 수 있다. 또한 일본의 방식처럼 정보은행을 설립하고 이용자가 자신의 정보를 신탁하고 활용 권한을 위임하는 것도 가능하다. 개인이 자신의 의료 정보를 스마트폰에 보관하게 되면 의료기관끼리 진료 내용을 확인하고 교류하는 것도 가능해졌다. 환자가 A병원에서 받은 진료 정보를 자신의 스마트폰에 저장한 뒤 B병원에 가면 B병원에서 A병원의 진료 정보를 확인할 수 있다. 이외에도 임상시험 참여 신청이나 건강 상담 서비스, 실손보험 간편 청구와 같이 번거로운 일들을 간편하게 만들 수 있다.

데이터 주권을 실질적으로 보장받고 행사할 수 있도록 하기 위해서는 마이아이디MyID와 블록체인 기술 도입이 필요하다. 개인정보 활용에 대한 데이터를 기관들끼리 공유할 때, 블록체인의 데이터 무결성은 내용을 투명하게 공유하고 확인할 수 있도록 지원한다. 지금처럼 서비스를 이용할 때 '개인정보 제공 동의'를 누르고 기업에 개인정보 전체를 제공하지 않고, 개인이 직접 데이터를 가지고 필요한 정보만 선택적으로 제공할 수 있다. 개인정보와 행동 정보를 사용자가 관리할 수 있는 것은 물론 이를 선택적으로 제공하고 데이터 거래와 보상 요구도 가능하다.

데이터 거버넌스 체계의 정비 필요

개인정보의 보호와 활용 사이의 균형점을 찾는 데 개인정보보호위원회의 역할이 클 것으로 보인다. 개정법에 따라 개인정보의 오남용과 유출 등을 감독할 감독 기구로 국무총리 소속 개인정보보호위원회가 2020년 8월 설치되었다. 행정안전부, 방송통신위원회, 금융위원회 3개 부처에 걸쳐 나뉘어 있던 개인정보 보호 감독 업무가 하나로 통합됐다.

개인정보보호위원회와 가명정보를 처리하는 전문기관은 데이터 생산과 유통, 활용에 여러 이해당사자가 참여하는 데이터생태계라는 관점에서 정책과 지침을 마련해야 한다. 개인정보 보호에 대한 사회적 합의가 필요한 상황이기 때문에 정부의 강제적 조치보다는 자율 규제 영역을 열어줄 필요가 있다. 정부의 역할은 최소화하고 개인정보 관련 단체의 컨소시엄이나 협의체 등이 시장과 기술 수준에 맞춰 업계의 규칙을 만들어가는 노력도 필요하다. 위원회도 가명정보 활용 지침을 만들 때 시민단체는 물론 산업계 협의체나 컨소시엄 등과 협의해야 할 것이다.

개인정보 보호에 대한 사회적 합의 기반을 마련하는 한편 데이터 경제로의 전환을 위해서는 정부의 통계와 데이터에 대한 거버넌스를 정비할 필요가 있다. 현재 통계에 대한 업무를 담당하는 통계청은 마이크로데이터 통합서비스를 제공하고 있다. 행정안전부는 공공 데이터포털을, 한국지능정보사회진흥원(구 한국정보화진흥원)은 K-ICT빅데이터센터, 과학기술정통부는 빅데이터 플랫폼 및 센터를 운영하고 있다.

데이터 경제 시대에 통계와 빅데이터의 경계가 사라지고 있다. 경제학자 찰스 빈Charles Bean 런던 정경대 교수는 경제 통계 수집 방식의 쇄신을 위해 데이터 과학허브data science hub 구축을 영국 정부에 제안했다. 50여 년 전 설계된 통계 방법론에 따라 수집된 현재의 수치가 SNS, 전자상거래, 플랫폼 기업들이 매일 쏟아내는 빅데이터를 반영하지 못하고 있기 때문이다. 통계와 빅데이터를 동시에 고려한 데이터 기반의 의사 결정이 점점 더 필요해지고 있다. 각

부처가 통계 서비스를 제공하던 미국은 2017년 국립데이터서비스청 NSDS, National Secure Data Service 을 신설하고, 자료 보관소 역할을 넘어 통계 목적의 여러 기관 보유 자료의 결합 업무를 담당하도록 하였다.

통계와 빅데이터의 경계가 사라지는 추세에 맞게 이를 동시에 다루는 능력이 필요해지고 있다. 빅데이터를 다루는 기관을 경쟁적으로 신설하기보다는 통계청을 데이터통계청으로 개편하는 것이 바람직할 것이다. 데이터와 통계가 궁극적으로 의사 결정의 기반이라는 점에서도 통합된 거버넌스를 구축하는 것이 필요하다. 나아가 중립적으로 통계를 다뤄온 기관이 개인정보 보호의 취지를 살리면서 데이터 서비스를 제공하는 편이 개인정보가 마케팅에 사용되는 것에 대한 시민사회의 우려를 해소하는 데도 도움이 된다. 또한 통계와 빅데이터가 결합하면 사회 동향의 추세 변화를 빠르게 파악하여, 적시에 정책 결정에 필요한 증거를 제공할 수 있기 때문에 정책의 품질을 높이는 데에도 도움이 될 것이다.

사회 전체의 의사 결정 품질을 높이기 위해서는 데이터와 통계를 공공재화하는 노력이 필요하다. 데이터와 통계에 대한 사회적 수요에도 적극적으로 대응해야 한다. 쉽게 사용할 수 있는 분석 도구를 개발하여 제공하고, 저렴한 비용 혹은 무료로 사용할 수 있도록 해야 한다. 데이터를 독점적으로 소유하고 판매하여 이익을 얻는 것이 아니라 데이터를 활용하여 부가가치를 생산하도록 돕는 데이터생태계를 구축할 필요가 있다. 또한 데이터에서 의미 있는 인사이트를 얻어내는 분석 도구에 대한 투자를 늘려야 한다. 데이터 자체가 돈이 되는 데이터 장사가 아니라 데이터를 분석해서 새로운 가치를 생산하도록 해야 한다. 데이터를 분석하는 프로세스의 경쟁력을 높여야 한다.

데이터에 의한 차별 금지도 필요하다

개인정보 보호와 활용은 양면을 가지고 있다. 개인정보 활용에 대한 우려를 불식시키기 위해서는 우선 개인 데이터가 공공정책 개발에 많이 활용되어 개인 데이터의 공적 가치에 대한 사회적 인식이 확산될 필요가 있다. 여러 차례 발생한 개인정보 유출을 예방하는 개인정보 업계의 노력도 필요해 보인다. 이 밖에 개인정보가 범죄, 사기에 이용되는 것을 막기 위해서 데이터 장사꾼을 강력하게 처벌해야 한다. 또한 업계는 개인정보의 활용이 소비자의 이득과도 연결된다는 것을 실질적인 서비스로 선보일 필요가 있다. 내 정보가 팔려 돌아다니는 것을 원하는 소비자는 없다. 내 정보가 나에게 새로운 가치를 제공해 준다는 상호 간의 신뢰 형성이 필요하다.

데이터는 과거의 기록이기 때문에 사회적 편견 역시 그대로 반영된다. 알고리즘 뒤에 숨은 차별 문제를 해결하지 못한다면 빅데이터는 약자를 위협하는 무기가 될 수 있다. 윤리적 지표를 따르는 빅데이터와 인공지능 활용이 필요하다. 약자를 차별하는 데 활용하는 것이 아니라, 도움이 필요한 사람을 찾아 지원하는 데 빅데이터를 활용해야 한다.

마지막으로는 개인정보 유출로 인한 피해나 차별이 없도록 방지하는 장치도 필요하다. 시민단체들은 개인의 의료 정보를 회사에서 불법적으로 입수하여 불이익을 가하는 것을 우려하고 있다. 개인정보 활용의 취지에 맞게 개인정보 유출로 인한 불이익과 차별적 조치에는 강한 처벌이 따라야 한다. 개인정보 활용으로 사회적 가치를 증진하기 위해서는 기업과 사회가 협력해야 한다.

10장

팬데믹과
디지털 감시

2019년 12월 중국 우한시에서 코로나19라는 새로운 감염성 질병이 발생하였을 때 우한시는 적극적인 조치를 취하는 대신 정보를 통제함으로써 초기 대응 시간을 허비했다. 결국 전염병이 급속도로 퍼지기 시작했고, 이에 중국 정부는 1000만 명의 우한 시민들을 집에 머무르도록 하고 도시 밖으로 나가지 못하게 하는 봉쇄조치lockdown를 내렸다. 봉쇄는 전염병이 사람 간에 전파되는 것을 차단하고 다른 지역으로 확산되는 일을 막는 가장 오래된 방법이면서도 가장 강력한 조치다. 우한시가 속한, 인구 약 6000만 명의 후베이성까지 봉쇄 후 중국 정부가 취한 두 번째 조치는 중국 전역에서 감염 의심자나 유증상자가 돌아다니는 것을 막기 위한 체온 감지 시스템의 도입이었다.

대만 어드밴텍Advantech의 인공지능 정찰 로봇은 중국 주요 공항과 쇼핑몰에 설치되어 마스크 착용 여부나 체온을 확인해 이상이 있으면 경고했다. 더 적극적인 감시 시스템은 중국 바이두Baidu가 개발한 인공지능 시스템이었다. 이 인공지능 시스템은 사람들이 많이 다니는 공공장소 곳곳에 설치되어 체온을 원거리에서 측정하고 체온이 높은 사람의 신원을 조회했다. 수배자들을 잡기 위해 개발한 인공지능 안면 인식 기술에 체온 감지 기능을 결합해 감염 의심자를 찾아내는 데 활용했다.

무차별적으로 통행인을 감시하는 것은 프라이버시 침해 문제를 불러일으켰다. 지문 인식 기술과 같이 보안을 필요로 하는 건물 출입이나 기기 사용에 안면 인식 기술을 적용하는 것은 허가받지 않은 사람을 구별하기 위한 것으로 문제가 되지 않는다. 그러나 공공장소에서 지나가는 사람들의 얼굴을 무작위로 인식하여 기록하는 것은 중대한 개인정보, 프라이버시 침해의 이슈가 있다.

외국에서도 정부 보안 부서와 경찰 등은 안면 인식 기술이 범죄 수사와 예방에 도움이 된다고 주장하고 있으나, 시민들은 개인의 프라이버시를 이유로 반대하고 있다. 안면 인식 시스템이 공공장소 곳곳에 설치되면 모든 사람의 동선을 쉽게 파악할 수 있기 때문이다. 누가 어떤 곳에 들렀는지, 누구를 만났는지 등을 파악하는 것이 가능해진다. 그래서 많은 국가에서 허용 여부에 관해 논란이 일고 있으며, 미국의 일부 주에서는 경찰을 포함한 공공기관이 안면 인식 기술을 사용하는 것을 공식적으로 금지하고 있다. 미국

오리건주와 뉴햄프셔주는 경찰이 상의에 부착된 보디 카메라body camera를 이용해 안면을 인식하는 것을 금지했고, 캘리포니아주 및 매사추세츠주의 일부 도시들은 시 공무원들이 법 집행 등을 위해 안면 인식 기술을 사용하는 것을 금지하고 있다. 캘리포니아주 샌프란시스코 시의회 격인 감독위원회는 2019년 5월 경찰과 교통국 등 법 집행기관이 안면 인식 기술을 범죄 수사에 사용하지 못하게 하는 조례를 대도시 중 처음으로 통과시켰다. 유럽연합은 시민의 사생활을 보호하고자 안면 인식 기술 사용을 최대 5년간 금지하는 방안을 검토하고 있으며, 영국에서는 경찰의 안면 인식 기술 사용이 인권침해라는 주장이 일며 금지 소송이 제기되었다.

안면 인식 기술의 또 다른 문제점은 인공지능이 사람을 오판할 가능성이 있다는 것이다. 잘못 인식하여 엉뚱한 사람을 지목하거나 해당 인물이 아니라고 판단하는 경우가 왕왕 발생한다. 실제로 미국에서 죄 없는 사람이 범인으로 몰린 사례가 발생했다. 기술을 과도하게 신뢰할 경우 예상치 못한 문제가 발생할 수 있을 뿐 아니라 기술에 대한 인간의 종속을 유발할 수 있다.

결국 미국과 유럽에서는 안면 인식 기술에 대한 부정적인 여론을 의식해 코로나19 국면에서 이 기술을 적극적으로 사용하지 않았다. 개인을 직접 감시하는 것에서 한발 물러나 사회적 거리두기 상태를 감지하는 용도로 사용되었다. 영국 옥스퍼드에서는 컴퓨터 비전(컴퓨터가 인간의 시각적 인식 능력을 재현하는 기술) 카메라 시스템으로 공공장소를 스캔하여 시민들이 정부의 사회적 거리두기 규범을 준수하는지 감시하였다. 미국의 컴퓨터 비전 스타트업은 카메라를 사용하여 사회적 거리두기 규범이 침해되는지를 감지하고, 침해 시 바로 경고를 보내는 시스템을 정부 기관에 제공하였다.[1]

빅데이터 기반의 감지 및 예측 시스템

바이러스의 확산을 감지하고 예측하는 데에도 인공지능 빅데이터 시스템이 이용되고 있다. 캐나다의 빅데이터 분석 업체인 블루닷BlueDot은 세계보건기구WHO보다 먼저 전염병이 확산될 것이라는 보고서를 발간하여 코로나19 확산을 예측하였다. 2014년 에볼라 바이러스, 2016년 브라질 지카 바이러스의 확산도 예측한 바 있는 블루닷은 인공지능을 활용하여 65개국 뉴스와 전 세계 항공권 발권 데이터, 동식물 질병 데이터 등을 수집하고 분석해 코로나19가 중국 우한에서 태국의 방콕, 대한민국의 서울, 대만 등으로 확산될 것으로 예측하였다.

전염병 위험지역에서 들어오는 입국자를 관리하는 데에도 빅데이터 플랫폼이 사용되고 있다. 전염병 발병 지역, 노출 현황 등 각종 데이터를 인공지능으로 분석해 방문 지역의 전염병 위험 정보를 제공하는 한편, 로밍 데이터를 활용해 전염병 확산 국가에 방문한 사실을 인지하고 국가관리기관에 통보해 방문자를 관리, 입국 후 격리할 수 있다. 한국이 빠르게 이런 시스템을 도입할 수 있었던 것은 코로나19 발생 이전에 KT가 아프리카 케냐와 협력해 '글로벌 감염병 확산 방지 플랫폼Global Epidemic Prevention Platform'을 구축했기 때문이었다. 이 플랫폼은 사용자가 감염 위험지역에 갔을 때 전염병 위험 정도를 알람 메시지로 통보해 준다.

감염병 취약 집단을 파악하거나 사회적 위험 요소를 파악하는 데에도 빅데이터 인공지능 시스템이 활용되었다. 전염병 예측에는 IBM이 개발하고 이클립스Eclipse재단에서 무료 배포 중인 '시공간 감염 확산 모델러The Spatiotemporal Epidemiological Modeler'와, 유럽연합에서 주로 활용하는 '글로벌 감염 확산 이동 모델 프로젝트Global Epidemic and Mobility project'가 이용되었다. 최근에는 미국의 임상 인공지능 전문 업체인 제이비언Jvion이 바이러스 감염 시 심각해질 수 있는 집단과 요인을 식별하는 코로나 지역 취약성 지도COVID Community Vulnerability Map를 무료로 출시하였다. 노약자 및 만성질환자 주거지역, 장거리 통근, 대학 기숙사 등 밀집 주거지역 거주, 공개 행사 참석 및 오프라인 쇼핑 등 사회적 위험 요소를 찾아 지도에 표시한다. 이와 같은 빅데이터 시스템은 전염병에 선제적으로 대응해 확산을 막는 데 도움을 주었다.

한국과 서구의 코로나 방역 차이

한국이 방역에 성공할 수 있었던 것은 3T 전략, 즉 진단Test, 역학조사Trace, 환자 관리Treat라는 정교한 시스템을 일관되게 추진해 감염자와 의심자를 개인 단위로 관리했기 때문이다. 감염이 번지는 네트워크 안에서 감염자라는 점이 다른 점으로 연결되어 확산하는 선을 형성하지 않도록 막는 전략이었다. 감염자가 누구인지 모를 때 취할 수 있는 예방 조치는 집단적으로 사람들의 접촉을 차단하고 다른 지역으로 나가는 것을 막는 봉쇄다. 이는 의심자를 조기에 발견하고 관리하는 방식이 없는 시대에는 적합한 방식이었지만, 지금과 같이 진단 기술이 발달하고 개인의 이동 동선을 관리할 수 있는 시대에는 적합한 방법이 아니다. 한국은 코로나19 감염 환자가 국내에 유입되기 이전에 코로나19 진단키트 개발에 착수하여, 대량으로 진단키트를 생산하고 의심자를 검사할 수 있는 시스템을 갖추었다. 문제는 누구를 검사하여 추적할 것인지 선별하는 방식이었다.

한국은 봉쇄와 차단이라는 극단적인 조치를 피하고 의심자, 확진자를 타기팅하여 관리하는 방식을 취했다. 확진자가 발생하면 역으로 확진자의 동선과 방문 장소를 파악하여 사람들에게 알리고, 확진자와 접촉한 사람의 감염 여부를 확인하고 자가격리하도록 하는 등의 조치를 내렸다. 확진자의 감염 경로를 파악하기 위하여 질병관리본부는 신용카드 회사, 통신사업자, 경찰 등의 협조를 받아 확진자의 신용카드 기록, CCTV, 모바일 위치 정보, 교통카드 기록, 해외여행 정보 등을 수집하여 분석하였다. 초기에는 역학조사관이 확진자의 위치 정보를 요청하면 보건복지부장관이 취합하여 경찰청에 요청하고, 경찰청이 18개 지방경찰청과 관할경찰서를 거쳐 개별 통신사에 재요청하는 과정 등을 거치며 최대 24시간이 소요되었다. 그러나 정부의 '신종 코로나바이러스 감염증 역학

조사 지원시스템'이 도입되면서 28개 관련 기관과 실시간으로 정보를 교환하여 10분 이내에 확진자의 동선을 입체적으로 파악하고, 확진자 동선에 대한 시공간 분석을 통해 전염 경로 및 전염 핫스폿 지역을 찾아낼 수 있게 되었다.

확진자 이동 경로 정보는 감염 경로를 파악하는 역학조사의 정확성을 높이고, 부차적으로 시민들의 알 권리를 충족시켜 잘못된 정보에 의한 불안을 해소하는 효과도 있었지만, 개인정보를 과도하게 침해할 수 있다는 논란이 제기되었다. 정부는 지원시스템은 감염병 위기 대응 단계를 고려해 한시적으로 운영되며, 코로나19 상황이 종료되는 즉시 개인정보는 파기할 예정이라고 선을 그었다.

2015년에 확진자 186명, 사망자 38명을 발생시킨 메르스 사태 때 박근혜 정부가 감염 경로를 제대로 공개하지 않아 감염을 확산시켰다는 비난을 받았기 때문에, 문재인 정부는 코로나19 발생 초기부터 확진자의 동선을 비롯하여 질병의 확산 양상 및 대응 관련 정보를 세세하게 공개하는 투명성의 원칙을 천명하였다. 정부의 이러한 태도는 「감염병의 예방 및 관리에 관한 법률」에 주의 이상의 위기경보 발령 시 감염병 환자의 이동 경로, 이동수단, 진료의료기관과 접촉자 현황 등 국민이 감염병 예방을 위해 알아야 하는 정보를 공개하도록 규정하고 있는 조치를 따른 것이었다. 개인정보 보호법도 '공중위생 등 공공의 안전과 안녕을 위해 긴급히 필요한 경우' 개인정보를 '일시적으로' 처리할 수 있도록 허용하고 개인정보 보호법의 적용을 배제하고 있다. 그런데 이러한 확진자의 동선 정보 공개 과정에서 개인의 인권이 침해된다는 문제가 발생하였다.

확진자의 실명은 공개하지 않았지만, 각 지자체가 경쟁적으로 확진자의 신상과 동선을 지나치게 자세히 공개하는 바람에 개인의 신상이 노출되었고, 확진자에 대한 근거 없는 비난과 추측, 혐오 발언 등이 양산되었다. 코로나19에 감염되는 것보다 동선이 공개되어 신상이 털리는 것이 더 무섭다는 이야기가 나올 정도였다. 국가인권위원회도 필요 이상의 사생활 정보가 구체적으로 공개되며 인권침해 사례가 나타나고 있으니 자제해야 한다는 성명을 발표했다. 중앙방역대책본부도 시급히 정보공개 안내문을 마련해 확진자와 접촉자가 있을 때만 방문 장소와 이동수단을 공개하게 하고, 확진자의 거주지 주소나 직장명 등 개인의 특정 정보를 공개하지 않는 기준을 마련했다. 신속하게 감염병에 대한 효과적인 대응과 사생활 보호 간에 균형점을 모색하는 노력을 보여주었다.

서구 국가에서는 확진자 추적 시스템이 봉쇄 조치를 취하지 않고도 추가 감염을 차단하는 효과가 있다는 사실보다 개인정보를 침해한다는 점에 더 주목했다. 프랑스의 한 변호사가 작성한 「코로나바이러스와 동선 추적: 개인의 자유를 희생시키지 말자」라는 기고문이 2020년 4월 6일 프랑스 경제지 《레제코Les Echos》에 실렸다. 기고문은 "한국은 감시와 밀고에서 세계 두 번째 국가이며 개인의 자유를 희생시키고 있다"라고 비난했다. 아마 첫 번째 감시 국가는 광범위한 감시 체계를 가동한 중국을 의미했을 것이다. 그리고 프랑스 정부가 감염자의 동선을 추적하는 한국 방식의 도입을 검토하는 것에 반대한다는 주장을 펼쳤다.

개인정보 보호법을 세계에서 처음으로 제정한 독일도 초기부터 확진자를 추적하기 위한 개인정보의 수집과 활용이 이슈가 되었다. 한국의 질병관리본부 격인 로베르트코흐연구소RKI가 통신회사로부터 확진자와 접촉자의 위치 정보를 제공받는 조항을 만들어 감염 사슬을 추적하는 방안을 마련하였으나 '사생활 침해'라는 소셜미디어에서의 비판이 거세지자 정치권의 반대로 무산되었다. 대신 정부가 만든 애플리케이션을 시민들이 자발적으로 스마트폰에 설치하여 같은 애플리케이션을 설치한 시민과 접촉할 경우 블루투스를 통해 서로의 아이디 정보가 RKI의 서버로 전송되고, 사용자가 코로나19 확진 판정을 받을 경우 RKI가 감염자의 접촉자에게 경고 메시지를 보내는 방식을 도입하기로 했다. 이는 모든 개인이 자발적으로 애플리케이션을 설치해야만 하는 문제점 외에도 신속하게 감염 경로를 파악하여 대응하기 어렵고, 개인의 동의가 없으면 완벽한 추적이 불가능하다는 문제점을 갖고 있다.

결국 독일은 개인정보를 수집해 확진자의 감염 경로를 추적하는 한국식 방역을 받아들이지 못했다. 개인의 자유와 인권을 우선시하는 유럽 국가 대부분은 개별적 대응 방식이 아닌 모든 사람의 이동 자유를 제한하는 조치를 취했다. 프랑스는 2020년 3월 17일 필수적 사유를 제외한 이동과 여행을 전면 금지하고, 식료품점과

디지털 쇼크 한국의 미래

약국 외의 상점 영업도 중단시켰다. 프랑스 내부에서도 한국의 방식을 사생활 침해로 치부한 프랑스가 뒤늦게 기본권인 통행의 자유까지 제한하면서도 바이러스 확산을 막지 못했다는 비판이 제기되었다.

감시 국가로 가지 않는 노력 필요

유럽연합 개인정보보호위원회EDPB 의장은 2020년 3월 16일 「코로나19 상황에서의 개인정보 처리에 대한 의장 성명서」에서 코로나19 대응 시에도 정보 주체의 개인정보 보호를 보장해야 한다고 주장했다. 성명서는 유럽연합의 개인정보보호규정에 따르면 코로나19 대응에 필요한 경우 정보 주체의 동의 없이도 개인정보를 처리할 수 있다고 하면서도 그 처리 과정에서 필요성·적절성·비례성을 준수해야 하며, 사법적 구제를 받을 권리 등 적절한 보호조치가 마련돼야 한다고 했다. 비상상황에서 신속하게 개인정보를 파악하여 확진자의 감염 경로를 추적하는 적극적 행정을 위해 개인정보 보호에 일시적 유보가 필요하다는 입장은 여전히 아니다. 미국의 경우 각각의 주가 다른 방식으로 코로나19 확진자 관련 정보를 공개하고 있으며, 대체로 최소 정보 제공 원칙을 유지하고 있다. 그러나 효과적으로 감염병에 대응하기 위해서 더 적극적으로 확진자의 동선을 추적·공개해야 한다는 주장이 제기되고 있다.[2]

유럽 등 서구 국가의 경우 개인의 자유를 우선하느라 거의 모든 사람이 모바일 기기를 가지고 있는 시대의 이점을 효과적으로 사용하지 못했다. 이전에는 초기 감염원을 실시간으로 파악하고 추적, 차단하는 것이 불가능했지만, 지금은 실시간으로 초기 감염원을 밝히고 추적하여 바이러스의 확산 속도보다 더 빠르게 대응하는 것이 가능해졌다. 이러한 기술 환경의 변화는 개인정보와 사생활 보호, 개인의 자유에 새로운 규범을 요구하고 있다.

물론 이러한 확진자 동선 추적 시스템은 국가권력이 개개인의 모든 정보를 한곳에 모아 감시하는 것이 가능한 시대가 되었다는 것을 보여주는 단편적인 예다. 중국이 CCTV와 인공지능 안면 인식 기술 등을 활용하여 전 국민을 감시하는 디지털 감시 국가가 되고 있다는 국제적인 비난은 타당해 보인다. 국제 인권 기구들은 비상사태를 맞아 만들어진 감시 권력은 공중보건 보호를 위한 최소한의 수단으로 사용되어야 하며, 비상사태가 종결된 후에 공중보건 목적으로 수집된 개인정보는 바로 폐기돼야 하고, 감시 권력은 일상적인 기구로 남아 있지 않도록 조치해야 한다고 권고하고 있다. 한국 정부도 지원시스템은 감염병 위기 대응 단계를 고려해 한시적으로 운영되며, 코로나19 상황이 종료되는 즉시 개인정보를 파기할 예정이라고 밝히며 이 시스템이 가진 위험성에 대한 논란을 불식시키고자 했다. 그러나 역학조사 지원시스템은 정부의 스마트시티 데이터허브 기술을 바탕으로 개발된 것으로 우리는 언제든지 빅브라더가 등장할 수 있는 기술적 기반 위에 조성된 사회에 살고 있다고 봐도 과언이 아니다.

결국 투명하고 민주적인 국가는 전염병이라는 비상상황에서 감시시스템을 제대로 가동할 수 있고, 그렇지 않은 독재국가는 모든 시스템이 독재 권력을 위해 시민들을 감시하는 도구로 악용될 수 있다는 것을 보여준다. 코로나19는 우리 인류에게 디지털 기술이 개인의 일상을 감시할 수 있는 무서운 기술이 되었다는 것을 일깨워 주었다. 기술을 통제하는 성숙한 시민의식, 투명하고 민주적인 정부가 더 중요한 시대가 되었음을 알려주는 것이다.

11장

집이 병원이 되는
시대가 온다

코로나19가 발생한 지 1년 만에 1억 명이 넘는 사람들이 감염되고, 223만 명이 사망했다. 1918년 스페인 독감 이후 100년 만의 대재앙이었다. 세계보건기구는 팬데믹 기간 중인 2020년 8월에 전 세계에서 매달 3750억 달러의 경제적 피해를 보고 있으며, 2년간 누적 손실은 12조 달러가 될 것으로 추산했다. 팬데믹은 우리에게 이전과 같은 세상으로 돌아갈 수 없다는 것을 경고하고 있다.

세계는 다방면에 걸친 충격과 반성 속에서 더 나은 사회를 만들기 위한 성찰과 노력을 시작해야 한다. 당연히 제일 시급한 대상은 보건의료다. 코로나19는 우리 인류에게 건강과 의료에 대한 새로운 접근을 요구하고 있다. 그동안 인류는 의료 기술 분야에서 상당한 발전을 이뤘다. 감염성 질병이라는 후진국병의 시대는 극복했다고 자부했다. 암과 같은 불치병과 희귀병을 정복하고, 장기이식으로 생명을 연장하는 정밀 치료와 첨단 의료의 단계에 진입하였다고 평가했다. 앞으로 생명 연장을 넘어 죽음을 극복하는 시대가 올 것이라는 기대가 흘러나오기도 했다.

하지만 현실은 참담하다. 팬데믹 상황에서 선진국의 의료 체계가 감염병 환자 급증에 제대로 대응하지 못하고 무너지는 것을 목격했다. 한국은 사스와 메르스 사태를 겪으면서 감염병 의심자와 일반 환자를 분리하는 체계적인 감염병 관리 기준을 마련했기 때문에 의료 시스템을 안정적으로 유지할 수 있었다. 이러한 방역 시스템에 결정적인 기여를 한 것은 감염자 진단검사와 추적 관리 방법이었다. 확진자를 중심으로 접촉자, 접촉 장소를 추적하는 핀포인트 통제로 감염자 경로를 차단하여 대다수 사람들은 일상생활을 할 수 있도록 도왔다. 이러한 진단 기술과 확진자 추적 기술의 기반은 디지털이었다. 전 세계 국가들이 다양한 첨단 기술을 의료에 접목해 가면서 감염병과 싸웠다. 팬데믹과의 싸움을 통해 인류는 디지털을 기반으로 새로운 의료 시스템을 경험하고 있다.

디지털 기술, 의료에 새로운 가능성을 제시하다

코로나19는 의료 분야에 큰 파장을 몰고 왔다. 현재의 의료 시스템이 취약하다는 것을 알게 되었고 동시에 의료 분야와 디지털 기술이 접목될 수 있다는 인식의 전환을 가져왔다. 핀포인트 통제가 가능했던 것은 스마트폰의 보급 덕분이었다. 2019년 현재 전 세계 인구의 67%가 휴대전화를 사용하고 있고, 그중 65%는 스마트폰을 사용하고 있다. 의료에서 스마트폰을 중요하게 고려해야 하는 이유다.

디지털 기술은 코로나19 상황에서 다양한 분야에 사용되었다. 태국에서는 전국 41개 병원에 로봇 솔루션을 배포하여 의료진과 격리된 환자 간의 커뮤니케이션을 도왔다. 이 과정에서 의료진과 환자 사이의 신체 접촉을 하루 최대 70건까지 줄일 수 있었다.[1] 특히 코로나19의 진원지인 중국에서 낙후된 의료 시스템을 보강하는 데 디지털 기술이 적극적으로 활용되었다. 우한을 비롯해 중국 전역의 병원은 인공지능 기반의 CT 영상 해석 도구를 배포하여 방사선 전문의의 CT 영상 판독 시간을 몇 시간에서 몇 초로 단축하는 데 도움을 주었다. 촬영한 CT 영상을 수킬로미터 떨어져 있는 전문가들이 판독하는 것도 허용했다. 이러한 조치는 한정된 의료 인력이 몰려드는 환자들을 대응하는 데 도움이 되어, 환자가 급증하는 시기에 의료 시스템의 안정을 꾀할 수 있었다.

우리나라에서 진단키트를 신속하게 개발할 수 있었던 것도 인공지능 기술을 활용했기 때문이다. 인공지능 기술은 각 분야에서 새로운 가능성을 열고 있다. 미국 국방부는 기계학습으로 감염 환자의 신체적 반응 패턴을 파악하여, 증상이 나타나기 최대 48시간 전에 감염에 대한 조기 경보를 제공할 수 있는 비침습적 웨어러블 장치로 구성된 RATE Rapid Analysis of Threat Exposure라는 기술을 개발하였다.[2] 스마트워치 같은 기기를 차고 있으면 감염 증상이 나타나기 전에 이상 여부를 알 수 있어 군대같이 집단생활을 하는 곳에서 감염이 확산되는 것을 방지할 수 있다.

이와 같이 디지털 기술은 다양한 분야에서 의료 시스템을 보완하는 데 활용되었다. 인공지능 기계학습을 이용한 디지털 역학 감시, 의료 영상 분석, 휴대용 진단장치를 활용한 신속한 케이스 식별, 증상 확인용 웨어러블 기기와 센서, 증상 보고를 위한 설문조사 애플리케이션, 휴대전화 위치 데이터와 이동 패턴 분석, 챗봇 커뮤니케이션 등 활용 분야는 상상 이상으로 다양하다.

비대면 진료, 디지털 원격의료의 가능성을 열다

감염 환자 급증에 따른 의료 시스템 붕괴 또는 붕괴 예방 조치로 비대면 진료가 도입되었다. 전통적으로 의료행위는 환자와 임상의 간의 대면 상호작용 모델을 기반으로 한다. 진찰, 처방, 치료 효과 확인으로 이어지는 대면 치료 모델을 지원하고 강화하기 위한 임상 절차와, 의료진을 한곳에 모아두고 환자가 찾아오게 하는 병원 모델이 발전했다. 중앙집중식 의료 시스템은 감염병 환자가 응급실과 대기실에 모여들게 하면서 비감염 환자에게 바이러스가 퍼지는 데 일조했다. 이러한 상황을 겪으면서 의료진도 보호하고 환자도 보호하는 원격의료와 디지털 의료 같은 비대면 진료가 주목을 받았다. 원격의료에 사용되는 일부 디지털 기술은 이미 수십 년 동안 존재했지만 엄격한 규제로 인해 시장에 진입하기가 어려웠다.

결국 세계 각국은 원격의료 허용을 확대하였다. 한국도 한시적으로 전화 진료를 허용해 100만 건 이상의 전화 처방이 이뤄졌다. 미국의 경우는 원격의료 이용이 3,000% 증가했다.[3] 원격의료에 대한 만족도도 높았다. 최근 맥킨지 보고서에 따르면, 팬데믹 이전보다 환자 수가 50~175배 폭증했지만, 원격의료를 받은 환자의 74%가 높은 수준의 만족도를 표했으며 의료진의 64%도 도구와 시스템 사용에 편안함을 표현했다. 코로나19가 시작된 후 약 1650만 명의 미국인이 원격의료를 사용했으며 88%는 다시 사용하겠다고 응답했다.[4] 우리나라도 이용자의 만족도가 높았다.

팬데믹이 종식되어도 앞으로 많은 사람이 원격의료를 선택할 것으로 보인다. 현재 원격진료는 감염된 환자를 위한 재택 진료 모델로 발전하고 있다. 증상이 심하지 않은 감염 환자를 집에서 치료하는 모델이다. 이를 위해서는 집에 모니터링 장비를 갖추고 의사가 원격으로 상태를 관찰하고 처방할 수 있어야 한다. 우리나라에서는 서울대병원이 문경 생활치료센터를 운영한 사례가 있다.

디지털 기술이 의료 시스템을 개편하기 위해서는 아직도 넘어야 할 과제가 많다. 코로나19 발생 전인 2019년 프라이스워터하우스쿠퍼Price Waterhouse Cooper 설문조사에서 미국 의료 시스템의 최고경영자 중 38%가 전체 전략 계획에 디지털 구성 요소가 없다고 응답했다. 응답자의 94%는 디지털 전략의 구현을 제한하는 요인으로, 데이터 보호 및 개인정보 보호 규정, 경제 및 임상 건강을 위한 건강정보기술법에 따른 규제를 지적했다. 우리나라도 이와 별반 다르지 않다. 오히려 더 엄격하게 의료 정보와 원격의료에 대해 규제하고 있는 실정이다.

팬데믹이라는 비상 시기에 적극적으로 도입된 원격진료는 응급 및 1차 진료 모두에서 성공적인 의료 모델로 사용되었다. 테스트를 거친 다양한 디지털 건강 솔루션들이 강력한 잠재력을 보여주었다. 그러나 비대면 의료가 일상적인 의료 시스템으로 정착되기 위해서는 디지털 기술과 도구에 대한 접근성, 수용성, 개인정보 보호 문제 등 넘어야 할 과제가 많다. 대면 접촉이 어려운 감염병 상황에서 도움이 된 원격진료가 긴급 수단으로서는 유용하였지만 기존의 대면 의료 방식보다 더 효과적인지, 앞으로 원격의료 방식을 확대하기 위해서는 어떤 준비가 필요한지 등에 대해 여러 측면에서 검토와 평가가 더 필요하다.

디지털 기반의 분산된 개인 맞춤형 의료

원격의료의 새로운 가능성은 분산된 개인 맞춤형 의료다. 그동안 의료 시스템은 투자 대비 효과 측면에서 환자가 병원을 찾아가는 중앙집중식 의료 시스템을 발전시키고 유지해 왔다. 그러나 코로나19는 우리가 가진 새로운 능력과 인프라에 눈을 뜨고 효용성을 확인하게 만들었다. 바로 스마트폰으로 상징되는 모바일, 웨어러블 디바이스의 일상화다.

개인에 대한 '작은 데이터'를 최대한 활용하여 치료를 개인화하는 것이 가능해지고 있다. 우리는 매일 디지털 흔적을 남기고 있다. 스마트워치를 비롯하여 작은 부착형 센서로 심박 수나 심전도 등의 생체 정보를 측정하고, 운동 및 수면 등의 활동 정보를 포함해 이동 경로와 머문 장소 등의 공간정보도 만들고 있다. 이 데이터를 사용하면 생물학적, 심리학적 생활 방식 요소를 포함하여 개인의 삶에 대한 디지털 비전을 쉽게 구축할 수 있다. 의료 분야에서 사람의 일상적인 변화를 알면 개입 시기와 치료 순응도 등 환자의 건강 유지에 도움이 되는 중요한 정보를 얻을 수 있다. 의료계에서 이상향으로 생각했던 개인 맞춤형 의료를 분산형으로 수행할 수 있는 인프라가 갖춰지고 있다

현재 원격의료는 모바일 애플리케이션(원격 환자 모니터링)과 웹사이트 및 챗봇(위험 평가, 스크리닝, 분류), 전자 처방 등이 통합된 디지털 건강 생태계 모델로 진화하고 있다. 분산 의료 시스템이 도입되면 정기 외래 진료를 원격진료로 전환할 수 있어 불필요하게 병원에 방문하는 환자 수를 줄이고 급성 또는 중증 환자에게 집중할 수 있다. 환자가 집에서 회복하는 동안 모니터링할 수 있는 원격의료 지원도 가능하다. 텔레크리티컬케어TCC, Telecritical Care 시설을 일반 병원에 분산적으로 설치하면 응급 환자를 관리할 수 있기 때문에 상급 병원의 중환자실로 환자를 이송하는 과정에서 발생하는 위험을 줄일 수 있다. 상급 병원의 전문의가 원격 멘토링 등으로 분산되어 있는 TCC의 중환자를 진료하고, 환자를 신속하게 분류함으로써 중환자실 병상을 효율적으로 관리하는 것이 가능해진다. 적은 중환자실 병상으로 더 많은 중환자를 관리할 수 있다.5 팬

데믹 상황뿐만 아니라 일상적으로 TCC가 사용되면 상급 병원은 중환자실 병상 관리에 여력이 생기고 중소병원은 병상 활용을 늘릴 수 있다.

미래 의료 수요에 따른 커뮤니티와의 결합

인류는 팬데믹과의 싸움을 통해 디지털을 기반으로 새로운 의료 시스템의 가능성을 경험했다. 현재 우리는 고령화에 의한 노인성 질환, 생활 습관에 따른 만성질환, 정신 질환의 증가, 예방적 의료의 취약으로 의료비 급증이라는 문제에 직면해 있다. 디지털 기술은 개인 맞춤형 의료의 가능성, 원격 및 분산 의료의 가능성을 제시한다. 디지털 기술을 적극적으로 활용해 의료 시스템을 재편해야 할 시점이다.

이제는 중앙집중형에서 분산형으로 의료 시스템의 전환을 모색해야 한다. 개인의 일상적 모니터링, 분산된 의료시설, 전문화된 병원이 긴밀하게 연계된 의료 시스템이 요구된다. 일상생활 공간에서 건강 상태가 모니터링되고, 건강상의 조치가 필요할 경우 거주지 내의 분산 의료시설에서 치료받고, 응급상황이거나 중증인 경우 상급 병원의 응급실에서 치료하는 시스템이 필요하다. 평소에 건강을 모니터링하면 특정 질병이 발생하거나 감염병이 발생하는 것을 조기에 막고 적절히 치료할 수 있다.

거주지 중심의 의료시설은 또한 고령화사회에서 건강 수명을 연장하고 일하는 기간을 늘리기 위해서도 필요하다. 노쇠한 노인들을 요양시설에 집단으로 수용하는 모델도 개선돼야 한다. 이는 감염병에 취약한 구조라는 것이 입증되었다. 생활공간에서 노화의 정도에 맞게 돌봄을 받는 방식으로 바뀌어야 한다. 가족뿐만 아니라 마을 사람들과 생활하면서 서로 돌봐주고 돌봄을 받는 커뮤니티 케어로 바뀌어야 한다.

팬데믹 동안 세계는 다양한 디지털 의료 경험을 발전시켜 나가고 있다. 디지털 기반의 분산형 의료는 질병을 예방하고 건강 수명을 늘리고 건강한 사회를 위한 의료 시스템이라고 할 수 있다. 아이러니하게도 한국은 10년 넘게 '원격의료 반대'라는 보이지 않는 장벽에 갇혀 있었다. 분산 의료를 도입하기 위해서는 제도적으로 개선해야 할 것들이 많다. 또 다른 위기가 닥치기 전에 새로운 의료 시스템을 준비해야 한다.

12장

혁신과 독점의
갈림길에 선 플랫폼

이 시대를 대표하는 키워드는 플랫폼이라고 해도 과언이 아니다. 플랫폼은 특정 용도를 위해 만들어진 토대라는 뜻이다. 오프라인 세상에서는 기차역의 기차를 타고 내리는 곳이 플랫폼이다. 인터넷에서는 공급자와 소비자가 만나는 공간이 플랫폼이다. 친구들과 소식을 공유하고 메시지를 주고받는 SNS 플랫폼, 동영상을 올리거나 시청하는 영상 플랫폼, 전자상거래 플랫폼, 콘텐츠 플랫폼, 앱스토어 플랫폼, 심지어 스마트폰 운영체계 플랫폼까지 아침에 일어나서 잠들 때까지 플랫폼을 떠나서 살 수 없게 되었다.

세계에서 가장 잘나가는 기업도 플랫폼 기업이다. 전 세계 수십억 명의 고객을 둔 애플, 아마존, 마이크로소프트, 페이스북 모두 플랫폼 기업이고 이들 4개 기업의 시가총액을 합하면 2020년 12

월 기준으로 무려 5조 9000억 달러에 이른다. 이보다 GDP가 많은 나라는 미국, 중국밖에 없다. 그리고 이 기업들은 모두 설립된 지 20년 안팎밖에 안 되는 젊은 기업이다.

컴퓨터와 인터넷이 등장했을 때, 정보처리는 생산 활동을 보조하는 기능에 불과했다. 전자상거래는 상품이라는 주 제품의 유통을 보조하는 기능, 상품의 정보를 처리하는 부차적인 기능에 머물렀다. 전자상거래는 상품을 판매하기 위한 온라인 장터에 불과했고 판매 활동을 위한 상품 소개와 결제, 배송 정보 처리에 치중하는 모습이었다. 그러나 온라인쇼핑 사이트들은 이에 안주하지 않고 여러 판매자와 소비자를 중개하는 기능으로 새로운 역할을 찾았다. 아마존은 상점 기능을 하다가 상거래 중개 플랫폼으로 발전했고, 알리바바는 처음부터 중개 플랫폼으로 시작했다. 플랫폼은 공급자 그룹과 수요자 그룹이라는 양면 시장을 중개하는 새로운 기구로 등장했다.

축지의 세계, 플랫폼

사실 오프라인 세상에도 플랫폼은 많다. 기차역은 물론 백화점도 플랫폼이라고 할 수 있고, 증권거래소도 플랫폼이라고 할 수 있다. 온라인 플랫폼이 이러한 플랫폼과 다른 점은 오프라인 플랫폼의 시공간적 제약을 없애 버렸다는 것이다. 말하자면 축지縮地의 세계다. 그래서 온라인 플랫폼은 백화점과 같은 운영 규칙을 갖되 훨씬 개방적인 게이트키퍼gate keeper 역할을 한다. 공급자는 게이트키퍼를 통과하면 정해진 규칙에 따라 소비자에게 제품이나 서비스를 공급할 수 있다. 소비자는 모든 판매자가 동일한 운영 형태(결제, 배송, 반품, 환불 등)를 보일 것이라는 믿음을 갖는다. 결국 플랫폼은 공급자와 소비자 모두에게 탐색과 신뢰의 비용을 줄여주는 경제적 혜택을 제공하며 시장보다 더 경제적인 도구가 되었다.

플랫폼의 가장 큰 장점은 표준화된 기능을 누구에게나 제공한다는 점이다. 상품을 소개하는 기능, 결제 대금을 받는 기능, 배송업체에 물건을 보내고 소비자에게 통보하는 기능, 판매 현황을 집계하는 기능, 마케팅 툴 등 기본적인 요소는 플랫폼 운영자가 제공하기 때문에 공급자는 제품 마케팅에만 집중하면 된다. 창업할 때 이와 같은 기능을 자체적으로 갖추려면 비용이 많이 드는데 플랫폼에 들어가면 추가 유통과 마케팅 비용 없이 전국, 심지어 전 세계 고객을 대상으로 상품을 팔 기회를 얻게 된다. 이 때문에 더 많은 공급자가 플랫폼에 들어오게 되고 이들이 올린 제품과 서비스, 콘텐츠를 찾아 소비자들이 몰려온다. 이는 다시 더 많은 공급자를 끌어들이면서 규모의 경제를 이루게 만든다. 잘 만든 콘텐츠 하나가 입소문만으로 수백만 명, 수천만 명에게 전달되는 것도 플랫폼이 있기 때문에 가능한 일이다. 기존의 포털 같은 정보 서비스가 공급자 중심의 일방향 서비스라면 플랫폼은 공급자와 수요자가 쌍방향으로 생태계를 형성하는 기능을 한다.

일반적으로 오프라인 세계에서는 규모의 경제를 넘어서면 복잡성이 증가해 오히려 비효율적인 양상을 보인다. 그래서 백화점은 일정한 교통권 내에 적정 규모를 유지하며 체인점을 개설하는 방식으로 시장을 확대해 나간다. 그러나 온라인 플랫폼에는 체인점이 없다. 구글의 플레이스토어와 유튜브, 애플의 앱스토어와 아이튠즈, 페이스북 모두 하나의 도메인을 가진 하나의 사이트다. 언어와 국가에 따라 인터페이스는 다를 수 있지만, 플랫폼 시스템은 하나다. 전 세계 페이스북 사용자 20억 명이 한 곳에서 누구든 만날 수 있는 단일 세상이 열린 것이다.

온라인 플랫폼은 왜 복잡성이 증가하지 않는 것일까? 오프라인 세상에서 게이트키퍼 역할을 하는 신문사의 편집장, 상점의 구매 담당자 등은 한정된 공간에 어떻게 하면 더 좋은 품질의 상품을 진열한 것인가를 고민한다. 그러나 온라인에서는 공간과 규모의 제한이 거의 없다. 무한으로 확대가 가능하기 때문에 무한으로 정보를 진열할 수 있다. 문제는 정보가 많으면 원하는 것을 찾기가 쉽지 않다는 점이다. 이러한 복잡성을 해결하기 위해 플랫폼은 정보의 매칭, 큐레이션 기능을 제공한다. 플랫폼이 소비자가 원하는 제품의 공급자를 찾아주고, 심지어는 특정 소비자가 원할 만한 제품을 알아서 추천해 준다. 소비자가 상품 카테고리에서 제품을 고르거나 검색하던 방식에서 플랫폼이 소비자의 생활과 구매 패턴을 파악하여 제품을 추천하는 방식으로 발전하고 있다. 아이튠즈에서 A라는 아티스트의 음악을 들으면 A와 유사한 성향의 아티스트를 추천해 주거나, 아마존에서 B라는 상품을 구매하면 같은 상품을 구매한 소비자들이 많이 구매한 제품을 추천해 주는 매칭 기능

등으로 소비자가 상품과 정보의 미로에 빠지지 않도록 도와주고 있다.

상품의 한계를 없애고 고정자산까지 유동화

플랫폼은 콘텐츠, 서비스, 노동 등을 넘어 고정자산을 유동화해 공유하고 중개하는 데까지 영역을 확장하고 있다. 유튜브는 동영상이라는 무형의 콘텐츠를 중개하는 플랫폼으로 세상에서 가장 많은 이용자를 확보한 미디어가 되었다. 일반적으로 미디어는 자체 제작한 콘텐츠를 유통한다. 그러나 유튜브는 게이트키퍼 문턱을 낮추어 공급자가 직접 자유롭게 동영상을 올릴 수 있도록 허용했다. 그 결과 엄청난 수의 동영상을 확보하고 소비자를 끌어들이는 데 성공했다. 유튜브가 동영상이라는 콘텐츠 개체를 서비스한다면 페이스북은 상품이라는 개념에서 보면 황당한 서비스를 만들어 돈을 번다. 페이스북은 사람들의 관계와 그 관계 속에서 형성되는 소식, 소식이 만들어지는 관계를 콘텐츠화한다. 사람들이 소식을 나누는 장을 만든 페이스북은 자체적으로 제작하는 콘텐츠 하나 없이 세계 최대의 미디어 회사가 되어 광고 시장을 장악하였다.

플랫폼이 새롭게 만든 또 다른 시장은 유동화되기 어려운 부동산과 자동차 같은 내구재를 유동화한 공유경제 시장이다. 가입자가 자신의 집을 빌려주는 에어비앤비는 부동산을 보유하지 않고도 세계 최대의 숙박 업체가 되었다. 에어비앤비는 힐튼과 쉐라톤 같은 세계적인 호텔 체인보다 더 많은 방을 공급하고 있고 기업 가치도 더 높다. 우버는 가입자의 자가용을 빌려 쓰는 중개 시장을 만들어, 차량을 보유하지 않은 세계 최대의 개인 운송 서비스 업체가 되었다. 이들은 사업을 확장하는 데 추가적인 방이나 택시가 필요하지 않다. 최근 공유경제 기업들의 거품이 빠진다는 얘기도 있지만 흐름은 바뀌지 않을 것이다.

플랫폼 서비스의 특징은 상품을 소유하지 않고 재화의 공급자와 수요자를 중개하는 기능만으로 이익을 창출한다는 점이다. 그러면 전통적인 중개상인과 무엇이 다를까? 단지 온라인상에서 중개하는 정도의 차이는 아니다. 전통적인 중개상인은 공급자 또는 수요자를 대리하여 상대 수요자 또는 공급자를 찾아 연결하고 중간에서 거래를 성사시키는 역할을 한다. 공급자의 재화를 상인 소유로 하였다가 수요자에게 파는 형식이다. 그런데 플랫폼은 양측을 하나의 울타리에 넣고 재화의 소유자인 공급자가 수요자와 직접 거래를 하도록 하는 양면 네트워크two-sided networks라는 데 차이가 있다. 물론 공급자와 수요자는 플랫폼이 제공하는 절차와 프로토콜에 따라 직접 만나지 않고도 다양한 상호작용과 피드백을 나눈다.

일반적으로 경제활동은 인풋input – 프로세스process – 아웃풋output의 과정을 거친다. 프로세스(가공) 과정에서 가치가 더해지면서 인풋의 재화보다 아웃풋의 재화 가치가 더 커지고 기업이나 상인 등 경제활동의 주체는 이익을 얻게 된다. 한마디로 가치가 생기는 과정은 프로세스이며 기업 활동의 본질은 프로세스라고 할 수 있다.

디지털 쇼크 한국의 미래

지금까지는 프로세스를 위해 어쩔 수 없이 재화를 소유했는데, 플랫폼은 이를 해결해 주었다. 핵심인 프로세스만 소유하고 인풋과 아웃풋을 프로세스 시스템 안에 넣는 가상의 울타리를 가진 기업을 만들어낸 것이다. 이것이 플랫폼 기업이 재화를 소유하지 않고도 재화를 많이 소유한 기업보다 더 높은 가치를 지니게 된 비결이라고 할 수 있다.

플랫폼 기업은 프로세스를 개선해 나가면서 더 효율적인 가상기업이 되고 있다. 공급자와 수요자의 방대한 데이터를 인공지능으로 분석하여 매칭 확률이 높은 큐레이션 알고리즘을 만드는 데집중하고 있다. 플랫폼 기업은 기업의 본질이 프로세스, 즉 알고리즘이라는 것을 보여준다. 페이스북이 알고리즘만으로 사용자를 10억 명으로 늘리기까지 10년도 채 걸리지 않았고, 현재 25억 명이 넘는 사용자들을 대상으로 세계 최대의 광고 매출을 올리고 있다. 2021년 1월 기준으로 페이스북은 직원이 5만 2000명에 불과하지만 가치는 7600억 달러에 달한다. 전통적으로 성공한 기업인 디즈니의 시가총액은 페이스북의 절반에 불과하고(3200억 달러), 직원은 페이스북의 4배 이상인 22만 3000명에 이른다. 1인당 매출액은페이스북이 1461만 달러로 디즈니 143만 달러의 10배에 달한다.

시장을 독점하는 플랫폼 기업들

기업의 본질이 프로세스라고 하였지만 현실 경제에는 다양한주체들이 인풋, 아웃풋 그리고 프로세스 과정에 참여하고 있다. 이 주체들이 다양한 방식으로 길고 복잡한 가치사슬을 형성한다. 제조 기업들의 수직 계열화는 원료 단계에서 가공, 판매까지 여러 과정으로 이루어진 가치사슬을 자신의 통제 안에 넣어 구매의 불확실성을 줄이거나 프로세스 과정을 최적화해 이윤을 극대화하려는 방편이라고 할 수 있다. 수직 계열화가 비용을 줄이는 측면이 있다면 여러 공급자나 판매자를 흡수하는 수평적 통합은 시장의 지배력을 높여 독점적 영향력을 행사하는 것으로 이윤을 극대화하는 측면이 있다. 이러한 수평적 통합은 건전한 경쟁을 저해하고 소비자의 이익을 침해하는 경향이 있기 때문에 반독점법에 따라 규제된다. 특히 표준화된 상품, 경제활동에 필수적인 상품은 수평적 통합, 즉 독점의 유인이 크기 때문에 카르텔을 형성하여 독점화되는 경향이 있다.

석유왕 록펠러와 철강왕 카네기가 바로 미국의 산업화 시기에 카르텔을 형성하여 엄청난 부를 모은 경우다. 록펠러가 이끌던 스탠더드오일은 한때 시장의 80~90%를 장악했으나 이후 30여 개의 회사로 분할되었다. 철강 생산의 60~70%를 차지했던 US스틸은 정부의 반독점 해체 시도에서 살아남았지만, 경쟁사와의 혁신 경쟁에서 뒤처져 시장점유율이 50% 이하로 떨어졌다. 그래서 각국 정부는 카르텔화, 자연독점화될 수 있는 상품인 수도, 전기, 철도 등을 정부가 국유화하기도 하고, 민영화하는 경우 분할하여 경쟁 구도를 만든다.

한편 통신이라는 상품과 시장은 앞의 상품들에 비해 독특한 측면이 있다. 수도, 전기, 철도는 최종 소비자의 이용만으로도 효용을 얻을 수 있다. 그런데 통신의 경우 인프라를 구축하는 데 막대한 자금이 필요한 것은 같지만 소비자 혼자서는 어떤 효용도 얻을 수 없다. 통화 상대방, 즉 연결할 수 있는 가입자의 수가 늘어날수록 통신 인프라의 가치는 커진다. 그래서 단일 통신망이 형성되어야 소비자도 이득인 구조다. 이런 시장을 네트워크 시장이라고 한다. 미국에서는 여러 지역의 전화 사업자들이 전국적인 연결의 필요 때문에 자연스럽게 통합되어 AT&T가 미국 전역을 관리하는 하나의 전화 회사가 되었다. 그러나 독점화된 회사가 이윤을 목적으로 지역 통신 사업자와 소비자의 이익을 침해하자 미국 정부는 시장점유율이 90%를 넘은 AT&T를 7개로 분할하고 통신 사업자들 간의 망 연결이 공정하게 운영되도록 조치하였다.

마이크로소프트의 윈도 운영체제Windows OS도 시장을 95% 이상 장악하게 되면서 반독점 논란에 휩싸였다. 운영체제와 업무 프로그램 사업을 분리하라는 미국 법원의 판결이 내려졌으나 2심에서 마이크로소프트는 연방정부와 합의하여 분할을 피하고 현 상태를 유지하고 있다. 그러나 유럽연합은 마이크로소프트가 독점적 지위를 이용하여 자사 제품 끼워팔기로 경쟁사의 시장 진입을 막았다고 보고, 2004년부터 2012년까지 반독점법 위반 행위와 관련해 총 17억 유로의 벌금을 부과했다. 유럽연합 집행위원회는 구글에 대해서도 온라인쇼핑 가격 비교 시 자사 서비스를 우선 노출하는 것을 문제 삼아 반독점법 위반으로 24억 달러의 벌금을 부과했고, 2018년에도 구글이 안드로이드 운영체제 모바일 기기 제조사에 자사의 각종 애플리케이션 설치를 강제해 시장 지배적 지위를 남용했다며 43억 유로의 과징금을 부과했다.

현재 플랫폼 기업들은 엄청난 시장점유율을 보인다. 구글은 전 세계 검색 시장의 92%를 차지하며, 구글의 안드로이드는 전 세계 스마트폰 시장의 85%를 장악하고 있다. 페이스북과 구글은 미국 모바일 광고 시장의 56%를 차지하고 있다. 아마존은 미국 전자상거래 시장의 50%, 전자책e-book 시장의 90%를 점유하고 있다. '아마존 효과Amazon Effect(아마존이 모든 기업과 산업을 삼키는 것을 의미)'와 'to be Amazoned(아마존에 당하다)'라는 용어가 생길 정도로 아마존은 전통적인 오프라인 매장들을 위기로 몰아넣고 있다. 장난감 전문점 토이저러스Toys"R"us는 2018년 파산하였고 시어스Sears, 메이시스Macy's 등 백화점들도 지점을 철수하고 있다. 애플은 앱스토어를 통해서 이루어지는 모든 구매에 30%의 수수료를 매김으로써 경쟁 우위를 유지하고 있다.

플랫폼 기업의 시장점유율은 앞서 살펴본 석유, 철강 기업의 시장점유율을 넘어 독점적 지위에 있다고 볼 수 있다. 그러나 디지털 기업에 대해서는 독점의 기준을 달리한다. 전통적인 개념의 상품은 유한성을 가진 물질이기 때문에 공급을 통제하면 희소성으로 가격이 등락하여 독점력을 발휘할 수 있다. 그러나 디지털은 무형의 재화로 한계비용이 제로에 수렴하기 때문에 무한 공급이 가능하고, 전화와 같이 이용자의 네트워크 효과로 가치가 발생하기 때문에 독점력을 행사할 수 없는 재화로 보고 있다. 디지털 플랫폼은 전력 회사처럼 경쟁자가 현실적으로 등장하기 어려운 '자연 독점'이 아니고, 누구에게나 오픈된 네트워크상에 서비스를 만들 수 있고 이용자도 쉽게 다른 서비스로 옮겨 갈 수 있기 때문에 독점의 폐단이 생기기 어렵다고 본다. 단지 시장점유율을 이용하여 자사의 다른 제품을 끼워 팔거나 공급하여 경쟁사의 시장 진입을 막는 경우에 한해서만 반독점 행위로 처벌하고 있다. 또한 플랫폼 안에서 공급자와 이용자는 플랫폼에 종속된 관계라고 볼 수 없고 계약을 통하여 자유롭게 진입할 수 있기 때문에 플랫폼 내의 공급자는 종속적 관계가 아닌 독립적 관계로 보고 플랫폼을 카르텔로 판단하지 않고 있다.

그럼 앞으로도 플랫폼 기업들은 반독점이라는 제재를 피할 수 있을 것인가? 상황이 바뀌고 있어 플랫폼 기업들도 독점력을 행사하는 기업이 될 수 있다고 본다. 상황의 변화는 바로 온라인과 오프라인이 결합하는 O2O Online to Offline 비즈니스 모델과 플랫폼의 등장에 있다. 무한의 온라인과 유한의 오프라인이 결합함으로써 유한의 오프라인 시장에서 독점력을 행사할 수 있게 되는 것이다.

배달 애플리케이션은 시장점유율이 높아지면서 수수료 인상 등 시장 지배력을 행사하고 있으며, 배달 애플리케이션 간의 담합으로 온라인 프로세스가 오프라인 재화를 통제하는 힘이 강해질수록 독점화의 길로 들어설 가능성이 크다. '배달의 민족'과 '요기요'의 합병으로 시장 지배력이 90%에 달하는 상황이 발생하자, 공정

거래위원회는 합병 승인 조건으로 요기요를 매각하라는 결정을 내렸다. 자동차 공유 서비스도 비슷하다. 가입률, 점유율이 증가할수록 독점력을 행사할 수 있기 때문에 우버와 같은 차량 공유 서비스는 가입자를 늘려서 네트워크 효과를 보는 단계를 넘어서면 수수료를 통제하며 독점화될 가능성이 크다. O2O 플랫폼이나 물건을 취급하는 쇼핑 플랫폼들이 시장점유율을 높이기 위하여 치열하게 출혈 경쟁을 하는 것도 결국은 독점의 이득을 얻기 위해서다.

미국의 플랫폼 기업에 대한 규제

미국 민주당 엘리자베스 워런Elizabeth Warren 상원의원은 2019년에 작성한 기고문[1]에서 독점 기업에 대한 규제 필요성을 제기하였다. 워런 상원의원은 거대 플랫폼 기업이 인수합병으로 잠재적 경쟁자를 없애는 것이 반경쟁적이라 보고, 플랫폼 제공자가 자신의 플랫폼에 들어온 기업들과 자체 서비스로 경쟁하는 것도 문제라고 지적하였다. 글로벌 시장에서 연 매출 250억 달러 이상의 온라인 시장을 가진 기업을 플랫폼 유틸리티platform utilities로 지정해 그 플랫폼에서 자체 비즈니스를 제공하는 것을 금지하는 내용을 제안하였다. 단, 9000만~250억 달러 연 매출 플랫폼 기업은 다른 기업을 공정하고 비차별적fair, reasonable & non-discriminatory manner으로 대하고, 데이터를 공유하거나 제3자에 이전하지 않는다는 조건으로 자사 플랫폼에서의 비즈니스를 허용할 수 있다는 입장을 밝혔다.

리나 칸Lina Khan은 「아마존 반독점의 역설Amazon's Antitrust Paradox」이라는 논문에서 플랫폼의 지대 추구 문제를 제기하였다. 플랫폼 제공자가 단기 이윤보다는 이용자 기반 확대, 즉 성장을 추구하는 것이 디지털 플랫폼 시장의 특성이므로 낮은 가격이라는 소비자 혜택을 근거로 플랫폼 규제를 막는 논리는 디지털 시장의 특성을 이해하지 못한 부적절한 처사라고 보았다. 디지털 플랫폼 기업은 지배력이 강해질수록 창출된 가치에서 더 많은 몫을 차지하므로, 디지털 플랫폼에 공공성이 강하게 요구되는 기간통신사업자에 적용하는 의무common carrier obligation를 부과하는 반독점 정책이 필요하다고 주장하였다. 또한 알고리즘 담합, 인간의 직접적인 개입 없이 알고리즘이 시장 참여자 간의 가격 설정을 조율하는 중앙 허브 역할을 수행하는 문제를 지적하였다.[2]

플랫폼 기업에 대한 독점적 인식이 증가하는 가운데, 미국 하원 반독점 소위원회는 2020년 10월에 발간한 「디지털 시장의 경쟁 조사 보고서Investigation of competition in digital market」에서 아마존, 애플, 구글, 페이스북 등 4대 테크 기업이 독점권을 누리고 있다고 결론을 내렸다. 소위원회 보고서는 의회가 디지털 시대에 맞추어 독점 금지법을 개정할 것을 제안했다. 민주당 의원들은 지배적 플랫폼 사업자의 일부 사업을 분리하고, 인근 사업으로 진출하는 것을 금지해야 한다고 주장한 반면에, 공화당 의원들은 플랫폼 기업의 구조적 분할 같은 제안에는 반대한다는 입장을 밝혔다. 한편 반독점 규제 기관들은 지배적 플랫폼 사업자의 합병을 경쟁 방해 행위로 간주해야 한다고 권고했다. 지배적 플랫폼 사업자가 자신들의 서비스를 우대하는 행위를 중지하고, 이들이 제공하는 서비스는 경쟁 사업자와 호환되도록 해야 한다는 권고를 보고서에 수록했다.[3]

플랫폼 기업들이 가치 창출의 원천으로서 데이터를 장악하고 오프라인 시장을 통제하면 과거 소비자들이 누린 편의는 지속되기 어렵다. 플랫폼의 참여자인 소비자와 공급자가 플랫폼 운영에 참여하는 것을 보장하거나 통제권을 행사하는 것이 앞으로 중요한 이슈가 될 것이다.

플랫폼 기업을 넘어 플랫폼 정부로

플랫폼은 혁신과 성장의 유용한 도구로 확대돼야 한다. 플랫폼 기업이 경제에 가장 크게 기여한 점은 공급자와 수요자 사이에 긴 파이프라인으로 연결된 가치사슬을 해체하여 공급자와 수요자가 자유롭게 만날 수 있는 통합된 양면 시장을 만들었다는 데 있다. 플랫폼 안에서 공급자는 소비자에게 직접 선택될 기회를 제공받고, 순식간에 수만, 수백만의 소비자에게 애플리케이션과 같은 디지털 제품과 서비스를 공급할 수 있게 되었다. 공급자들은 다른 경쟁자를 쉽게 파악할 수 있고 공정한 경쟁과 혁신을 추구할 수 있다. 막대형의 가치사슬이 원형으로 변하면서 제품의 개발과 공급이 빨라지고 혁신적인 제품이 등장하고 소비자의 만족도도 높아지는 효과를 가져왔다. 플랫폼의 개설자는 누구에게나 공정하게 적용되는 규칙을 만들어 공급자의 혁신 경쟁을 유도했다. 이는 플랫폼생태계, 플랫폼 경제, 플랫폼 정책이라는 새로운 개념으로 발전하고 있다. 플랫폼은 다른 구성 요소 간의 연결을 강화하여 다양성과 발전을 지원하는 일련의 시스템으로 진화하는 중이다.

전통적인 파이프라인 산업은 공급자와 소비자 사이의 긴 단계로 구성되어 있고 진입이 강력하게 통제된다. 그러나 플랫폼생태계는 공급자와 소비자가 쉽게 진입하고 상호 식별·작용할 수 있으며, 소비자이면서 공급자, 공급자이면서 소비자의 역할을 할 수 있는 장을 제공하고 있다. 또한 다양한 단계의 주체들이 동시에 서로를 만나고 협력하는 길을 열었다. 파이프라인생태계가 단선적 발전을 지향한다면 플랫폼생태계는 복잡한 융합과 창발적 진화를 지향한다. 소프트웨어 개발 문제를 다루는 온라인 플랫폼 탑코더 Topcoder는 전 세계 약 120만 명의 소프트웨어 개발자가 모인 플랫폼으로 진화하였다. 개방성과 최소 범위의 표준화된 규칙을 기반으로 다양한 시도를 허용하는 분위기가 플랫폼생태계의 경쟁력을 강화하고 있다.

독일은 산업계 중심의 인더스트리 4.0을 추진하다가 방향을 바꿔 산업계뿐만이 아니라 과학기술계, 연구계, 소비자, 정책 전문가, 관료 등이 참여하는 '인더스트리 4.0 플랫폼'이라는 발전된 개념을 제시하고 있다. 이러한 흐름에 맞춰 각국 정부도 플랫폼 정부로 변하고 있다. 샌프란시스코 시청의 도시혁신실Mayor's Office of Civic Innovation은 2009년 공공 데이터 개방 정책을 발표했다. 이 정책은 누구나 접근 가능한 오픈액세스Open Access 포털을 통해 데이터를 공유하고, 시민과 기업이 사용할 수 있는 가치 창출 도구 개발을 위한 민관 협력, 삶의 질 개선을 위한 데이터 기반 정책 추진을 목적으로 수립되었다. 정부가 공공 데이터를 개방함으로써 시민들이 이를 활용하여 정책을 개발하거나 새로운 서비스를 만들 수 있도록 플랫폼을 제공하는 정부로 변신을 꾀한 것이다. 이후 많은 시 정부와 중앙정부가 공공 데이터를 개방해 시민들이 시정에 참여하고 직접 서비스를 만들도록 돕고 있다. 미국은 '챌린지challenge.gov'라는 플랫폼을 통해서, 연방정부가 단독으로 해결하기 어려운 과제에 시민들의 아이디어를 공모받고 이를 활용해 문제를 해결하면서 정부가 일하는 방식을 바꾸고 있다. 싱가포르는 2014년부터 '스마트 네이션Smart Nation' 마스터플랜을 추진하여 전자 정부나 정책 포털을 넘어 미래형 도시국가로의 플랫폼으로 진화하고 있다.

우리나라의 경우 모바일 메신저 플랫폼으로 급성장한 카카오톡이 플랫폼의 대표라고 할 수 있다. 카카오톡의 성장에 따라 포털 기능에 치중되어 있던 네이버도 플랫폼 기업으로 진화하고 있고 쿠팡, 배달의 민족 등 다양한 플랫폼 기업이 등장하고 있다. 그러나 한국의 플랫폼 기업은 여전히 글로벌 규모와 비교하면 미약하다. 미국의 경우 구글, 페이스북, 아마존 등 기업가치가 가장 높은 기업들이 모두 창업한 지 20년 내외의 신흥 기업이고 중국도 알리바바, 바이두, 텐센트 등 글로벌 수준의 플랫폼 기업이 있으나 한국은 여전히 전통적인 제조 기업이 대기업군에 포진해 있다.

한국의 플랫폼생태계가 취약한 것은 여러 가지 이유가 있겠지만, 정부 정책의 실패가 결정적이라고 할 수 있다. 2000년대 일어난 인터넷 붐 때 우리나라에도 다양한 서비스가 우후죽순처럼 등장했다. 급속히 팽창한 인터넷 붐이 닷컴 버블로 이어지자 한국 정부는 과열을 막기 위하여 다양한 규제 정책을 만들었는데, 이는 버블이 꺼지는 시기에 찬물을 끼얹는 결과가 되고 말았다. 미국의 경우 붕괴되는 버블 속에서 자연스럽게 옥석이 가려지고, 시장의 자정 기능이 살아나면서 구글 같은 경쟁력을 갖춘 기업이 성장하고, 수년 후에 나스닥 지수가 회복됐다. 그러나 한국은 불씨를 다시 살리지 못했고 2010년 전 세계적으로 모바일 붐이 일 때도 기회를 잡지 못했다. 여전히 우리는 사전 규제의 틀이 강해, 이전에 없던 새로운 사업 모델이 등장할 경우 규제 대상으로 지정되면서 성장의 기회를 놓치는 일이 반복되고 있다.

정부와 관료조직이 새로운 변화에 효율적으로 움직이지 못하는 것도 큰 문제다. 정부는 플랫폼 경제를 주창하고 있지만, 좋은 정책을 만들어내는 플랫폼 정부인가를 되묻게 한다. 파이프라인형 정부가 정책의 일방적인 공급과 추진에 집중하는 정부라면, 플랫폼 정부는 정책의 공급자(정부, 정당)와 소비자(국민, 이해관계자)가 만나 새로운 정책이 생산되고 확산되는 플랫폼 역할을 하는 정부다. 정부 내로 좁혀 봐도 각 부처가 통계와 자료를 공유하고, 정책을 조율하고 창출하는 플랫폼이 마련되어 있는지도 의문이다.

현재 국민의 모든 생활과 경제활동에 영향을 미치는 법정 계획으로 정부가 기본 계획을 수립해야 하는 정책이 330여 개, 종합 계획은 120여 개가 된다. 그러나 인터넷 어디에서도 이런 자료를 한 곳에서 찾을 수 없다. 정책에 관련된 데이터나 정책의 변천, 성과를 분석하는 인공지능 시스템은 당연히 없다. 플랫폼 시대에 정책 플랫폼이 없는 것이다. 이래서야 유능한 정부를 기대할 수 있을까? 정부와 국민, 공공과 민간, 다양한 이해관계자가 정책의 생산과 실행에 참여하는 플랫폼이 필요하다. 플랫폼 시대에 맞춰 정부도 플랫폼 정부가 되어야 한다.

13장

커넥티드
모빌리티 사회

에니악이 처음 등장했을 당시 무게는 무려 30톤에 달했고 크기는 집채만 했다. 한동안 전문가들은 이런 컴퓨터가 세상에 몇 대만 있으면 충분하다고 생각했다. 이 거대한 컴퓨터 간의 통신을 위하여 1969년 인터넷이 개발되었을 때도, 컴퓨터는 우리 일상과는 아무 상관이 없는 다른 세상의 기계였다.

1982년 미국의 시사 주간지 《타임》이 최초로 올해의 인물Time Men of the Year에 사람이 아니라 개인용 컴퓨터를 선정하며 올해의 기계Time Machine of the Year를 발표했을 때도, 언젠가 모든 사람이 컴퓨터를 들고 다닐 것이라고 상상한 전문가는 거의 없었다. 그러나 그로부터 25년이 지난 2007년, 애플이 모바일에 컴퓨터를 더한 아이폰이라는 스마트폰을 세상에 내놓은 후 우리의 일상은 컴퓨터 없이는 살 수 없게 되었다.

스마트폰이 등장하면서 24시간 인터넷과 연결될 수 있는 세상이 열렸다. 그동안 인간의 행동을 제한해 왔던 공간과 시간에서 벗어나, 언제 어디서나 친구와 연락하고, 쇼핑하고, 게임을 하고, 호텔을 예약하고, 자료를 찾아보고, 돈을 송금하고, 건강을 점검하고, 자동차를 빌리고, 빠른 길을 찾을 수 있게 되었다. 사무실과 책상에서 사무를 보는 기계였던 컴퓨터가 내 손바닥 위의 스마트폰이 되어 시공간의 제약 없이 나와 세계를 연결해 주고 있다. 연결되어 이동하는 커넥티드 모빌리티의 세계가 열린 것이다.

실리콘밸리의 미래학자라 불리는 메리 미커Mary Meeker가 발표한 「인터넷 트렌드 2019」에 의하면 미국 성인이 하루 중 디지털 매체를 이용하며 보내는 시간이 2010년 3.2시간에서 2018년 6.3시간으로 증기했고, 그중 모바일 기기 사용 시간은 3.6시간으로 모바일 사용 비중이 절반을 넘었다. 쇼핑만 봐도 전체 소매 판매에서 전자상거래가 차지하는 비중은 10년 전 5%에서 13%로 증가했다. 디지털 방식으로 구매 대금을 지불하는 비중이 59%로 매장에서 현금으로 지불하는 비중인 41%를 넘어섰다. 전 세계 인터넷 사용자는 2011년 20억 명을 넘은 후 매해 9% 이상씩 성장하여 2018년 세계 인구의 절반이 넘는 38억 명에 달하고 있다. 디지털이 기본인 시대가 된 것이다.

최근 인터넷 트렌드 중에 주목할 만한 특징은 2017년부터 스마트폰의 보급이 포화 상태에 달해 증가율이 0%로 내려앉았다는 점이다. 청소년을 포함해 스마트폰을 살 수 있는 사람은 거의 다 보유하고 있다는 뜻이다. 이는 스마트폰을 중심으로 한 커넥티드 모빌리티 1.0의 시대가 마감하고 새로운 시대가 열리고 있다는 방증이기도 하다.

커넥티드 모빌리티 1.0은 모바일을 중심으로 데이터와 정보를 주고받는 사람들 간의 커뮤니케이션에 집중하는 특징이 있다. 반면 커넥티드 모빌리티 2.0은 데이터와 정보에서 센싱sensing과 액팅 acting으로, 온라인 중심에서 오프라인 중심으로, 사람에서 사물로 연결과 이동성이 옮겨 가고 있다는 것이 특징이다. 컴퓨터가 휴대전화에 들어간 것이 커넥티드 모빌리티 1.0이었다면 커넥티드 모빌리티 2.0은 컴퓨터가 자동차, 집, 건물, 도시 등에 들어가는 시대를 열고 있다. 개인을 세계와 연결해 주는 매체가 스마트폰에서 모든 사물로 확대된 것이 커넥티드 모빌리티 2.0의 특징이다

커넥티드 모빌리티 2.0 우리의 행동과 반응하다

사물인터넷은 커넥티드 모빌리티 2.0의 기반 인프라다. 사물인터넷은 센서Sensor와 액추에이터Actuator, 센서에서 수집된 정보를 분석해 액추에이터에 행동을 지시하는 인공지능, 그리고 이들을 연결하는 인터넷으로 구성되어 있다. 사물인터넷은 생산 자동화와 기계의 유지 보수를 지능화시키는 산업 분야에서 먼저 사용되기 시작했다. 사물인터넷은 스마트팩토리의 기계를 제어하고, 항공기 엔진의 상태를 관리하는 기술로 등장하여 제2의 인터넷 시대를 열

었다.

산업 현장의 기계와 사물에서 사용하던 이 기술이 우리의 일상으로 들어오게 된 것은 네스트Nest에서 만든 학습형 온도조절기가 등장하면서부터다. 2011년 스마트 온도조절기가 나온 이후 연기 탐지기, 스마트 초인종, 보안 제품 등 스마트홈 시장은 사물인터넷의 새로운 시장으로 등장했다. 시각, 청각, 촉각, 후각, 미각을 갖춘 조그마한 사물은 주변 환경의 변화를 감지하고, 빅데이터나 인공지능에 기반하여 자율적으로 조치를 수행하는 다양한 제품과 서비스의 등장을 촉진하였다. 이론적으로 전기를 동력으로 하는 모든 제품, 사람이 사용하는 모든 제품은 사물인터넷을 내장할 수 있게 된 것이다. 포크는 섭취한 칼로리를 계산하여 알려주고, 스마트 워치와 침대는 수면 시간과 심장박동을 알려주는 기능이 들어가고 있다.

시장조사 전문기관인 스태티스타Statista는 사물인터넷 세계 시장이 2010년 2400억 달러에서 2019년 1조 7000억 달러로 연평균 24.4% 성장할 것으로 전망했다. 가트너는 2009년까지 전 세계에서 사물인터넷 기능을 갖춘 사물이 9억 개였으나, 2017년에는 84억 개를 기록하고 2020년까지 260억 개로 증가할 것으로 예상했다. BMI리서치는 2050년까지 적어도 400억 개의 사물이 인터넷과 연결될 것으로 전망하고 있다.

여러 사물인터넷 기기와 사람의 인터페이스를 담당하는 장치는 더 이상 스마트폰이 아니다. 커넥티드 모빌리티 1.0 시대의 인터페이스가 손가락이었다면, 커넥티드 모빌리티 2.0 시대의 인터페이스는 사람의 몸 전체로 확대되고 있다. 그 시작은 음성이다. 2011년 10월 아이폰 4S에 음성 비서 서비스 시리가 탑재된 이후 딥러닝, 기계학습과 같은 인공지능 기술이 적용되며 음성인식률이 95%를 넘어섰다. 음성인식 기능은 스마트폰에서 새로운 영역으로 넘어갈 기회를 넘보았다. 2014년 11월 아마존이 새로운 적용처를 찾았다. 아마존이 소리를 내는 스피커 에코에 음성인식 기능을 붙이면서, 사람의 말을 알아듣고 말을 할 줄 아는 똑똑한 알렉사 시스템을 탑재한 것이다.

음성인식 스피커는 전자상거래를 도와주는 비서에서 집 안의 모든 사물인터넷 기기들을 통제하는 허브, O2O 서비스, 헬스케어, 스마트홈 등으로 무한한 확장성을 보여준다. 음성인식 스피커는 구글 어시스턴트, 삼성 빅스비, 네이버 클로바, 카카오 아이 등 인공지능 비서라는 새로운 제품으로 이어지고 있다. 구글은 가전제품, 자동차, 드론, 로봇 등에 구글 어시스턴트를 내장하는 한편 집의 잠금장치, 조명기기, 가습기, 변기, 욕조 등에서도 구글 어시스턴트를 이용할 수 있게 만들었다.

앞으로 음성인식 스피커는 집을 더 안전하게 만들고, 집 안과 그 주변에 있는 사람들을 돌보는 기능으로 확대될 것이다. 가트너는 2016년 기준 7.2억 달러 규모였던 글로벌 인공지능 스피커 시장이 2021년 35.2억 달러로 연평균 37%가 넘는 고성장세를 이어갈 것으로 전망하고 있다.

커넥티드 모빌리티 2.0은 사람을 닮은 사물과 인공지능 로봇이 우리의 일상에 들어오는 방향으로 발전할 것이다. 산업용 조립 공정에 쓰이던 로봇은 이미 서빙, 가사, 돌봄, 반려 등 특화된 기능을 갖추고 우리의 일상을 파고들 준비를 하고 있다. 포장, 포터, 쇼핑 카트 로봇을 비롯하여 맥주 로봇, 에스프레소 로봇 등 서비스 로봇이 등장했다. 청소 로봇에 이어 빨래를 접는 로봇이 등장하는 등 가사 로봇도 다양해지고 있다.

돌봄과 반려 분야에서는 소니에서 개발한 반려견 로봇 아이보 Aibo가 인공지능 기능을 갖추고 있어 사용자와 정서적 유대를 형성할 수 있다. 프랑스 로봇 스타트업 '블루 프로그Blue Frog'가 개발한 가정용 인공지능 로봇 '버디Buddy'는 가족과 대화를 하고 음악을 들려주고, 동영상을 보여주는 한편 집 안을 모니터링하는 기능도 갖추고 있다. 저출산 고령화 시대에 로봇은 인간을 대체하는 존재가 아니라, 인간을 돌보고 인간의 능력을 보완하는 존재로 우리의 일상에 들어오게 될 것이다.

자율주행차와 스마트시티

자율주행차는 오랜 전통의 내연기관 자동차 제조 업체부터 테슬라와 같은 전기자동차 업체, 구글과 엔비디아, 바이두 같은 IT 업체, 우버와 같은 차량 공유 서비스 업체 등 다양한 플레이어들의 각축장이 되고 있다. 자율주행차의 운영체제와 도로 지도, 차량 운행의 통제, 주행 과정상의 데이터 및 차량 탑승자의 데이터를 누가 가져갈 것인가에 따라 미래 모빌리티 시장의 승자가 결정될 수 있기 때문이다. 자율주행차는 차량과 차량 사이뿐만 아니라 차량과 도로 간 소통을 통해 도시 혼잡과 오염을 줄이고 안전성을 높이며 지금의 교통체계를 완전히 바꿀 것으로 예상된다.

운전자가 필요 없는 자율주행차라는 개념에 새로운 도전장을 내민 업체는 토요타다. 2018년 미국 라스베이거스에서 개최된 'CES(국제전자제품박람회) 2018'에서 토요타는 박스형 전기차 e팔레트e-Palette를 공개했다. e팔레트는 모듈 방식의 자율주행 박스카로 사용자가 상황에 맞게 다양한 목적(사무실, 병원, 숙소 및 음식점, 상점 등)으로 활용할 수 있다. 자동차가 이동이 가능한 공간 서비스로 변신한 것이다. 자율주행차가 등장함으로써 이제 자동차는 한 지점에서 다른 지점으로의 단순한 이동수단에서 벗어나 사람을 연결하고, 공간을 연결하고, 사람들의 비즈니스와 생활을 바꾸는 방향으로 진화할 것으로 예상된다.

또한, 자율주행차가 보편화되면 사람들이 이동수단을 소비하는 방식이 차량의 배타적인 소유와 이용에서 이동 서비스 이용으로 바뀔 가능성이 높다. 출퇴근용 카풀 승용차, 레저용 RV차량, 가족 여행용 모빌카처럼 필요에 따라 다양한 유형의 이동수단 서비스를 이용할 것이다. 물류 또한 무인 트럭과 무인 카트, 드론 등으로 도어 투 도어Door to Door 서비스가 등장할 것이다. 이렇게 되면 차를 위한 도로 공간은 대폭 줄어들고 사람의 일상을 위한 공간 중심으로 도시가 재편될 것이다. 나아가 가전제품, 집, 도로, 자동차 등 도시의 요소가 네트워크로 연결된 스마트시티는 커넥티드 모빌리티 2.0의 정점이 될 것이다. 도시 곳곳에 사물인터넷이 설치돼 사람과 언제 어디서나 반응하고 사람을 돌보는 스마트도시는 미래의 일상생활 공간이 될 것이다.

현재 운전자의 개입이 전혀 필요 없는 레벨 5의 자율주행 기술은 거의 완성 단계에 와 있다. 그러나 자율주행에 필요한 고가의 3차원 라이더Lider 센서, 고해상 이미지 센서, 그리고 이 센서들에서 들어오는 방대한 데이터를 실시간으로 처리하고 판단해 운전을 제어할 수 있는 강력한 GPUGraphic Processing Unit와 인공지능 장비 등을 양산하기에는 시간이 더 필요하다. 모바일 매핑mapping 기술을 이용해 초정밀 도로 지도를 오차범위 10센티미터 이내의 3D로 구현해야 하며 시속 100킬로미터 이상으로 달리는 차량 간의 통신 문제도 해결해야 한다. 자율주행 상용차는 2022년이 지나서야 시판될 것으로 예상한다.

5G는 차량 간의 통신, 차량과 도로 간의 통신에 최적화된 기술로 주목받고 있다. 5G는 LTE보다 뛰어난 통신 속성(초저지연성, 초연결성, 초광대역)을 보여준다. LTE보다 20배 빠른 최대 20Gbps의 전송속도와 100Mbps의 이용자 체감 전송속도를 제공하며 약 100만 개 기기에 사물인터넷 서비스를 제공할 수 있다. 5G 시대에는 속도보다 초저지연성이 중요하다. 자율주행차에서 인공지능은 빠른 속도로 움직이는 차량과 실시간으로 소통하고, 결정을 내려야 하기 때문에 지연시간은 사실상 사고로 이어질 수 있다. 따라

서 5G는 자율주행차, 가상현실, 인공지능 등 많은 양의 데이터를 지체 없이 실시간으로 끊임없이 주고받는 커넥티드 모빌리티 2.0 시대를 여는 핵심 인프라가 될 것이다. 이에 세계 각국이 5G 구축에 나서고 있으며, 한국은 2018년 6월 5G용 주파수를 경매하고 2019년 4월 상용화에 성공했으며 2022년까지 5G 전국망 구축을 추진하고 있다.

스마트폰을 통한 연결에서 사물인터넷을 통한 연결로 확장되고, 텍스트에서 음성과 영상으로 서비스의 종류도 늘어나면서 데이터도 기하급수적으로 증가하고 있다. 전 세계 데이터 센터IDC에서 생성되는 데이터양은 2005년 0.1ZB에서 5년 만인 2010년에 2ZB로 20배 늘어났고, 다시 5년 만인 2015년에는 12ZB로, 2020년에는 47ZB로 증가할 것으로 예상된다. 이렇게 급속도로 증가한 데이터는 공유와 최적화라는 새로운 가치를 만들어내고 있다. 교통 데이터는 빠른 길 안내 및 교통 통제의 효율화로, 쇼핑 데이터는 효율적인 생산과 재고 관리로, 개인의 활동 기록은 개인 맞춤형 서비스 등 다양한 최적화로 이어지고 있다.

커넥티드 모빌리티 2.0을 위한 실천 전략

성공적인 커넥티드 모빌리티 2.0으로 가기 위해서는 어떤 전략이 필요할까? 정책적인 측면에서 네 가지 실천 전략을 모색해 보았다.

첫째, 정밀한 사물인터넷 센서 기술에 대한 투자가 필요하다. 사물인터넷의 핵심은 다양한 기능의 센서와 액추에이터이며, 이는 정밀 부품 기술을 필요로 한다. 즉 시각, 청각, 촉각, 후각, 미각 센서의 기술 개발이 중요하다. 각 센서는 공통의 기술을 기반으로 하기 때문에 센서 기술 플랫폼을 구축하여 중소기업이 다양한 사물인터넷 제품을 쉽게 개발할 수 있도록 해야 한다.

둘째, 빅데이터와 개인정보 보호 사이의 절충점을 마련해야 한다. 커넥티드 모빌리티가 늘어나면 늘어날수록 데이터도 늘어난다. 특히 많은 데이터가 개인과 관련된 데이터다. 커넥티드 모빌리티에서 개인정보의 중요성은 더 커지고 있다. 개인의 세세한 데이터가 누적되기 때문이다. 개인정보 보호법이 개정되면서 데이터 활용의 길이 열렸지만, 개인정보는 더 신중하게 다뤄져야 한다. 불법적인 활용, 개인의 자유와 이익의 침해에 대해서는 강력한 규제가 필요하다. 정부도 시민 감시로 이어질 수 있다는 점을 명확히 하고, 데이터 활용의 투명성, 사회적 통제를 강화해야 한다.

셋째, 공공서비스부터 자율주행차 운행을 확대한다. 자율주행차는 개인용 자가용보다는 대중교통과 물류, 공공서비스부터 시작하는 전략을 세워야 한다. 자가용은 예외적인 상황이 많아서 실용화 단계까지 가는 데 해결해야 할 문제가 많다. 대중교통은 정해진 코스를 규칙적으로 운행하기 때문에 예외적 상황을 충분히 예상할 수 있고 통제도 가능하다. 특히 소규모 물류, 택배 등을 위한 카터Carter와 포터 같은 자율주행 로봇은 우리나라가 경쟁력을 가질 수 있는 분야라고 본다.

넷째, 스마트홈과 스마트시티로 발전시키는 큰 그림이 필요하

디지털 쇼크 한국의 미래

다. 커넥티드 모빌리티 2.0은 모든 사물인터넷이 개인 - 집 - 도시로 연결될 때 완성된다고 할 수 있다. 개인의 단말 서비스에서 도시 속에서 생활하는 개인, 시민들을 위한 공공 디바이스와 인프라로 서비스를 설계하는 표준화 작업 등이 필요하다.

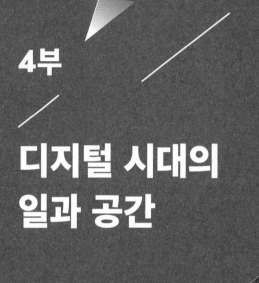

4부

디지털 시대의
일과 공간

14장

신기술의 등장, 기업의 판도가 바뀐다

산업 시대의 주역은 기업이었다. 대부분의 경제활동이 기업을 통해 일어나고 많은 사람이 기업의 일원으로서 소득을 얻고 있다. 기업은 사회에 필요한 경제적 재화를 만들어낼 뿐만 아니라 스스로 사회의 중요한 구성원으로 자리를 잡았다. 그렇다면 디지털 시대에도 기업의 역할은 유지될 것인가? 새로운 시대에 기업은 어떻게 변모할까? 또 인간의 노동은 어떻게 바뀌게 될까?

유형자산에서 무형자산으로, 역전이 일어나는 시대

경제활동의 본질은 재화를 만들어 교환하는 것이다. 재화를 만들어 교환하는 활동, 다시 말해 경제활동은 역사 변동의 핵심 추동력이다. 근대 이후 그 중심에는 기업이 있었다.

기업의 경제활동은 원자재를 구매하여 생산수단(자본)과 노동력을 투여해 제품으로 만든 다음 판매해 이익을 남기는 과정이다. 어떻게 기업조직을 운영해야 투자한 자본과 지불한 비용보다 더 많은 수익을 만들어낼 것인가, 다시 말해 어떻게 가치value가 높은 제품을 만들 것인가는 기업이 생존하고 성장하는 데 핵심 과제라고 할 수 있다. 산업 경제 아래에서 기업은 경쟁자보다 더 낮은 가격으로 제품을 생산하고 더 높은 가격에 판매하기 위하여 대량생산이라는 규모 경쟁을 벌이게 되었고, 기업은 뷰로크라시bureaucracy(관료제) 조직 형태를 취했다. 동일한 제품을 대량으로 생산하는 공장은 동일한 기계를 작동시켜 동일한 작업을 하는 표준화된 노동자 집단(계급)을 등장시켰다.

산업 시대의 경제는 기계, 건물, 현금처럼 물리적 실체가 있는 유형자산tangible assets에 근거한 경제다. 그러나 1990년대를 거치면서 변화가 일어나고 있다. 유형자산 집약적이었던 제조업이 무형자산 집약적으로 변하고 있는 것이다.

무형자산intangible assets이란 물리적 재화가 아닌 지식재산, 아이디어, 지식, 기술, 예술적 콘텐츠, 소프트웨어, 브랜드, 네트워크 및 사회적 관계 등을 의미한다. 특히 선진국에서 무형자산으로 자산의 성격이 이동한 것은 세계화와 정보 통신 기술의 발달에 따른 것이었다. 개도국으로 제조 시설이 이동하면서 선진국의 기업들은 연구개발과 브랜드에 대한 투자를 늘리고, 전 세계에 퍼져 있는 현지 생산 시설과 기업들을 관리하기 위해 경영 시스템 구축에 투자하

디지털 쇼크 한국의 미래

면서 기업가치에서 무형자산이 차지하는 비중이 증가했다.

　무형자산 경제로의 변화를 상징하는 대표적인 기업이 마이크로소프트다. 2006년 당시 마이크로소프트의 시장가치는 약 2500억 달러였는데 유형자산으로 볼 수 있는 공장과 설비의 자산 가치는 단 30억 달러에 불과했다. 유형자산의 가치는 마이크로소프트 장부 가치의 4%에 불과하였고, 시장가치 기준으로는 1%에 지나지 않았다. 당시의 관점으로 볼 때 마이크로소프트는 현대판 기적이었다고 할 수 있다. 전 세계에서 시장가치가 가장 높은 기업들은 2000년대 들어서까지 석유회사, 전자회사, 은행 등이었으나 2010년대 중반 이후부터는 IT 기업 및 플랫폼 기업들로 전면 교체되었다. 이 기업들의 가치 중에서 무형자산이 차지하는 비중은 65~93%에 달한다. 디지털 기업뿐만이 아니라 많은 수익을 내고 성장하는 기업들은 무형자산 비중이 높은 기업이라는 특징을 가지고 있다. S&P 500 기업들의 기업가치에서 무형자산이 차지하는 비중은 1975년 17%에 불과했지만 2018년에는 84%로 크게 증가했다. 그리고 선진국일수록 무형자산 투자가 GDP에서 차지하는 비중이 더 높고, 고용과 해고의 유연성이 높은 나라일수록 무형자산에 더 투자하는 경향을 보인다.

무형자산의 특징과 한계

　영국의 경제학자 조너선 해스컬Jonathan Haskel은『자본 없는 자본주의』에서 다음과 같이 무형자산의 특징을 언급하고 있다. 첫째 무형자산은 확장 가능성scalable이 크다. 유형자산에 기반한 재화는 추가 생산을 하려면 그만큼의 원자재와 노동력을 추가 투입해야 하고, 생산 시설의 한계를 넘으면 막대한 유형자산(토지, 설비 등)을 추가로 투자해야 한다. 이에 비해 무형자산은 추가 생산에 비용이 거의 들지 않는다. 소프트웨어를 개발하기 위해서는 많은 비용이 들지만, 개발된 소프트웨어는 거의 추가 비용 없이 무한대로 복제하여 판매할 수 있다는 특징이 있다. 즉 한계비용이 제로에 수렴하고 확장성은 무한대가 된다. 무형자산의 확장성은 사용자가 많아질수록 효용성이 증가하는 네트워크 효과로 더욱 강화된다. 다만 네트워크 효과는 한쪽으로 크게 쏠릴 경우, 승자독식 현상이 유발될 수도 있다는 점에서 주의가 필요하다.

무형자산의 두 번째 특징은 스필오버spillover, 흘러나가기 쉽다는 것이다. 디자인, 기술, 발명 등의 지식과 아이디어는 개발까지는 오랜 시간이 걸리지만 한번 공개된 이후에는 빠르게 확산되고 이를 쉽게 모방할 수 있다. 그래서 지식재산으로서의 아이디어는 특허권으로 지정하여 20년 동안 보호한다. 그러나 많은 비용을 투자하고 시행착오를 거쳐 개발된 특허는 적은 비용으로도 모방하거나 도용하는 것이 가능하기 때문에 특허 침해의 이슈가 지속적으로 발생한다. 몇몇 기업들이 제조 노하우를 특허로 보호받는 대신 영업 비밀로 공개하지 않는 이유이기도 하다. 하지만 공익적 입장에서 보면 무형자산은 스필오버될 때 사회적 가치가 커진다는 특징이 있다. 사과 한 개를 반으로 나누면 가치도 반으로 줄어들지만,

아이디어는 나누어도 가치가 그대로이거나 오히려 더 커진다. 아이디어는 비경합성과 비배제성을 가지고 있기 때문이다. 예를 들어 무언가를 생산하는 데 필요한 비용을 절감할 수 있는 기술이 있다고 하자. 이 기술을 개발자인 나뿐만 아니라 다른 사람도 쓰게 되면, 사회 전체적인 측면에서 이익은 증가한다. 기술이 보편화되면 나만 가지고 있을 때의 독점적 장점은 사라지지만 사회적 비용이 줄어들어 발생하는 효용은 엄청나게 크다. 그래서 무형자산을 보호하여 연구개발하는 동기를 촉진하면서도 무형자산이 독점되지 않고 스필오버되어 전체 생태계의 효용성을 높이는 선순환 구조를 만드는 것이 공공정책 설계자들 앞에 놓인 쉽지 않은 과제다.

세 번째 특징은 무형자산 투자가 상호 시너지를 일으키는 경향이 있다는 점이다. 무형자산, 특히 디지털 자산은 유형자산보다 융결합되기 쉽고, 적절히 결합되면 가치가 더 커지게 된다. 디지털 기기 아이팟이 소프트웨어이며 서비스인 아이튠즈를 만나서 판매가 증가한 것이 대표적인 예라고 할 수 있다.

그러나 무형자산에 긍정적인 측면만 있는 것은 아니다. 무형자산의 경우 원하는 성과를 얻지 못하면 그동안 들어간 노력과 비용을 회수하는 것이 극히 어렵다. 투자한 비용이 곧 매몰sunk비용이 된다는 점은 부정적인 측면이다. 유형자산은 부지나 장비를 팔아 일부라도 회수할 수 있으나, 기술과 소프트웨어 개발이나 영화 제작에 지출한 비용은 시장의 수요로 연결되기 전까지는 회수하기가 어렵다. 막대한 개발비를 들여 게임을 개발하였는데, 이용자가 없다면 그 게임은 아무런 가치가 없는 콘텐츠에 지나지 않는다. 반면에 성공하면 확장성 덕분에 엄청난 이익을 얻게 된다. 또한 무형자산은 그것을 만드는 데 들어간 지식이나 기술이 노동에 체화되기 때문에 무형자산을 따로 떼어 팔거나 회수하기 어렵다는 특성이 있다. 특허는 구현된 기술이나 아이디어에 대한 권리라서 매매가 가능하지만, 특허와 관련된 노하우는 사람을 통해서 이전되기 때문이다.

디지털 경제에서 새롭게 등장한 가능성들

이와 같은 무형자산의 특징은 디지털 경제에서 다음의 특징을 발생시킨다. 핵심적인 디지털 재화만 잘 만들면, 일반적인 기업에서 필요한 원자재 구매, 물류, 마케팅 등의 여러 과정이 불필요해진다. 디지털 재화는 최소 생산량은 물론이고 최고의 수익을 내는 적정 생산량이라는 규모 경제의 제약도 받지 않는다. 오지에 있는 작은 기업이라도 추가적인 비용을 지불하거나 지사를 설립할 필요 없이 플랫폼을 이용하여 순식간에 글로벌 수준의 시장을 확보할 수 있다. 2014년 페이스북이 190억 달러에 인수하여 화제를 모았던 왓츠앱WhatsApp은 2009년 2명의 공동 창업자가 개발한 모바일 메신저 개발사로, 불과 5년 만에 직원이 55명으로 늘어나고 3억 명의 사용자가 하루에 500억 건의 메시지를 주고받는 애플리케이션으로 성장했다. 세계에서 제일 큰 통신회사였던 미국의 AT&T가 1970년에 거의 100만 명의 직원들이 5500만 명의 가입자를 관리했던 것에 비하면 디지털 기업의 성장 속도와 확장성을 짐작할 수 있다.

또한 특정 분야의 마니아만을 위한 재화라고 해도 세계 시장에서 소비자를 모을 수 있기 때문에 적정 규모의 소비자를 확보할 수 있다. 아프리카 오지에서 만든 수제품을 오프라인 매장에서 팔면 몇 개 못 팔겠지만, 인터넷으로는 독특한 제품을 찾는 전 세계 구매자를 대상으로 몇십 배, 몇백 배 더 많이 팔 수 있을 것이다. 80%의 사소한 다수가 20%의 핵심 소수보다 뛰어난 가치를 창출한다는 이론인 롱테일 법칙Long Tail theory이 가장 잘 통하는 곳도 인터넷이다. 결국 디지털 경제에서는 작은 기업이라도 순식간에 글로벌 기업이 될 수 있고 기존 기업들에는 눈에 보이지 않던 경쟁자(스타트업)가 등장하고 있다.

산업 경제에서 기업의 경쟁력은 표준화된 제품을 대량생산하여 원가를 절감하는 데 있었다. 그런 만큼 유형자산의 가치가 큰 비중을 차지했다. 전통 제조업의 가치사슬은 산봉우리 형태였다. 중간에 있는 제조·조립 과정에서 높은 부가가치를 얻고 양 끝에 있는 연구개발 및 유통·서비스에서는 상대적으로 낮은 부가가치를 얻는 형태였다. 그러나 무형자산이 높은 비중을 차지하는 디지털 경제에서는 가치사슬의 양 끝에 위치한 연구개발과 유통·서비스 과정에서 높은 부가가치를 얻고 중간 과정인 제조·조립에서는 상대적으로 낮은 부가가치를 얻는다. 산봉우리 모양이 뒤집힌 스마일 커브 형태다. 기업의 경쟁력이 연구개발과 지식재산, 브랜드라는

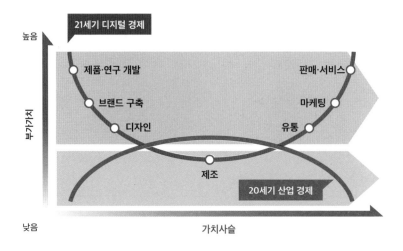

[기업의 가치사슬과 스마일 커브]

21세기 디지털 경제

높음

부가가치

제품·연구 개발

브랜드 구축

디자인

제조

판매·서비스

마케팅

유통

20세기 산업 경제

낮음

가치사슬

무형자산으로 옮겨 간 것이다. 단적으로 애플은 아이폰을 위탁 생산하는데 애플이 판매액의 60%를 가져가고 위탁 생산 회사는 단 2%만을 가져간다. 제조·생산보다 제품 개발, 디자인, 브랜드 등에서 부가가치를 얻고 있는 극단적인 경우다.

디지털 경제 시대의 기업 역량

지식재산의 가치가 높아진 무형 경제, 디지털 경제 시대에 기업은 어떻게 경쟁력을 확보할 것인가? 가장 중요한 것은 무형의 지식재산을 만들어내는 역량이다. 지식재산은 주로 연구개발과 브랜드 가치에 의하여 형성되기 때문에 인재에 의존하는 경향이 높다. 브랜드 가치는 소비자의 경험을 통해서 형성되기 때문에 소비자의 행태를 이해하고 소비자가 원하는 것을 읽어내는 능력을 요구한다. 연구개발과 동시에 소비자와의 밀접한 교류가 중요해진 시대가 되었다.

기업의 경쟁력을 강화하는 첫 번째 조건은 연구개발과 브랜드를 통합적으로 디자인할 수 있는 역량이다. 원천 기술은 소비자와 거리가 먼 대학 실험실에서도 나올 수 있지만, 상업적인 기술은 소비자와 밀접한 관계 속에서 개발되어야 한다. 이 두 가지가 결합해야 가치가 높아지는 시대가 되었기 때문이다. 그래서 개발자와 운영자가 협력하는 소프트웨어 개발 방법론인 데브옵스DevOps, Development and Operations 모델이 기업 운영 모델로 확산되고 있다. 즉, 개발이 끝난 후에 운영 단계로 넘어가는 것이 아니라 개발팀과 운영팀이 칸막이를 걷어내고 개발과 운영 단계에서 긴밀하게 협력하는 것이 중요해졌다는 뜻이다. 또한 리빙랩Living Lab이라는 개념도 확산되고 있다. 리빙랩은 연구자가 연구실 안에서 연구를 진행했던 방식에서 벗어나 수요자가 직접 연구에 참여해 함께 문제를 풀어나가고 결과물을 만드는 개방형 실험실이라는 개념으로 현실의 요구를 잘 반영하는 방법이라고 할 수 있다.

두 번째는 빠르게 움직일 수 있는 애자일Agile 조직 역량이다. 지식재산, 특히 디지털 지식재산은 빠르게 확산될 수 있지만 동시에 투자비가 매몰되는 성격이 있다. 이는 시장의 불확실성이 높다는 것을 의미한다. 따라서 빠르게 소비자와 시대적 변화를 감지하고, 최소 기능 제품Minimum Viable Product을 고객에게 선보여 고객의 피드백을 받아 기능을 향상시키는 것이 매몰비용을 최소화하는 전략이 되고 있다. 마니아에게 베타 제품을 공개하고, 피드백을 받아 성능을 향상시킨 후 일반 대중에게 공개하는 전략이다. 애자일 조직 역량은 동시에 긴밀한 커뮤니케이션과 협업 역량을 요구한다.

세 번째는 불확실성과 우연성을 역으로 경쟁력으로 만들 수 있는 창발적emergent 역량이다. 지금은 산업 경제에서 디지털 경제로 패러다임이 전환되는 시기다. 이전에는 보이지 않았던 것이 어느 순간에 갑자기 나타나는 불확실성과 우연성이 커졌다. 창발적인 환경에 대응하는 방법은 조직도 창발적인 조직이 되는 것이다. 작은 단위에서의 변화를 적극적으로 수용하여 커다란 흐름을 만들어내는 방법이다. 업무 시간 중 일정 시간을 업무와 관련이 없지만, 흥미 있는 일을 시도하며 보낼 수 있게 보장하는 3M의 '15% 룰'과 구글의 '20% 타임제'는 바로 이러한 시대적 변화를 반영한 것이다. 소비자 조사와 기획팀이 따로 있더라도 모든 직원이 소비자와 시장 변화에 주목하고 새로운 흐름을 포착하여 기획할 수 있는 역량을 갖추는 것이 조직의 경쟁력 강화에 중요한 시대가 되었다.

네 번째는 위험을 회피하는 전통적 포트폴리오 투자가 아니라 위험을 감수하는 도전적 투자다. 유형자산 기반의 산업 경제 시대에는 자본이나 노동력 같은 투입 요소를 잘 관리하면 성공이 보장되었다. 그러나 무형자산 기반의 디지털 경제 시대에는 이런 방법이 통하지 않게 되었다. 예상치 못한 제품이 시장을 장악하는 현상이 빈번하게 일어나는 곳이 디지털 경제다. 산업 시대에 기업이 성

디지털 쇼크 한국의 미래

공하려면 모든 투자가 실패하지 않고 골고루 운영되어야 했지만, 이제는 다수가 실패하더라도 한두 개가 크게 성공하면 전체의 손실을 만회하고도 남는 시대가 되었다. 조직원들이 무난한 성과를 내는 문화로는 더 이상 경쟁력을 유지할 수 없다. 조직원 여러 명이 1의 성과를 내더라도 다른 누군가는 100의 성과를 내도록 투자하는 방식의 접근이 필요하다. 불확실한 상황에서 위험을 무릅쓰고 새로운 시도를 하도록 장려하는 문화와 조직 운영이 필요하다. 정량화된 기준을 갖춘 기존의 평가는 직원들을 실패하지 않고 안전한 길로 가도록 한다. 이를 극복하는 방식은 개별 평가를 없애고 조직 단위로 성과를 평가하여 위험을 감수하고 도전하는 협력 문화를 만드는 것이다.

기업조직, 매트릭스 조직으로 변화해야

새 시대에 맞는 새로운 역량을 확보하기 위하여 기업조직의 구조는 어떻게 바뀌어야 할 것인가? 이에 대해 논의하기 위해서는 소비시장의 변화와 조직에서 개인의 업무 방식 변화를 동시에 고려해야 한다. 우선 소비시장에서는 고객의 취향이 다양화되고 개인의 세분화된 요구에 적합한 맞춤형 제품과 서비스가 요구되고 있다. 이러한 다양한 요구의 증가는 몇 가지 한정된 재화를 소유하기보다는 다양한 재화를 필요에 따라 사용할 수 있는 공유(임대·구독) 서비스로 이동하고 있는 것과도 맥을 같이한다.

조직 속에서 개인의 업무 방식 변화는 디지털 기술의 발달과 관런이 있다. 정보 유통이 쉬워지면서 누구나 쉽게 제약 없이 저렴한 비용으로 정보를 얻을 수 있게 되었다. 즉, 말단 직원이든 간부 직원이든 동일한 정보를 접하는 시대가 되었다는 뜻이다. 정보 장벽의 붕괴와 더불어 개인이 활용하는 도구의 통합성과 역량이 강화되었다. 컴퓨터 하나면 어떤 정보든지 입수할 수 있고, 어떤 업무 프로세스에도 접근할 수 있으며, 통합적으로 업무를 처리할 수 있다. 여러 직원이 매달렸던 일을 한 명이 컴퓨터로 다양한 업무 프로그램을 이용하여 처리한다. 디지털 시대에 다양한 디지털 기기와 네트워크로 연결된 개인의 역량 강화는 직원의 역량이 커지는 것을 의미한다. 이전보다 적은 인원이 팀을 이뤄 업무를 처리할 수 있다. 팀 내에서는 더욱 긴밀한 커뮤니케이션과 협업이 필요하다.

직원의 업무 역량 강화, 기업의 애자일 역량, 소비자 요구의 다양화는 기업에 매트릭스Matrix 또는 플랫폼 조직으로의 변화를 요구하고 있다. 기업은 최대한 다양한 제품을 생산하고, 개발과 운영을 통합하고, 지식재산의 역량을 강화하고, 민첩하게 움직여야 한다. 그런 기업이 되는 방법은 플랫폼 조직, 매트릭스 조직으로 조직 구조를 변화하는 것이다. 다양한 제품별로 구분되어 사업을 수행하는 작은 규모의 부서 조직이 지식재산이라는 공통의 과제 위에서 움직이는 모습이다. 하나의 사업 부서가 시장의 변화에 민감하게 반응하며 제품 기획부터 개발, 운영, 마케팅 등의 기능을 담당하는 직원으로 구성되고, 각 기능을 담당하는 직원들은 동시에 전문적인 지식센터에 소속되어 경험을 교류하고 기능적인 역량과 해결 역량을 강화하는 방식이다. 예를 들어 자율주행차 시대가 되면 사람들은 차량을 소유하는 대신 공유 서비스를 이용하고 용도에 따라 다양한 차종을 이용할 것이다. 기업은 여러 차종을 개발하는 부서로 분화되고, 그러면서도 엔진과 차체車體와 같은 공동의 핵심역량을 강화하기 위한 기능별 연구개발센터, 지식센터의 역할도 커지게 된다. 기업도 플랫폼, 매트릭스 조직으로 변화하는 것이다.

디지털 시대의 기업의 미래

경제학자이자 노벨상 수상자인 로널드 코스는 「기업의 본질」에서 기업은 거래비용 최소화를 위한 수단으로 등장했다고 보았다. 기업이 필요할 때마다 생산에 필요한 원자재와 노동력을 시장에서 구매하면 적절한 대상을 찾는 탐색과 거래에 비용이 발생하기 때문에 기업은 이 요소들을 기업 내부에 상시로 확보해 두려 한다. 이러한 기업의 거래비용 절감 형태는 수직적 통합이라는 기업 규모를 키우는 동기가 되었다. 코스의 논문이 발표된 지 30년 이상이 지난 후 또 다른 노벨상 수상자 올리버 윌리엄슨Oliver Williamson은 코스의 논문을 바탕으로 기업 경영자가 외부의 단기 노동 시장에 의존하지 않고 기업 내부의 계층구조에서 고용 문제를 해결함으로써 기회주의와 조직 정체의 문제를 제한할 수 있다고 주장했다. 고용계약도 단기 임시직 계약에서 장기 정규직 계약으로 변경되면서, 기업 내부화된 노동자에 대한 통제와 관리를 강화하는 방식으로 기업이 성장했다고 볼 수 있다.

그러나 디지털 기술의 발달과 이에 따른 플랫폼의 발달은 외부 시장에서 자원을 조달하는 데 필요한 탐색과 거래 비용을 획기적으로 줄여주고 있다. 1980년대부터 미국 제조기업들이 아웃소싱 outsourcing을 시작한 것은 기업에서 필요한 기능을 외부 시장에서 조달하는 데 드는 비용이 저렴해졌다는 것을 의미한다. 물론 당시 제조 공장의 개도국 이전으로 기업이 핵심역량만을 보유하고, 정보기술로 외부 인력을 관리하는 것이 가능해졌기에 이루어진 일이다. 이는 기업에 핵심적이지 않은 다른 기능들을 아웃소싱해도 추가적인 비용이 들지 않고 오히려 이익이 된다는 환경의 변화가 반영된 것이다. 이러한 변화는 플랫폼의 발달로 더욱 가속화되고 있으며, 고용의 형태도 필요할 때 인재를 계약직으로 채용하는 방식 (긱 이코노미 등)으로 바뀌고 있다.

그럼 미래의 기업 형태는 어떻게 변할 것인가? 수렵채집에서 농경사회로, 다시 산업사회로의 발전을 반추해 보면 경제활동 단위의 규모는 점차 축소되었고 단위들이 모인 범위(연결)는 확대되었다. 이런 추세는 디지털 시대에 더욱 가속화될 것이다. 기업 내에서도 부서의 규모는 작아지고 개인의 역량이 커지는 흐름이 계속되면 결국 소규모 팀이나 개인이 기업과 같은 역할을 하는 시대가 된다. 동시에 전통적인 기업은 이러한 소규모 팀이나 개인들에게 공통의 자원을 제공해 주는 공유재, 플랫폼과 같은 성격으로 변한다. 기업의 결속력은 약해지고 동시에 느슨하게 연결된 단위들이 늘어나는 것이다. 기업의 핵심역량은 통제 및 관리에서 협력 및 조정으로 변하게 된다. 기업은 필요에 따라 수시로 다양한 인재들을 조합하여 부서를 만들어주고 지원하는 프로젝트 관리 기관으로 성격이 바뀔 것으로 보인다.

나아가 경제활동을 위한 공유재를 제공하는 플랫폼 기업은 범위가 더 확장되어 도시 속의 공유재로 진화할 것이라고 본다. 도시가 많은 기업들을 연결하여 협력하도록 하는 플랫폼 역할을 하게 된다. 도시 내에 많은 소규모 기업과 개인이 필요에 따라 모이고 협력하고 과제가 끝나면 해체되는 시대가 될 것으로 전망한다. 이렇게 기업의 성격이 변할 때 도시 내 경제활동 인프라의 중요성도 커질 것이다. 도시 속에 있는 산업 분야의 클러스터나 플랫폼생태계의 경쟁력이 도시와 국가의 경쟁력이 되는 시대가 도래할 것이다.

15장

도시 생활의
지각 변동

인간의 활동 공간은 집에서부터 마을, 도시, 국토까지 확대될 수 있지만, 일상생활과 경제활동을 하는 주된 공간은 도시로 한정된다. 도시는 일반적으로 생산 활동뿐만 아니라 문화, 사회적 상호작용, 혁신의 중심지로 기능해 왔다. 도시의 기능은 앞으로도 크게 변하지 않겠지만, 도시의 모습은 시대에 따라 변화해 왔다.

윈스턴 처칠은 영국의 국회의사당을 가리키며 이런 말을 남겼다. "우리는 건물을 만들고, 건물은 우리를 만든다." 건물의 공간 구조가 그 건물의 성격을 드러내고, 이는 다시 사람들의 행동에 영향을 미친다는 의미다. 공간이 우리에게 영향을 미치기 때문에 우리가 어떤 공간을 만드느냐에 따라서 우리의 행동도 바꿀 수 있다는 의미도 된다. 건물의 천장이 높으면 창의성이 높아지고 천장이 낮으면 집중에 도움이 된다는 연구 결과는 공간이 인간에게 미치는 영향을 밝혀낸 대표적인 사례다. 산업화 시대에 우후죽순 세워진 뉴욕 맨해튼의 고층 건물들이 대량생산 시대를 주도한 대기업의 계층적 위계질서를 상징한다면 실리콘밸리에 위치한 애플과 페이스북, 구글의 낮은 층수의 사옥은 수평적 네트워크 시대를 상징한다.

『비트의 도시』 저자인 윌리엄 미첼은 윈스턴 처칠의 말을 빌려 "우리는 네트워크를 만들고, 네트워크는 우리를 만든다"라고 했다. 네트워크, 컴퓨터와 인터넷으로 대표되는 디지털은 우리를 만드는 중요한 동력이 되었고 더불어 도시의 모습을 바꾸는 주요한 요인이 되었다.

디지털 시대에 어떤 도시를 만드느냐는 생산, 문화, 사회적 상호작용, 혁신에 영향을 미치게 된다. 코로나19는 디지털 시대로의 전환을 가속함과 동시에 도시에서의 우리의 삶과 일에 대한 성찰과 반성을 요구하고 있다. 미래에는 어떤 도시가 등장할 것이며 우리는 어떤 도시를 만들어야 할까? 이 문제에 대한 답을 찾기 위해 사람들이 도시를 만든 이유를 살펴보고자 한다.

사람들은 왜 도시를 만들었을까?

인류 최초의 도시는 기원전 3000년경 지금의 이라크 지방에 해당하는 수메르에 세워진 우르Ur로 보고 있다. 수렵채집과 농경시대의 집단 거주지는 도보 가능 거리와 가축을 이용한 생산 활동(농경, 사냥)의 범위를 벗어나기 어려웠기 때문에 소규모로 넓게 분산되었다. 이러한 한계에서 벗어난 새로운 공간의 등장이 도시의 시작이다. 새롭게 등장한 공간은 생산 활동과 분리되어, 신을 모시는 신전으로 시작해 통치 계급이 거주하는 공간으로 발전했다. 신을 모시고 제사를 지내는 신전은 공동체의 결속을 이뤄내고 통치와 권력의 정당성을 부여하는 상징의 공간이었다. 도시는 권력층의 힘이 커지면서 신전을 중심으로 통치를 담당하는 역할이 강화되며 성장했다. 지배층의 권력이 커지면 통치 기능도 세분화되어 관료가 늘어나고, 이들을 보필하는 병사와 노예도 늘어나 도시의 인구가 증가했다. 그리고 통치의 중심인 권력을 지키기 위하여 도시 외곽에 성벽을 쌓아 일반적인 집단 거주지보다 방어 기능이 더 강화된 모습을 갖추게 되었다.

도시는 인근에 있는 생산 활동 기반의 집단 거주지로부터 생활에 필요한 식량을 공급받음으로써 수십 또는 수백 명 규모의 분산된 주거지보다 훨씬 많은 인구가 거주할 수 있었다. 외부에서 잉여 생산물을 얻을 수 있기 때문에 높은 인구밀도라는 도시의 특성이 형성되었다. 높은 인구밀도는 시민들 간의 의사소통과 상호작용을 활발하게 하여 문명civilization이 탄생하는 토대가 되었다. 도시학자들은 인간의 상호작용과 의사소통의 중심지로서 등장한 도시가 문명의 탄생을 촉진하는 공간으로 성장하며 사람들을 끌어들이는 요인을 확보했다고 보고 있다.

많은 사람이 모인 도시에서는 새로운 문물이 빠르게 전파되고 혁신의 혜택을 받는 사람도 많아진다. 이는 혁신에 대한 보상은 크고 비용은 낮추는 효과가 있다. 다양한 견해를 가진 많은 사람이 모여 같은 문제의식을 공유하면 독창적인 해결 능력도 향상되기 마련이다. 고대 도시에서는 대부분의 혁신이 식량 생산과 연관되었기 때문에 혁신은 다시 인구 증가로 이어졌다. 이러한 도시의 혁신 시스템에서 문자를 비롯하여 종교와 정치라는 정교한 통치 체계, 상거래 체계, 공예와 기술 등 문명이 탄생하고 발달할 수 있었다. 문명은 바로 도시화에서 탄생하였다.

시대의 흐름에 따라 변화하는 도시의 성격

고대의 도시는 통치 역할을 하는 공간이었다. 권력층의 집단 거주지였기 때문에 일반 대중의 삶의 터전 혹은 주요 경제활동의 공간은 아니었다. 고대 도시에서 이루어진 경제활동은 세금 징수, 국가를 운영하기 위한 물품의 생산과 구매, 통치자들을 위한 사치품 거래 등으로 제한적이었다.

이후 수천 년이 지나서 경제활동의 중심지로 중세의 도시가 등장한다. 고대 도시가 통치자들에 의해 만들어졌다면, 중세 도시는 장인이 만들었다고 할 수 있다. 공예품과 기구 등을 만들던 장인 집단이 생산물에 대한 수요가 일정 규모를 넘어서자 분업을 시작했고, 관련 분야의 장인들끼리 모여 살면서 장인 공동체가 만들어진 것이 중세 도시의 기원이다. 특히 장인들이 터를 잡고 상점을 운영하던 시장은 중세 도시가 등장하는 데 중요한 역할을 하였다.

11~13세기 유럽 북서부와 북부 이탈리아를 중심으로 상인과 수공업자들이 주도하여 생산자 도시를 조성했으며, 이들은 동업 조합 성격을 갖는 길드Guild를 조직하여 도시의 운영에 참여하였다. 전문 대학이 설립되고 장인과 상인을 비롯하여 관료, 성직자, 학자, 예술가들이 어울려 살면서 중세도시는 새로운 아이디어와 사상, 혁신의 중심지로 떠올랐다. 도시에서 사람들은 봉건적인 사회구조에서 벗어나 자유로운 개인으로 다시 태어날 수 있었다. 결국 농업 생산물의 소비도시였던 중세 도시는 종교개혁과 문예혁명, 과학혁명, 르네상스를 주도하며 농업경제에 기반을 둔 중세의 봉건체제를 무너뜨리고 근대를 여는 세력의 근거지가 되었다. 그러나 여전히 중세 시대 전 기간에 걸쳐 인구 대부분은 농업에 종사하며 농촌에 거주하고 있었고, 도시민은 소수에 불과하였다.

근대도시는 산업혁명의 결과로 탄생했다. 도시에 거주하던 장인은 발명가로, 지주는 자산가 혹은 더 나아가 근대적인 기업가로 변신하여 공장이라는 대량생산 체계를 구축하는 데 협력하였다. 수공업이 거대한 기계가 돌아가는 공장제 산업으로 대체된 것에는 증기기관의 발명이 큰 역할을 했다. 인간의 경제활동은 식량 생산이 주목적인 농업에서 벗어나 생활용품을 생산하는 제조업으로 전환되었다. 기업가들은 원료, 에너지를 구하기 쉽고 소비자가 많은 곳에 공장을 지었고, 사람들이 일할 곳을 찾아 공장 인근으로 몰려들면서 노동자들이 집단으로 거주하는 지역이 도시로 변했다. 또한 노동자들이 기존 도시의 주변에 집단으로 거주하기 시작하면서 도시가 확장되거나 새로운 도시가 형성됐다.

산업혁명 초기에 폭발적으로 확대된 도시는 열악한 노동자들의 생활 여건을 그대로 드러내 오염과 질병이 창궐했다. 그러나 점차 상하수도와 위생 시스템, 오염을 내뿜는 공장과 주거지역의 분리 등 도시계획이 도입되면서 도시는 안전한 생활의 중심지, 일반 대중의 기본적인 생활 공간으로 바뀌게 된다. 이러한 과정을 거쳐 도시는 산업의 중심지이자 노동자와 기업가, 발명가, 학자, 관료 등이 어울려 사는 경제활동의 중심지로 자리 잡았다.

근대도시는 기업가들이 만든 도시라고 할 수 있다. 산업화는 곧 도시화였으며, 교통과 통신의 발달은 도시의 규모를 더욱 확대시켰다. 1700년경만 해도 도시 거주자는 전 세계 인구의 3%에 불과했지만, 이제는 산업화된 국가의 80~90% 인구가 도시에 거주하는 시대가 되었다.

위기를 맞은 산업도시, 문화지식도시로의 변화를 꾀하다

제조업과 함께 성장하던 도시는 현대에 들어 위기에 직면했다. 세계의 대장간으로 불리던 철강 도시 미국 피츠버그는 1970년대와 1980년대 미국 철강산업의 쇠퇴기에 공장들이 문을 닫으며 실업률이 치솟고 유령도시로 전락했다. 세계 자동차산업을 석권하던 자동차 도시 디트로이트는 GM, 포드 등 자동차 기업들이 떠나면서 인구가 전성기 때의 3분의 1 수준인 70만 명으로 줄어들고 파산을 선언하였다. 중공업과 제조업에서 중요한 역할을 담당하던 디트로이트, 피츠버그, 필라델피아, 볼티모어, 멤피스 등 미국의 중서부와 북동부의 일부 지역이 러스트벨트Rust Belt(쇠락한 공업지역)로 전락했다. 공장들이 개도국으로 이전하면서 러스트벨트 지역의 고용이 대폭 줄어들고, 수많은 실업자를 양산하면서 도시 경제도 침체하는 악순환이 계속됐다. 특히 단일 업종 산업, 대규모 공장 중심으로 성장한 산업도시들이 더 큰 타격을 받았다.

미국만이 아니고 산업혁명의 발상지인 영국의 맨체스터와 리버풀을 비롯해 스웨덴의 말뫼, 스페인의 빌바오 등 세계의 산업도시들이 침체를 겪고 몰락했다(말뫼와 빌바오는 우리나라의 조선업과 중공업에 밀려 쇠락의 길을 걸었다). 일본(1960년대)과 우리나라(1970년대), 뒤이어 중국(1980년대)에서 중화학공업을 육성하고 선진국의 공장들을 유치한 것이 결국 선진국 산업도시의 몰락을 앞당겼다고 할 수 있다. 지금은 우리나라의 대표적인 중화학 공업도시인 울산, 거제, 군산이 중국으로 대표되는 후발국에 가격 경쟁력을 잃으면서 위기에 처해 있다.

제조업으로 번성했던 산업도시 대부분이 어려움에 처해 있지만, 일부는 변신에 성공해 부활하고 있다. 맨체스터는 버려진 공장 터를 디지털미디어 산업 클러스터로 만들었고, 빌바오는 구겐하임 미술관을 유치하여 문화도시로 탈바꿈하는 중이다. 많은 산업도시가 공장과 기계 등의 산업유산을 문화산업의 핵심 콘텐츠로 변신시켰다. 피츠버그는 철강업 대신 의료, 생명공학, 교육, 로봇공학, 금융 등 지식산업을 지원하면서 글로벌 기업들의 본사를 유치하고 있다. 산업폐기물이 넘쳐나던 피츠버그는 세계에서 가장 깨끗한 도시, 미국에서 가장 살기 좋은 도시로 꼽힐 만큼 사회·경제·교육·환경 면에서 살기 좋은 도시가 되었다. 미국의 보스턴은 1900년대 초반까지 미국에서 가장 큰 제조업 중심지 중 하나로 의류 및 가죽제품의 생산지였지만 지금은 금융과 관광, 특히 세계 최고의 바이오산업의 중심지로 등장했다.

제조업과 함께 몰락하지 않고 첨단, 금융, 바이오, 관광 등의 도시로 변신하며 지속적으로 성장하는 도시들의 성공 요인은 문화와 지식경제 도시로의 전환에서 찾을 수 있다. 특히 이를 주도한 대학과 연구기관, 창의적인 인재들의 역할이 컸다. 단일 산업과 단일 기업이 도시 경제의 대부분을 장악하던 도시, 연구 역량이 있는 대학을 확보하지 못한 도시, 창의적인 인재들을 끌어들일 수 있는 문화가 없는 도시들은 새로운 산업, 특히 지식산업으로의 전환에 어려움을 겪고 있다. GM과 포드 등 몇몇 자동차 대기업에 집중되었던 디트로이트와 달리 실리콘밸리와 보스턴은 다양한 기업이 새로 등장하는 기업가정신이 발현되면서 지속적인 산업 변화에 성공하고 있다.

산업 전환에 성공한 도시들은 기존 산업과 관련된 핵심 기술을 시대적 변화와 새롭게 부각되는 산업에 맞게 전환하거나, 주력 산업의 고도화, 다각화 또는 과감한 포기를 택했다. 이와 같은 경험을 바탕으로 유럽연합 집행위원회는 각국에 스마트 전문화Smart Specialization 전략을 제안하고 있다. 전 세계를 시장으로 하는 국제적 관점과 지역 여건을 고려해서 지역 내 혁신 기반을 전문화한다는 전략이다. 또한 단일 산업 클러스터보다는 복합 산업 클러스터를 조성하도록 권장하고 있다.

도시의 혁신역량은 어디에서 오는가

지식도시와 문화도시가 혁신의 중심지로 떠오르고 있는 상황에서 도시의 확장이 계속해서 혁신의 강화로 이어질 수 있을까? 세계적인 복잡계 연구기관인 미국 샌타페이연구소의 제프리 웨스트Geoffrey West 박사는 『스케일』이라는 책에서 도시의 인구수가 늘어날수록 도시의 혁신역량도 함께 증가한다고 밝혔다. 그는 도시의 크기가 2배로 커지면 도시의 GDP, 임금, 혁신 등은 2배로 증가하는 것이 아니라 15% 증가하는 '15% 규칙'을 따른다고 주장하였다. 또한 체계적인 규모의 경제가 작동하여 도시가 2배로 늘 때마다 도시에 필요한 도로, 주유소 등은 오히려 약 85%만 증가해, 도시에 필요한 시설의 약 15%가 절약된다고 했다. 따라서 도시가 더 클수록 혁신적인 '사회적 자본'이 더 많이 창출되고, 그 결과 시민들은 상품, 자원, 아이디어 등을 더 많이 생산하고 소비하게 된다. 이것은 도시의 발생 원인인 인구밀도가 높아지면 사람들 간의 상호작용이 증가하여 더 창조적이고 혁신적인 이벤트가 발생할 수 있다는 것을 증명한다.

그러나 도시의 확대가 긍정적인 면만 가져오는 것은 아니다. 긍정적인 지표와 거의 같은 수준으로, 인간의 사회적 행동이 보이는 부정적인 지표도 함께 증가한다. 도시의 크기가 2배가 되면 범죄, 오염, 질병 등도 그만큼 증가한다. 도시의 규모가 어느 정도가 될 때 긍정적인 면과 부정적인 면이 상쇄되고 긍정적인 면이 더 부각되는가에 대해 아직은 답하기 어렵지만, 무조건 도시를 확장하고 대도시화를 추진하는 대신 적절한 도시 규모를 찾는 노력이 필요하다는 것만은 분명해 보인다.

결국 지금은 도시의 규모가 아닌 도시에서의 상호작용 밀도가 중요한 셈이다. 도시의 성장에 중요한 역할을 하는 곳은 도심지downtown다. 19세기 말 도심지는 사람들이 일하고 쇼핑하러 가는 곳, 상업지구를 지칭하는 용어로 사용되었다. 도시의 중심인 도심지는 도시와 인근 지방을 이끄는 경제 엔진이었다. 매일 많은 노동자와 비즈니스맨, 고객, 쇼핑객들이 도심지를 오갔다. 도심지는 주요 공공기관과 시설이 위치한 경제 엔진으로 도시의 부를 창출했다. 그러다 보니 도심지의 혼잡성은 날로 증가했다. 혼잡한 도심을 피해 도시 교외 지역에 집을 마련하는 것은 도시민들의 꿈이 되었다. 미국의 경우 1960년대 새로운 중산층은 혼잡한 중심지를 벗어나 조용한 도시 외곽으로 이동하기 시작했다. 일반적으로 도시의 땅값은 도심과의 거리에 반비례한다. 대기업 본사는 도심이나 도심 주위의 가장 비싼 땅을 차지하고, 중앙에 위치할 필요가 있는 공장과 창고는 그 바깥에, 가난한 노동계층의 주택은 그 바깥을 차지했다. 노동계층은 산업지역과 상업지역 주변의 혼잡한 구역에 살았고, 부유한 중산층과 상류층은 이 모든 것을 피해 도심에서 멀리 떨어진 교외에 새롭게 조성된 주거지에 살았다.

도시가 확산되는 스프롤sprawl 현상은 중산층의 상징이 된 자동차 문화의 부산물이기도 했다. 자동차를 이용해 도심으로 출퇴근하는 교외의 거주지는 부르주아들의 약속의 땅으로 변모했다. 교외의 거주지를 중심으로 커진 신흥 위성도시는 새로운 경제 엔진이 되었다. 고속도로 교차로와 쇼핑 단지, 복합 상업지구가 한데 묶인 신흥 위성도시는 교외와 중심 도시의 특징들이 결합된 새로운 형태의 도시로 등장했다. 기존 도심지가 대중교통을 이용하거나 걷는 것을 전제로 설계된 것에 비하여 위성도시에 거주하는 사람들은 차를 타고 나가야지만 이웃과 상점, 식당 등과 접촉할 수 있었다. 위성도시는 산업화의 산물인 자동차 문화의 부산물이라고 할 수 있다.

산업화가 완성되고 정보화가 시작된 2000년대에 들어서면서 도시에 새로운 현상이 나타났다. 부유한 사람들이 다시 문화시설과 상업 시설이 완비된 도심으로 돌아온 것이다. 미국의 경우 1980년대에 대부분의 도심지역에는 가난한 사람들이 살았다. 그러나 2000년대에 들어서면서 도심을 떠났던 고학력자와 전문직, 사무직 노동자를 포함한 부자들이 다시 도심으로 유입되고 있다. 세계적인 경제학자인 리처드 플로리다Richard Florida는 도심에 부유한 사람들이 새로 유입되어 기존에 거주하던 가난한 사람들을 밀어내고 도심이 재개발되는 젠트리피케이션gentrification 현상을 다음과 같이 분석했다. "지식, 전문성, 첨단기술, 창조성이 요구되는 고임금 일자리가 도심에 집중되어 있고, 긴 통근 시간을 줄이기 위해 직장 근처에 거주하려는 경향이 증가하고 있다. 고임금 종사자들은 도서관에서 박물관, 레스토랑과 카페에 이르기까지 도시가 제공하는 쾌적한 편의 시설에 대한 접근성을 중시한다. 그들이 도심으로 돌아오는 것은 고임금의 직장 주변에 살면서 통근 시간을 줄이는 동시에 걷거나 대중교통을 이용하여 도심이 제공하는 다양한 편의 시설을 누릴 수 있기 때문이다."

도심의 경쟁력이 다시 향상되는 경향은 벤처 투자 통계에서도 나타나고 있다. 미국에서 벤처 투자는 인구밀도가 높고 '걸어 다니기 좋은 도시Walkable neighborhood'에 집중되고 있다. 미국 전역에서 벤처 자본을 투자받은 지역을 조사한 결과 이 지역에서 도보, 자전거, 또는 대중교통을 이용해 직장으로 출근하는 노동자의 비율은 전국 평균의 약 2배였다. 하드웨어 제조업 중심의 산업 경제 시대에 창업하려면 대규모 부지를 값싸게 마련해야 했기 때문에 도심보다 교외를 선호했다. 지식경제 시대에 소프트웨어, 콘텐츠 분야의 창업은 창의적인 에너지, 다양한 문화, 활기찬 거리, 새로운 사고에 대한 개방성을 제공하는 도심에서 시작하고 있다. 소셜미디어, 게임, 창의적인 애플리케이션을 만드는 스타트업은 도심에 몰려 있는 디자이너, 작곡가, 시나리오 작가, 마케터, 카피라이터 등 다양한 분야의 인재들을 쉽게 활용할 수 있다. 도심은 이러한 지식 기업들을 위한 장소일 뿐만 아니라, 스타트업이 해결하려는 문제가 존재하는 장소이자 혁신을 위한 플랫폼이 되고 있다.

창의적인 도시 자체가 혁신의 엔진이다

지식경제 시대에 들어서 도시의 경쟁력이 변화하고 있다. 장거리 출퇴근을 해야 하는 확장된 도시 대신 걷거나 자전거, 대중교통을 이용하여 도달할 수 있는 밀집된 공간에서 여러 문화시설을 이용하고, 다양한 분야의 사람들과 밀접하게 교류할 수 있는 도시의 경쟁력이 중요해졌다. 걸어 다닐 수 있다는 것은 우연한 만남뿐만 아니라 다른 분야의 사람들 사이에 밀접한 상호작용이 증가한다는 것을 의미한다. 또한 사람들 사이의 직접 접촉은 더 강한 신뢰와 관용 및 협력으로 이어진다. 결국 도시의 경쟁력과 혁신의 원천은 다양한 사람들 간의 상호작용이라는 것을 확인시켜준다. 물론 다양성만이 도시의 성공 조건이 될 수는 없다. 다양성이 새로운 아이디어에 대한 탐색의 폭을 넓혀준다면, 수렴과 활용의 과정에서는 특화와 집중이 요구된다. 관련된 기업들의 지리적 근접성과 도시의 공통 인프라는 성과물을 만들어내는 협력을 높이고 비용은 낮춘다.

인재를 배출하는 학교 시스템과 연구대학, 인재를 채용하고 연구 성과를 활용하는 기업, 개방적이고 관용적인 문화를 바탕으로 다양한 인재를 끌어모으는 도시는 경제학자 리처드 볼드윈Richard Baldwin이 지적하였듯이 21세기의 공장, 혁신의 엔진이 되고 있다. 지식경제 시대에 성장과 혁신의 엔진은 더 이상 대규모 제조업이 아니고 창의적인 스타트업과 인재들이 모이는 도시 공간 그 자체다. 20세기의 경쟁력은 규모의 경제, 공장 집적이었으나 21세기에는 인재와 연구, 기업의 협력이 그의 원천이 되고 있다. 인접성과 친밀성, 혼잡성으로 인재와 기술, 아이디어를 한곳에 끌어들일 수 있는 도시가 혁신의 중심지로 부상하고 있다. 도시 자체가 사람들이 교류하고, 지식을 교환하고, 경쟁하고 협력하면서 생산성을 높이고, 새로운 기술을 개발하고 사업을 시작할 수 있는 혁신의 공간이 되고 있다.

하버드대학교 경제학과 교수 에드워드 글레이저Edward Glaeser는 도시가 맛과 멋에 탐닉하는 인간의 놀이터이자 아이디어와 자본이 순환하는 창의적 공간으로 변모해야 한다고 주장했다. 그의 말처럼 교육, 기술, 아이디어, 인재, 기업가정신과 같은 인적자본을 끌어들이고 이들이 협업하게 하는 힘이야말로 도시와 국가의 번영은 물론 인간의 행복에 중대한 영향을 미칠 것이다. 그러나 도심의 좋은 비즈니스 환경과 편리하게 이용할 수 있는 문화시설은 도심의 땅값을 높임으로써 젊은 인재들이 이곳에 거주하는 것을 어렵게 한다. 도심이 부자들의 전용 공간이 되고, 자산 양극화와 소득 불평등이 심화되면 도시의 성장과 혁신도 정체한다. 새로운 아이디어를 가진 젊은 인재, 스타트업을 도시로 끌어들이기 위해서는 집값과 임대료가 낮아야 한다. 도시가 새롭게 성장하기 위해서는 도심지역에 저렴한 가격의 임대주택을 많이 제공하여 젊은 인재, 스타트업을 유치해야 한다. 사회 통합적인 도시는 혁신과 부의 창출을 촉진하면서도 좋은 일자리를 만들어 생활 수준을 개선하고 모든 사람에게 더 나은 생활을 누리도록 해준다.

코로나19를 시작으로 고층빌딩 사무실에 사람들이 모여 앉아 일하던 시대는 이제 서서히 저물 것이다. 도시의 모습을 바꾸는 데는 꽤 많은 시간이 걸릴 수도 있지만, 방향이 분산인 것만은 확실하다. 우리가 생활하는 오피스職와 도시住에 대한 성찰을 거쳐 새로운 직주 문화가 형성될 것이다. 300년 전 런던에서 시작되었던 오피스 문화가 지금 대전환의 시기를 맞이하고 있다.

디지털 쇼크 한국의 미래

16장

일의 미래와
오피스의 미래

코로나19 팬데믹은 일하는 방식에도 급격한 변화를 가져왔다. 국경과 지역의 봉쇄, 사회적 거리두기는 노동을 중단시키고 노동 형태의 변화를 가져왔다. 전염병의 전파가 대면 접촉으로 이루어지는 만큼 노동시장은 노동 과정에서의 대면 접촉 정도와 노동 형태의 전환 가능 여부에 따라 분화되었다.

코로나19는 돌발적인 상황이라고 할 수 있지만, 한동안은 경기 침체가 계속될 것이고 앞으로도 유사한 상황이 반복될 수 있기 때문에 근본적으로 노동과 일의 변화를 가져올 것으로 예상한다. 대면 접촉이 기피되는 상황에서 디지털은 노동을 어떻게 변화시키고 있는가? 미래에는 재택근무와 원격근무가 일상이 될 것인가? 일하는 공간으로서 사무실은 계속 필요할까? 노동 방식과 노동 공간이 바뀐다면 빌딩과 도심은 어떻게 변화할 것인가?

노동 방식에 따른 코로나19의 차별적 영향

코로나19 이전에 진행된 노동의 변화와 미래의 일에 대한 논의는 인공지능과 로봇 기술에 의한 자동화에 대한 것이 주를 이루었다. 그러나 이제는 변화에 영향을 미치는 동인이 하나 더 생겼다. 바로 노동 과정에서 사람과의 접촉 여부와 그 정도다. 대면 접촉을 피하면서 일할 수 있는가가 새로운 사회의 이슈로 등장하였다. 코로나 시대에 진행된 노동의 변화는 인공지능이 가져올 미래의 충격을 미리 보여주는 예고편이라고 할 수 있다.

훗날 역사학자들은 코로나19 시대를 일하는 방식에 대한 사회적 실험이 강제적으로 실시되었던 시간이라고 기술할 것이다. 코로나 발생 이전의 노동 위기는 특정 산업에서 발생한 위기가 다른 분야의 산업으로 전파되는 정도였다. 그러나 이번에는 위기가 전체 산업을 넘어 사회 활동 전반에 영향을 미쳤다. 근본적으로는 모든 경제활동의 기반이 되는 일하는 방식에 영향을 끼치고 있다. 사회적 거리두기는 노동이 어떻게 이뤄지고 있는가에 대하여 새로운 시각을 갖게 만들었다.

코로나19가 노동에 어떤 충격을 가했고, 이에 대응하여 일하는 방식이 어떻게 변하고 있는가와 미래 전망을 살펴보자. 이를 위해 일하는 방식을 대면 서비스 노동(For people), 판매 노동(For goods), 집합작업 노동(With people), 사무 노동(With process) 네 가지로 구분했다. 코로나19는 일하는 방식에 따라 차별적으로 영향을 미쳤다. 충격의 강도는 대면 서비스 노동이 가장 컸고 다음으로 판매 노동, 집합작업 노동, 사무 노동의 순이었다. 자세한 내용은 아래 표와 같다.

[노동 방식에 따른 코로나19의 영향과 대응]

노동 분류	업무/직종	코로나19 영향	대응·미래 전망
대면 서비스 노동 For people	고객에게 직접 대면 서비스를 제공하는 분야 의사, 간호사, 미용, 마사지, 여행, 숙박업, 접객업 등의 노동	- 가장 큰 타격 - 서비스 감소, 중단	- 서빙: 커피와 피자 등 음식물을 만들고 서빙하는 로봇 증가 - 미용, 마사지 등: 정교한 노동을 제공하는 서비스 로봇은 등장이 어려움 - 의사, 간호사: 일부 비대면 진찰과 처방, 원격 수술 로봇 등장 가능
판매 노동 For goods	음식점 및 상점 등 물건을 서비스하거나 판매하는 상거래 업종의 노동	- 소비자의 매장 방문 급감	- 서비스 공간과 내용(상품)을 분리 → 온라인 배달 - 온라인 쇼핑을 위한 물류 센터 근무. 물건 정리와 포장, 배송 등의 노동 증가
집합작업 노동 With people	공장, 공연장, 강당 등 시설이 갖춰진 장소에 모여서 하는 노동 교사, 예술가 등, 기계를 조작하는 제조업, 물류업, 수리, 유지관리의 노동	- 강연, 공연 예술 중단 - 소비 감소, 물류 차질로 인한 생산 감소 및 중단	- 온라인 예술 활동의 증가 - 공장 및 물류의 자동화 가속 - 인간 노동의 감소 가속화
사무 노동 With process	사무직, 전문직, SW 개발, 디지털 콘텐츠 제작 등	- 가장 영향이 적음	- 노동을 사무실에서 분리하여 재택·원격 근무로 전환 - 미래: 원격근무 일상화

노동 과정의 속성에 따라 충격 정도와 대응이 달랐다. 즉각적인 대응은 고객과 상품이 결합되어 있던 부분을 분리하는 것이었다. 음식점 및 상점 등 물건을 서비스하거나 판매하는 상거래 업종에서는 판매 공간과 상품을 분리했다. 음식점은 음식을 만들어 배달하는 사업장으로 전환했고, 제품을 판매하던 상점은 온라인 판매로 전환했다. 관객을 필요로 하는 공연도 관객이 없는 온라인 공연으로 바뀌었다.

두 번째 대응은 노동 도구를 바꾸는 것이었다. 노동 도구의 변화는 기계적인 변화를 동반하기 때문에 빠르게 진행되지는 않았다. 다만 서비스업에서는 식음료 제조 및 서빙 로봇의 시제품이 이미 출시되었기 때문에 빠르게 변화할 것으로 보인다. 미용 및 돌봄 등 사람을 직접 상대하는 업종에서는 정교한 서비스를 제공하는 로봇이 등장하기에는 시간이 더 걸릴 것이다. 사람이 로봇의 서비스에 심리적 위안과 만족을 느끼는 수용성의 정도에 따라 확산 양상이 달라질 것이다.

세 번째 대응은 노동의 장소를 분리하는 것이었다. 사무 노동은 노동을 사무실과 분리하면서 가장 빠르게 노동 방식을 변화시켰다. 사무 노동이 원격근무로 무리 없이 전환됨에 따라 사무 노동이 사무실에 모여서 하는 노동이 아니라 프로세스를 다루는 노동이라는 특성이 드러났다. 사무 노동은 프로세스를 중심으로 연결되어 있을 뿐이고, 프로세스가 인터넷이라는 네트워크와 노동 도구인 컴퓨터만으로도 처리될 수 있다면 노동자의 위치는 집, 사무실,

카페 등 어디든 가능하다는 것을 경험하게 되었다.

전반적으로 노동은 코로나19가 가져온 비대면 요구에 디지털화로 대응했다. 감염병에 의한 사회적 거리두기는 비대면 노동으로의 전환을 강요하였으며 일부 노동은 원격 도구로 대표되는 디지털 기술을 활용하여 대응했다. 그러나 일부 노동은 비대면 노동으로의 전환이 어려워 노동 중단이라는 국면을 맞이하였다. 결국 비대면이 불가능한 대면 서비스 노동은 코로나19가 진정되면 조심스럽게 원래의 상태로 돌아갈 것이지만, 비대면이 가능한 노동은 기존 방식으로 돌아가기보다는 비대면이 일상이 되는 새로운 국면으로 전환할 것으로 보인다.

사무 노동의 미래, 사무실의 미래는 어떻게 될 것인가? 재택·원격근무가 장기화되고 있는 유럽과 미국의 사례를 분석하며 디지털에 의한 노동의 진화라는 시각에서 이를 탐색해 보고자 한다.

원격근무라는 사회적 실험의 경험

원격근무는 코로나19가 촉발한 전 세계적인 동시에 전 분야에 걸쳐 진행된 사회 실험이라고 할 수 있다. 일반적으로 원격근무제란 조직의 근무자들이 적어도 주 1회 이상 기존의 근무 현장 이외의 장소에서 정보통신장비를 사용하여 일하는 대안 근무를 의미한다. 한국의 경우 코로나19 이전에는 재택근무의 비중이 매우 작았으며(0.1% 미만으로 추정), 가장 높은 비율을 보여주는 네덜란드도 13.7%에 불과하였다. 그러나 코로나19 기간 동안 재택근무 비중은 비약적으로 증가했다.

2020년 7월에 고용노동부가 조사한 '재택근무 활용실태 설문조사' 결과에 따르면, 인사 담당자의 절반에 가까운 48.8%가 코로나19 상황에 따라 재택근무 제도를 시행했다고 답했다. 업종별로는 금융 및 보험업, 예술·스포츠 및 여가 관련 서비스업, 교육서비스업, 정보통신업 등에서 재택근무를 시행했다는 응답이 높았다. 숙박업, 음식점업, 제조업, 도매 및 소매업 등에서는 재택근무를 시행하지 않았다는 응답이 높았다. 재택근무를 시행하지 않은 이유로는 인사관리의 어려움(45.9%), 사업주 또는 경영진의 반대(35.1%), 인프라 구축 등 비용 부담(34.2%) 등이 꼽혔다. 인사 담당자의 66.7%는 '재택근무로 업무 효율이 높아졌다'고도 응답했다. 또 코로나19가 종식된 뒤에도 재택근무를 전사적으로 활용하겠다는 응답이 25.6%, 일부 근로자에 한해 활용하겠다는 응답이 26.2%를 차지하여 51.8%가 코로나19 종식 뒤에도 재택근무를 계속 활용하겠다는 뜻을 밝혔다. 코로나19를 계기로 재택근무가 상시적 근무 방식으로 정착할 가능성도 있는 셈이다. 노동자 대상 조사 결과에서는 재택근무 경험이 있다는 응답이 34.1%, 없다는 응답이 65.9%로 나타났다. 재택근무를 활용한 노동자 가운데 91.3%는 재택근무에 만족한다고 응답했고, 73.9%는 업무 효율이 높아졌다고도 응답했다.

재택근무는 정보통신기술ICT 기업이 활발하게 채택하였으며 기간도 길었던 것으로 추정되나 전반적으로 1개월 이내였다. K-방

디지털 쇼크 한국의 미래

역의 성공으로 소수의 기업을 제외하고는 다시 출퇴근 근무로 돌아갔다. 기업들은 재택근무에 대한 장단점 평가와 손익을 계산할 것이다. 선도적으로 SK텔레콤이 서울 도심 본사로 출근하는 대신 서울 전역과 인근 도시의 분산 사무실로 출근할 수 있도록 해 전 직원의 출근 시간을 20분 이내로 줄이는 방안을 추진한다고 발표했다. SK텔레콤에 이어 롯데쇼핑, 쿠팡 등도 직원들이 도심지의 본사 사무실이 아닌 주거지 인근의 거점 오피스로 출근하는 분산 사무실 제도를 도입하겠다고 발표했다.

MIT 조사에 따르면 미국의 경우 코로나19 이전에 재택근무의 비중은 3.2%였으나 코로나19 기간에는 63%가 재택근무를 했고, 직원의 80% 이상이 재택근무를 했다는 응답도 68%에 달했다.[1] 갤럽에서 시행한 또 다른 조사에 따르면 직원의 33%는 전일 재택근무를 했고, 부분 재택근무를 한 직원은 25%, 재택근무를 전혀 하지 않은 직원은 41%인 것으로 보고되었다.[2] 영국을 비롯한 유럽 국가들도 50% 이상이 재택근무를 하는 것으로 보고됐다. 미국 인력의 56%가 원격 작업과 호환되는 작업을 하고 있고, 직원의 43%가 적어도 일부 시간 동안 집에서 일한 경험이 있기 때문에, 코로나19 상황에서 재택근무가 가능한 대부분의 일은 재택근무로 전환되었다고 볼 수 있다.[3]

미국은 2020년 말까지 재택근무가 지속되고 있는 가운데, 전 세계에 사무실과 직원을 두고 있는 페이스북(직원 48,000명)과 트위터(직원 4,900명) 등의 디지털 기업은 희망하는 직원에게 '영구적인' 재택근무를 할 수 있도록 보장하겠다는 방침을 밝히고 있다. 그렇다면 재택근무는 미래에 일상적인 근무 형태로 자리 잡을 수 있을 것인가? 먼저 재택근무의 역사와 장단점에 대한 논의를 살펴보고자 한다.

재택근무의 역사와 장단점

재택근무telework 또는 원격근무remote work라는 개념이 등장한 것은 1973년이다. 미국 로스앤젤레스로 출근하던 로켓 과학자 잭 닐스Jack Nilles는 교통체증으로 길에서 시간과 비용을 낭비하는 출퇴근을 하지 않아도 되는 방법을 고민했다. 차량을 이용한 긴 통근 시간은 차량 정체와 환경 오염을 일으키고, 낭비적인 주거지의 교외 확산을 야기하며 비효율적이라고 생각했다. 닐스는 미국국립과학재단NSF의 지원을 받아 1975년 로스앤젤레스의 한 보험회사에 재택근무를 시범 도입하는 연구(이 연구에서 'telecommuting'이라는 용어를 사용했다)를 수행했다. 닐스는 이 연구로 재택근무 시행이 가능하다는 결론을 내렸고, 해당 회사는 재택근무를 도입하였다. 그러나 재택근무는 시행되자마자 폐기됐다. 경영자들이 재택근무를 하는 직원을 전과 같은 방식으로 통제할 수 없었기 때문이었다. 닐스가 우려했던 대로 상사는 직원을 통제하지 못했고 직원은 사무실 생활이 주는 사회적 분위기를 잃을 것이라는 두려움을 극복하지 못했다.

재택근무의 개념을 발전시킨 선구자는 앨빈 토플러Alvin Toffler다.

토플러는 1980년 출간한 『제3의 물결』에서 "지식 근로자들이 전자 오두막Electronic cottage(자기 집에서 통신 장비를 마련해 일하는 생활 양식)에서 일하게 된다. 퍼스널 컴퓨터와 영상장치, 통신 장비 등을 이용해 새 유형의 네트워크를 만들 수 있다"라고 전망하였다. 닐스가 출퇴근 문제에 주목했다면 토플러는 '일하는 방식'의 변화에 주목해 네트워크로 연결된 컴퓨터로 일하는 시대가 되면 사무실 근무가 아닌 재택근무가 가능해질 것으로 보았다. 1990년대에 접어들어 ICT 기술이 발달하면서 재택근무를 검토하고 도입하는 기업들이 나타났다. 기업이 재택근무를 도입하는 동기는 조직 구성원에게 일과 삶의 균형 유지, 일과 가정 충실화에 도움을 주어 우수 인력을 유치하고, 직무 성과 및 생산성을 향상시키며 조직 몰입을 도울 뿐만 아니라 직무 만족도 증가, 자율성 증가, 업무 스트레스 감소 등의 긍정적 효과를 얻고자 하는 측면이 강했다. 재택근무는 ICT 기반의 인적자원관리를 위한 유연근무제의 한 형태로 시작되었다.

재택근무의 효과는 수많은 연구를 통하여 입증되고 있으나, 여전히 논란이 있는 부분도 있다. 개인이 느끼는 재택근무의 효능이 조직과 기업의 성과로 이어지는 관계가 불명확하고, 혁신과 창의성을 증진하지 못한다는 반론이다. 이는 기업이 재택근무에 맞는 직무 관리 방식을 찾지 못한 상태에서 재택근무 시행을 주저하는 요인으로 작용했다. 그러나 코로나19는 재택근무 도입을 더욱 가속화하고 있다. 인적자원관리 관점이 아닌 미래의 일과 공간이라는 관점에서 재택근무를 검토해야 하는 시대로 바뀌고 있다.

디지털 시대의 일은 온라인으로 진화 중

일과 일하는 방식의 변화를 알아보기 위해서는 일의 결과물과 함께 일하는 도구, 일하는 조직, 일하는 사람, 일하는 공간 등에서 어떤 변화가 일어나고 있는지를 살펴봐야 한다. 산업 시대와 디지털 시대로 구분해서 검토해 보기로 하자.

우선 산업 시대의 범용기술이 엔진이었기 때문에 이 시대의 경제활동 방식은 기계가 모여 있는 공장에서 기계의 엔진을 작동시켜 유형有形의 제품을 생산하는 형태였다. 육체노동자들이 대규모의 수직적 기업조직에 속해 동시에 일했다. 이 시대의 재택근무란 공장 생산과 관련된 서류 작업을 집에 가서 처리하는 정도였다. 따라서 재택근무는 공장제 근무에 종속된 형태에서 벗어날 수 없었다.

디지털 시대에는 일하는 방식에 근본적인 변화가 일어났다. 범용기술인 컴퓨터가 기계 또는 도구에 통합되는 것이 일반화되고 있다. 일의 형태는 컴퓨터라는 도구를 이용하여 무형無形의 콘텐츠를 만드는 정신노동으로 바뀌었고, 직원들이 소규모의 수평적 조직에 속해 서로 다른 업무를 비동시적으로 처리하는 방식으로 바뀌었다. 이는 디지털 시대에 일의 공간과 시간의 귀속성을 완화하고 있다. 한마디로 일의 디지털 전환이라고 할 수 있다. 일의 디지털 전환은 일하는 도구의 디지털화 단계에서 일 자체의 디지털화로 넘어가고 있다. 일의 결과물, 일 자체가 디지털이 되고 있다.

업무 전산화의 초기 단계는 일의 일부분을 컴퓨터로 처리하는 수준이었다. 그러나 지금은 업무 자체가 디지털화되는 단계다. 회사 조직이 클라우드 플랫폼에서 움직이고 모든 업무가 디지털 도구에 의하여 처리되며 협업과 업무 연계도 디지털에 의해 이뤄지고, 결과물도 디지털로 나오는 업무 형태로 전환되고 있다. 이제 사무실을 떠나서 언제 어디서든지 노트북만 있으면 일을 할 수 있는 시대가 되었다.

노동의 디지털화는 앞으로 어떤 방향으로 전개될 것인가? 지금까지의 노동은 기계와 손동작의 조합인 아날로그 프로세스에서 처리되어 최종 결과물로 아날로그 제품이 나왔다. 현재의 노동은 디지털 프로세스를 거쳐서 디지털 제품인 콘텐츠가 생산되는 단계다. 이다음 단계는 공장의 디지털화일 것이다. 스마트 제조의 도입으로 인간 노동의 직접적 결과물은 프로세스, 즉 알고리즘을 만드는 과정으로 바뀌고 있다. 기계에 지시를 내리면 최종 결과물은 기계가 만들어낸다. 이것이 가능해지면 사무실에서 인간의 노동이 분리되었듯이, 공장에서 인간의 노동이 분리될 것이다. 제조의 비대면 및 원격근무가 가능한 시대, 모든 노동이 알고리즘으로 변하는 시대가 다가오고 있다.

재택근무에 앞장서는 기업은 디지털 기업들이고, 100% 재택근무를 하는 기업도 늘어나고 있다. 워드프레스를 운영하는 오토매틱Automattic CEO는 "사람마다 집중이 잘되는 시간, 휴식을 취하는 시간이 다르다. 언제, 어디서 일하느냐보다 똑똑하게 일하는 것이 중요한 시대다"라고 재택근무 도입의 이유를 밝혔다. 이는 표준 근무시간의 경계가 붕괴하는 결과도 가져오고 있다.

결국 디지털 전환이 근무의 유연성을 높이고, 사무실이라는 공간에 대한 종속성을 해방시키고, 어느 공간에서도 네트워크만 연결되어 있으면 업무를 볼 수 있는 환경을 만들고 있다. 재택·원격근무가 기본적인 업무 형태로 자리 잡고 있다. 한편, 디지털 시대의 업무 방식의 변화는 프리랜서, 긱 노동, 플랫폼 노동 등 독립적인 노동자 또는 1인 기업인의 증가로 이어지고 있다. 기업의 입장에서도 이번 코로나19와 같은 천재지변 상황이 발생하더라도 업무의 단절 없이 지속적으로 처리할 수 있는 인프라를 조성하기 위해 원격근무는 기업의 중요한 위기관리 역량으로 요구되고 있다.

[산업 시대와 디지털 시대의 일의 변화]

구분	산업 시대	디지털 시대
범용기술	증기기관(엔진)	디지털(인터넷, 모바일)
생산물	유형의 제품	무형의 콘텐츠(알고리즘)
도구	기계	컴퓨터
노동자	육체노동자	정신노동자
조직	대규모 수직적 조직	소규모 수평적 조직
공간	공장	사무실/가상공간
시간	동시적 작업	비동시적 작업

디지털 쇼크 한국의 미래

조직의 혁신성과 창조성을 유지하는 법

재택·원격근무를 가장 강력하게 반대하는 입장의 주장은 기업, 조직 측면에서의 혁신성과 창의성을 저하한다는 것이다. 원격근무의 원조라고 할 수 있는 IBM은 1990년부터 시행해 오던 원격근무를 2017년 2월에 전격 폐지하였다. 전자상거래 업체 자포스Zappos도 2013년부터 원격근무를 금지하였다. 원격근무 반대 주장은 대면face-to-face이 가져오는 효과를 강조한다. 그들은 다음과 같이 말한다. "팀이 될 때 더 강력해지고 창의적이 된다", "더 마주치고 한마디라도 더 나누어야 혁신이 가능하다", "복도에서, 카페에서, 우연히 마주친 사람과의 즉흥적인 대화에서 아이디어가 나온다. 이는 오로지 사무실에서만 가능하다." 이 밖에 많은 연구도 모여서 일하는 직원들의 창의적인 업무수행 능력이 원격근무자들보다 뛰어났다고 보고하고 있다.

그렇다면 재택근무의 효과로 입증된 개인의 높은 생산성이 조직의 생산성으로는 이어지지 않는 것인지, 아니면 조직의 생산성으로 이어지지만 혁신성과 창조성과는 다른 것인지를 구분할 필요가 있다. 일반적인 연구 결과는 재택근무가 조직 생산성을 높인다고 보고 있다. 쟁점은 조직의 혁신성과 창조성이다. 업무 외의 개인적인 대면이 가져오는 접촉의 밀도와 우연성이 조직의 혁신성과 창조성에 긍정적인 영향을 미친다. 그리고 그사이에는 협력과 연대감이 작동한다. 인사관리를 연구하는 사람들은 공간을 물리적 공간Physical Distance, 업무적 공간Operational Distance, 감정적 공간

Affinity Distance으로 나눌 수 있고, 각 공간이 업무 효율성에 미치는 영향은 감정적 공간, 업무적 공간, 물리적 공간 순으로 강하다고 본다. 즉, 감정적 공간이 업무 효율성에 더 중요하다는 것이다. 직원들이 한 공간에 모여 있지 않아도 신뢰와 연대감을 키울 수 있느냐가 원격근무의 성공 여부를 가르는 분기점이라고 할 수 있다.

원격근무를 지원하는 협업 도구도 중요하지만, 결국 조직문화가 관건이다. 한국이 디지털화는 많이 진행되었으나 원격근무 도입이 늦어진 이유도 수직적 통제 방식의 조직문화 때문이라고 할 수 있다. 재택·원격근무에 성공할 수 있는 조직문화는 다음과 같이 정리할 수 있다. 과정에 대한 감독이 아니라 성과와 결과 중심의 업무 평가 문화가 필요하다. 직원이 일하는 모습을 눈으로 확인해야 안심하는 업무관리 방식으로는 원격근무에 성공할 수 없다. 또한 자율적인 업무 문화가 필요하다. 업무 위임이 명확하고 책임과 자율권이 주어져야 독립적이고 주도적으로 일을 수행할 수 있다. 그다음으로 중요한 것은 투명하고 명확한 커뮤니케이션 역량이다. 업무 목표와 지시가 명확하게 문서로 전달되고 이에 대한 논의와 대화가 기록되어 다른 팀원들도 볼 수 있게 해야 한다. 물론 전화 통화가 더 효율적이라도 통화 내용을 글로 정리해 공유해야 한다. 업무 진행 과정을 투명하게 공개해 모두 열심히 일하고 있음을 인식시키는 신뢰 형성이 중요하다. 마지막으로는 팀을 넘어선 조직 전체 차원의 커뮤니케이션 확대다. 앞에서도 언급하였듯이 혁신성과 창의성은 우연성에 기인하는 것이 많다. 따라서 팀을 벗어난 전체 게시판, 메신저, 이메일 등을 활성화할 필요가 있다. 대면보다 접촉의 밀도는 떨어지겠지만, 온라인 소통은 접촉의 범위를 넓혀준다는 장점이 있다. 이 결과로 재택근무를 시행하면 중간 경영진이 감소하는 효과도 있는 것으로 보고된다.

최적의 솔루션은 온라인과 오프라인의 융합

사무실로 출근하다가 재택근무를 하는 것은 생활 방식을 바꾸는 일이기 때문에 전환이 쉽지 않다. 많은 재택근무 체험자들이 출퇴근 시간이 절약되어 개인 시간이 늘어나고 잡다한 업무로 방해를 받지 않고 집중할 수 있어서 좋은 반면, 혼자 일하는 외로움과 의사소통의 어려움, 일과 삶의 균형 붕괴, 가족들의 업무 방해 등의 부정적 효과를 경험하고 있다. 재택근무라는 것이 업무를 넘어 생활 습관을 바꾸는 것이기 때문에 점진적으로 몸에 배는 시간, 즉 적응 기간이 필요하다. 재택근무 도입을 결정한 기업들은 전환 기간에 발생할 수 있는 문제들을 적극적으로 해결해 나가야 한다.

그렇다면 가장 효과적인 방식은 무엇일까? 한 연구에 의하면 원격근무가 잘 정착한 회사는 회의실 같은 오프라인 공간에서 긴밀하게 소통하며 다양한 아이디어를 모으고 해결책을 수립한 뒤 역할을 분담하고 그 후 집, 카페, 공유 오피스 등 각자의 공간으로 흩어져 맡은 임무를 수행했다. 온라인과 오프라인, 협력과 개인 작업, 사무실과 원격 공간, 집중과 분산 등을 자유자재로 전환했다. 실리콘밸리의 인사관리 스타트업 후무humu도 고객사들을 분석한 결과, 사무실 근무와 재택근무를 적절히 섞었을 때 직원들이 가장 만족하고 생산성도 높았다고 보고했다. 일주일에 3~4일은 사무실, 1~2일은 집 등 자신이 원하는 곳에서 일하게 하는 것이 가장 이상적인 것으로 나타났다. 알파벳의 CEO 순다르 피차이는 발 빠르게 직원들의 사무실 복귀를 2021년 9월로 연기하고, 일주일에 3일은 사무실에서 일하는 '공동 작업의 날'로 정하고, 2일은 재택근무를 하는 유연근무제도의 도입을 밝혔다. 앞으로 코로나19가 종식되더라도 재택근무는 표준적인 업무 형태로 자리 잡을 것으로 보인다. 일주일에 1~2일은 사무실, 3~4일은 재택 등 자신이 원하는 곳에서 일하게 하는 기업도 늘어날 것이다.

업무 공간과 업무 시간, 업무 방식에 자율권을 줄 때 직원들은 가장 강력한 동기부여를 받는다. 혁신성과 창의성의 조건이 다양한 우연성이라고 할 때, 온라인 워크와 오프라인 워크의 결합은 다양성을 증진해 혁신성과 창의성을 높일 수 있다.

온라인과 오프라인이 결합한 작업 공간을 개발하는 작업도 활발히 진행되고 있다. 페이스북은 직원들이 집에서 일할 수 있도록 혼합현실MR 작업 공간을 개발하고 있다. 페이스북은 이 기술이 증강현실AR과 가상현실VR을 새로운 장치와 결합하여 동료들과 가상회의실에서 협업할 수 있는 '무한 작업 공간'을 만드는 새로운 컴퓨팅 플랫폼의 일부라고 밝혔다. 또한 사용자와 닮은 아바타를 만드는 기술인 코덱 아바타Codec Avatars를 도입하여 "VR의 소셜 커넥션이 현실세계의 소셜 커넥션과 같이 자연스럽고 친숙해지도록

디지털 쇼크 한국의 미래

도와" 사회적 상호작용을 향상시키고 있다고 한다. 마이크로소프트도 분산된 작업 환경에서 외부 직원과 현장 직원 간의 회의가 몰입감과 참여감을 줄 수 있도록 솔루션을 개발하고 있다. 이외에도 많은 기업이 가상현실과 증강현실 기술을 이용하여 분산된 사무실에서 같은 공간에 있는 것처럼 작업할 수 있는 기술을 경쟁적으로 개발하고 있다.

사무실의 탄생과 종말, 위협받는 도심

코로나19 기간 동안 도심의 사무실은 텅 비었으나 기업은 유지되는 경험을 하면서 기업들은 사무실에 관한 생각을 재고하고 있다. 영국계 글로벌 금융 서비스 기업 바클레이스Barclays의 CEO는 "7,000명의 사람을 한 빌딩에 넣는다는 생각은 과거의 것이 됐다"라고 말했고, 모건스탠리Morgan Stanley 사장은 "은행은 훨씬 더 적은 수의 건물들을 소유하게 될 것이다"라고 말했다. "고가의 사무실에 3500만 파운드를 투자하는 대신 사람에게 투자하겠다"라거나 심지어 현재 전 세계에 있는 모든 사무실이 필요하지 않을 수도 있다는 주장까지 나오고 있다.[4] 컨설팅기업 프라이스워터하우스쿠퍼스의 조사에 따르면, 조사 대상자를 기준으로 미국 기업 최고재무책임자CFO의 4분의 1은 이미 부동산 감축을 고려하고 있었으며, 회사가 새 건물을 찾는 활동도 절반으로 줄어들었다.

기업들은 오래전부터 공동 업무 공간, 고정 자리가 없는 사무실로 임대료를 절약하려고 노력해 왔다. 오피스 공유 서비스 기업인

위워크WeWork는 기업들에 유연한 정책으로 공간을 제공해 주면서 급성장하였다. 사실 가장 확실한 사무 공간의 비용 절감 방법은 재택근무다. 직원이 일의 50%를 재택근무로 수행하면 회사는 직원당 연간 약 11,000달러를 절약할 수 있고, 직원 역시 교통비 등으로 연간 2,500~4,000달러를 절약할 수 있다.[5]

그동안 기업은 사무실 근무 관행과 변화에 따른 불확실성 때문에 재택근무로 전환하는 것을 주저했다. 그러나 코로나19로 갑작스럽게 재택근무로 전환하면서 "매일 수천 명이 방문하던 미디어 회사 건물에 지난 8주 동안 수십 명밖에 방문하지 않았지만, 미디어 서비스는 계속"되는 것을 경험했고 사무실 유지에 대해서 다시 생각하게 되었다.[6]

사람들이 대도시에 있는 사무실로 출근하지 않으면, 도심의 상권도 침체되는 연쇄 현상이 예상된다. 도심의 상권, 식당과 술집, 식료품점들은 도심으로 출근하는 사람들에게 전적으로 의존하고 있다. 미국 시카고대의 베커프리드먼경제연구소Becker Friedman Institute는 원격근무가 일상화되면, 2020년 4월까지 사라진 일자리의 약 42%가 영구히 사라질 것으로 전망하고 있다. 한국도 재택근무가 확대되고, 도심으로 몰리는 출퇴근과 교통량이 감소하면 수도권 도심의 부동산과 주거 수요가 감소할 것으로 보인다.

재택근무가 일상화되면 사무실은 사라질 것인가? 사실 인류 역사에 사무실이 등장한 지는 그리 오래되지 않았다. 근대적인 사무실의 시초는 1729년 영국 런던에 지어진 동인도회사 건물이다. 동

디지털 쇼크 한국의 미래

인도회사는 런던에서 수천 마일 떨어진 아시아에서 일어나는 정보를 기반으로 의사 결정을 내려야 했기 때문에 매우 크고 복잡한 관료제를 만들어냈다. 또한 많은 양의 문서를 작성하고 관리하였기 때문에 사무실이라는 공간이 필요했다. 현대에 들어 사무실이라는 공간을 인식하기 시작한 시기는 19세기 중반이다. 당시에는 공장의 구석에 위치한 회계 업무를 보는 공간을 경리실counting house이라고 불렀다. 수백 년 전 이탈리아 상업가의 사무실과 별반 다르지 않은 좁은 공간이었다. 이후 사무직 노동자가 늘어나면서 사무실은 공장에서 분리되어 도심의 오피스 건물에 자리 잡게 되었다. 이것이 오늘날 우리가 보는 사무실의 등장이다.

1880년까지만 해도 사무직 종사자는 미국 전체 노동인구의 5%도 안 되었지만, 2000년대 들어서는 55%를 넘어 노동자 중에 제일 비중이 큰 집단으로 성장했다. 한국도 1990년대에 들어서면서 블루칼라 노동자 수가 화이트칼라 노동자 수를 넘어섰다. 산업 시대에 기업들이 경쟁적으로 회사의 상징으로 고층빌딩을 건설하고 사무직 노동자들이 사무실에 모여 근무하게 되면서 현대 대도시가 형성되었다.

그동안 사무실과 직장은 우리 삶에 목적과 의미를 부여하는 공간이었다. 사무실은 잠자는 시간을 제외하고 일상의 대부분을 보내는 곳이었으며 우리가 실제로 사는 곳이라고 할 수 있다. 사무실에서 만나는 동료나 상사와 함께 있는 시간이 집에서 가족들과 보내는 시간보다 많다. 사무실은 사회생활 공간이고, 기업과 사람이 성장하는 공간이기도 하다. 비공식적인 대화에서 좋은 아이디어가 나오기도 하고, 상호작용을 통하여 생산성을 높이고 동기부여를 받는 공간이기도 하다. 이와 같이 사무실은 현대의 직장이 제공하는 6가지 양식, 즉 의사소통, 집중, 창조, 회의, 숙고 및 사교를 개괄하는 공간이다. 그러나 코로나19에 따른 재택근무의 일상화는 사무실의 위상에 변화를 일으키고 있다.

미래의 변화를 전망하는 가장 좋은 방법은 역사적 흐름을 읽는 것이다. 일은 공간과 밀접하게 결합하였으나, 시대가 변하면서 그 결합의 강도가 약해지고 분리되는 것이 변화의 흐름이라고 할 수 있다. 수렵채집과 농사는 땅과 분리될 수 없었다. 공장제 생산도 기계 설비와 노동이 분리될 수 없었다. 그러나 노동의 공간이 사무

[공간과 분리되어 온 일의 역사]

시대	공간	주요 노동	비고
수렵채집	대지	땅의 부속물인 열매 취득, 동물 사냥	숫자 등장
고대 농업	농지	곡물 재배	문자 등장, 수확물 집계 관리
중세 상업	공방, 점포	수공예 노동	동인도회사의 사무실 등장
근대 산업	공장	생산 기계를 조작하는 노동	공장 구석에 경리실 등장
현대 산업	사무실	사무실과 책상에서 업무 처리	사무 노동이 지배적인 노동이 됨
디지털	가상 공간	분산 사무실, 집 등에서 업무	노동이 공간에서 분리

디지털 쇼크 한국의 미래

실로 바뀌면서 일과 공간의 결합이 약해졌다. 공장은 이전하기 어렵지만, 사무실은 이전하기 쉽다. 이제 일이 사무실에서 분리되려 한다. 우리나라에서도 일부 기업이 거점 오피스를 운영하고 있다. 이동 노동의 시대가 다가오는 것이다. 재택근무는 이동 노동의 한 형태에 불과하다. 코로나19가 아직 위세를 떨치고 있는 지역에서는 분산 사무실과 이동 노동이 빠르게 정착할 것이다. 방역에 성공적인 국가에서는 변화의 속도가 느리겠지만, 속도의 차이가 있을 뿐 그 흐름은 거스를 수 없을 것이다. 디지털 시대에 사무실은 더 이상 중요한 공간이 아니다.

출퇴근이 필요 없는 직주일체의 시대를 준비해야

사무실은 업무 공간일 뿐만 아니라 의사소통, 창조, 회의, 숙고 및 사교를 위한 공간으로 한동안 유지될 것으로 보인다. 그러나 점점 집중이 필요한 개별 업무의 공간은 집이 되고 사무실은 회의, 브레인스토밍, 문화·교육 허브 등 집단적인 교류 및 상호작용을 위한 용도의 공간으로 변화할 것으로 전망된다. 사무실은 회사의 중추적 역할을 하는 공간으로 남겠지만, 규모는 대폭 축소될 것이다. 워크숍과 소셜의 공간으로 도심이 아닌 교외 지역으로 이전하는 사무실도 늘어날 것이다. 직원들이 주로 거주하는 주거지역 인근에 분산 사무실을 운영하는 기업이 늘어날 가능성이 크다. 이는 앞에서 다루었던 도심으로의 회귀, 즉 젠트리피케이션이 마감하고 다시 교외로 나가는 흐름의 시작이 될 것이다. 코로나19가 몰고 온

원격근무 경험은 화이트칼라 노동자들에게 도심에 살 이유를 없애고 있다. 언제 어디서나 원격으로 일하는 것이 가능한데 번잡한 도심에 있을 필요성이 줄어들기 때문이다. 주거지가 곧 일터인 직주일체 시대가 열렸다.

재택근무가 늘어날수록 거주지와 커뮤니티의 역할이 중요해지고, 지역이 일상의 중요 공간으로 등장할 것이다. 회사가 일상의 주요 공간이었을 때는 회사가 있는 도심지로의 접근이 중요하였으나, 재택근무가 일상이 되면 거주지 중심으로 일상생활이 개편되고 커뮤니티가 활성화될 것으로 전망된다. 새로운 사람을 만나고, 사회생활의 경험을 배우고, 주민들과 함께 지역의 발전을 모색하고, 문화와 여가 활동을 즐기는 공간으로서 커뮤니티가 재조명받게 될 것이다. 생활, 학습 및 업무와 같은 모든 종류의 기능이 결합한 비즈니스 커뮤니티의 등장도 예상된다. 이는 산업사회, 회사인간의 시대에서 해방되어 비로소 인간이 시민으로 재탄생하는 첫걸음이 될 것이다.

직주일체의 시대를 앞당기기 위해서는 무엇이 필요할까? 첫째는 주거지 인근에 공유 사무실 공간이 많이 만들어져야 한다. 집에서 일하는 것이 어려운 사람들이 저렴한 비용으로 공유 사무실이나 도서관 등에서 일할 수 있도록 해줘야 한다. 신규 아파트를 건축할 때 단지 내에 업무 등을 처리할 수 있는 복합적인 용도의 공간을 만들도록 해야 한다. 둘째는 재택근무 시행 기업에 대한 지원이다. 재택근무는 교통 혼잡을 줄여 온실가스를 감축하는 효과가 있기 때문에 재택근무를 시행하는 기업에는 조세 감면 혜택을 주는 것도 방법이다(네덜란드 실시). 셋째는 직원이 기업에 재택근무 등을 포함한 유연근무를 청구할 수 있는 권리를 부여하는 방안이다. 업무 특성상 재택근무가 가능할 경우 직원이 재택근무를 요구하면 기업이 이를 허락하도록 보장하는 방안이다(영국, 네덜란드 실시). 기업이 허락하지 않으면 노동위원회에 심판을 청구할 수도 있어야 한다. 재택근무의 정착은 기업의 의지만이 아니라 사회적 환경 조성이 뒷받침되어야 한다.

5부

대전환의 시대,
한국의 생존 전략

17장

디지털 전환을
대비하라

디지털이 세상을 바꿀 것이라는 사실을 누가 알았을까? 디지털이 계산기에서 지식을 다루는 기술로 진화한 것은 인류가 숫자를 발명하고 이어서 문자를 발명한 진화 과정을 닮았다. 기술의 욕망이라고 할까, 점이라는 컴퓨터에서 유무선 통신이라는 선의 연결로 다시 인터넷이라는 면의 단계를 거쳐 이제는 공간의 차원으로 진화하고 있다. 디지털은 스마트시티와 스마트홈 같은 지능화된 공간에서 가상물리시스템과 디지털트윈 같은 복제된 세상으로 진전을 거듭하고 있다. 그렇다면 그다음은 무엇이 될 것인가?

스마트폰으로 상징되듯이 우리의 일상은 이미 디지털 전환이 충분히 구현되었다. 그런데 과연 여기가 끝인 것일까? 아니면 경제를 넘어 사회와 정치, 세계질서로 이어지는 더 넓고 큰 변화를 불러올 것인가? 인쇄술은 근대 지식 세력의 탄생을 가져오고 산업혁명으로 이어졌으며, 산업혁명을 촉발한 동력 기관이 생산 혁명을 넘어 세계화로 공간의 확장을 가져왔다. 지금 디지털은 시공간을 초월해 세계를 연결하고 있다. 디지털혁명은 시작 단계일 뿐이다.

변화하는 일자리 시장과 사회보장제도

산업과 일, 일자리의 변화에 대한 우려가 커지고 있다. 특히 코로나19로 인한 사회적 봉쇄는 생산과 소비 활동 전반을 위축시켰다. 사람의 이동을 전제로 한 항공, 관광 등의 산업은 붕괴에 직면했고, 사람의 접촉을 전제로 한 서비스산업도 위축됐다. 많은 사람이 일자리를 잃었고 코로나19가 종식되더라도 고용은 회복되지 못할 것이라는 우려가 크다. 사람의 접촉을 최소화하는 로봇과 디지털 기술, 특히 인공지능을 활용한 기술은 자동화를 더욱 가속하고 있다. 자동화의 확대는 일자리 감소를 더욱 앞당길 것이고 사회가 대응할 시간을 줄일 것이다. 사람마다 다른 디지털 활용 능력의 격차, 사라질 직업과 새롭게 생길 직업 사이의 시간적 격차는 기술적 실업을 더욱 확대할 것이다. 기술적 실업이 완만히 진행돼도 충분한 일자리가 만들어지지 않을 가능성이 크다.

산업혁명기에는 다양한 새로운 제품이 등장하고 소비로 연결됨으로써 고용의 전환과 폭발을 가져왔다. 그러나 디지털 기술은 더 많은 제품을 생산하는 것이 아니라 더 적은 비용과 노동력으로 같은 양의 제품을 생산하는 기술로 활용되고 있다. 일자리가 늘어나

디지털 쇼크 한국의 미래

는 분야도 있겠지만, 생산 분야에서는 일자리가 대폭 감소할 수밖에 없다. 새로운 기술의 등장이 유발한 파괴적 혁신은 많은 사회적 갈등을 동반한다. 산업혁명 초기에 러다이트 운동(방직기계 등장으로 일자리를 잃은 직조공들의 기계파괴운동), 적기 조례(마차 사업을 보호하기 위해 자동차 속도를 마차 속도로 제한하고 마차가 붉은 깃발을 꽂으면 자동차는 그 뒤를 따르도록 한 조례)에서부터 최근 한국에서 벌어진 공유 서비스 제한 조치는 신산업의 등장 시기와 일자리의 격변기마다 갈등이 반복해서 재현된다는 것을 보여준다.

자동화와 지능화로 일자리를 잃은 노동자에게 필요한 복지와 직업 재훈련을 제공할 방안으로 로봇세robot tax를 부과하자는 제안이 있다. 이에 대해서는 기술적 진보를 거부하는 발상이라고 반대하는 의견이 많다. 생산성과 효율성을 높이려는 노력을 세금으로 규제하면 궁극적으로 경제성장도 저하될 것이다. 자동화 기계와 로봇에 대한 구분도 어렵다. 문제의 핵심은 기술 자체가 아니라 기술로 인한 성과 독식에 따른 불평등 문제다. 플랫폼 노동자, 배달 노동자, 긱 노동자의 증가는 노동법이나 사회보장제도로 보호받지 못하는 노동자를 양산하는 사회적 문제를 낳고 있다. 사회제도가 변화를 따라가지 못하는 데서 발생한 문제라고 할 수 있다.

기술의 편리성과 혁신성만을 강조하는 기술 신봉도 문제지만 기술이 가져오는 부작용과 폐단에 미리 겁을 먹고 기술을 규제하는 것도 문제다. 기술은 경쟁의 산물이다. 기술로 인해 한 사회공동체 안에서 승자와 패자가 나뉘고 갈등이 일어나는 것은 피할 수 없다. 파괴적 기술의 공격을 받는 구산업은 과거에 구산업을 공격한 신산업이었다. 산업과 기술에 대한 직접적인 개입이나 통제보다는 수용의 관점에서 보완점을 찾고 사회제도적으로 충격을 흡수할 수 있는 안전망을 완비하는 것이 바람직하다. 이는 역사가 증명한다. 사회보장제도는 경쟁 피해자를 구제하고 갈등을 완화하는 것이 혁신을 촉진하는 정책이 될 수 있다는 것을 보여준다.

기술혁신에 대한 과도한 믿음에서 벗어나야

혁신에는 고통이 따른다. 혁신에 따른 성장은 더 큰 파이를 만들어왔다. 신기술로 구기술이 대체되던 시기에 구기술 노동자들은 작업 현장에서 배제되었지만, 신기술과 관련된 고소득 직업과 전문성을 요구하는 일자리는 증가해 왔다. 이는 혁신의 상징인 자동화를 적극적으로 수용해야 한다는 주장의 배경이 되었고, 기술혁신에 대한 정당성을 부여하는 이데올로기로도 작용했다. 이 이데올로기는 지금은 고통스럽지만 참고 견디면 좋은 시대가 온다고 말한다. 자동화에 따른 부작용은 시간이 해결해 줄 것이고, 자동화를 제한하면 오히려 경쟁력이 저하되고 일자리도 줄어들 것이며, 자동화에 따른 양극화는 일시적인 것이고 시간이 지나면 혜택이 골고루 퍼지게 된다고 주장한다. 이러한 발전을 추구하며 세계 최강국이 된 나라가 미국이기 때문에 이 주장은 전 세계가 받아들여야 할 이데올로기가 되었다.

그런데 이러한 이데올로기에 의문을 제기하는 보고서가 미국에서, 특히 기술을 강조하는 MIT에서 나왔다. 4차 산업혁명, 인공지능, 로봇 등에 의해 일자리가 줄어들 것이라는 여러 연구 보고서가 나오던 2017년에 라파엘 라이프_{Rafael Reif} MIT 총장은 교수들에게 우리 시대의 결정적인 도전에 관한 연구를 요청했다. 첨단기술이 어떻게 변화하고 노동력을 변화시킬 것인지, 그리고 어떤 정책이 디지털 경제 시대에 미국인들에게 기회를 창출할 것인지에 관한 것이었다. 연구진은 기업 임원, 공무원, 교육자 및 노동계 지도자로 구성된 자문위원회를 구성하고 3년 동안 연구한 결과를 2020년 11월에 「미래의 일: 지능형 기계 시대에 더 나은 직업 만들기_{The Work of the Future: Building Better Jobs in an Age of Intelligent Machines}」라는 보고서로 발간했다. 보고서의 결론은 충격적이다. 미국의 노동자 대부분이 가난해지고 있다. 미국이 다른 선진국보다 임금격차가 더 크며, 상대적으로 양질의 일자리가 적고 세대 간 이동성이 적다. 불평등 때문에 성장의 혜택도 못 받고 있다. 미국 노동자의 처우 악화는 기술의 결과라기보다는 나쁜 제도 때문이다. 한마디로 기술적 실업과 양극화는 불가피한 것이 아니라 미국 제도의 태만 때문이라는 것이다. 그리고 대책으로 노동자의 더 많은 힘과 목소리 및 교섭력을 강조했다. 최저임금 인상, 실업보험 확대를 비롯해 가사 및 돌봄 노동자, 프리랜서 노동자와 같은 직종에서 단체교섭이 가능하도록 노동법을 개정할 것을 제안했다. 로봇과 인공지능은 일자리 없는 미래를 가져오지 않을 것이며 부족한 것은 시장의 요구에 맞춘 노동자 훈련, 직업교육이라고 지적했다.

디지털 시대에 맞는 새로운 사회보장 정책이 필요하다. 산업 시대의 사회보장제도가 고용의 관점에서 제조업 노동자의 보호를 위해 설계되었다면, 디지털 시대의 사회보장제도는 다양한 고용 형태 속에서 개인화된 노동자의 소득을 보장해 주는 방안 마련을 요구하고 있다. 노동자가 직업을 잃었을 때 새로운 직업을 갖기 전까지 어떻게 생활과 직무 교육을 지원할지, 그리고 이에 필요한 예산은 어떻게 마련할지에 대한 사회적 합의가 필요하다. 혁신의 장애물은 사회적 합의와 고통 분담, 상호부조의 측면에서 해결해야 한다. 혁신의 장애물을 해소하는 능력을 갖춘 나라, 사회 안전망을 갖춘 나라가 더 빨리 성장하는 시대가 될 것이다. 사회보장제도가 기술의 사회적 수용을 높이고 혁신을 촉진하는 바탕이다.

평생학습 체계로의 전환 필요

일반적으로 일의 기능은 재화와 용역을 생산하는 수단, 돈을 버는 수단, 마지막으로 삶에 의미나 목적을 부여하는 활동으로 정의한다. 사회의 발전과 더불어 일의 기능은 삶에 의미와 목적을 부여하는 활동이라는 점이 강조되고 있다. 앞으로 일은 사람들이 사회에 필요한 활동을 제공하고 가치를 교환하는 활동이 될 것이다.

사실 디지털 분야의 새로운 고용 효과는 아직 크지 않다. 이는 산업 시대의 인재 교육이 지속되면서 디지털 시대에 필요한 인재를 키워내지 못하고 있기 때문이기도 하다. 규칙적이고 표준화된 산업 노동과 같은 인재 교육 및 평가 방식으로는 디지털 시대의 인재를 키워낼 수 없다. 산업 경제가 제품의 시대였다면 디지털 경제는 '경험의 시대'다. 새로운 경험 상품을 만들어내기 위해서는 호기심, 새로운 발상, 도전과 시행착오, 인간에 대한 이해 등 표준화될 수 없는 교육이 요구된다.

앞으로의 일은 점점 더 단기적인 일, 점점 더 전문적인 일로 바뀌게 될 것이다. 한번 배운 능력을 계속해서 사용하는 일은 점차 줄어든다. 일에서 수시로 요구되는 전문적인 일을 수행할 수 있는 능력 교육으로의 전환이 필요하다. 경제학자 해리 홀저Harry Holzer는 자동화의 영향을 분석한 후 오늘날 노동자가 직면하는 더 큰 문제는 '숙련 편향적 기술 변화skill-biased technical change'라고 주장했다. 특별한 기술이 필요 없는 업무를 하는 사람은 자동화로 대체되고, 복잡한 업무나 사회적 상호작용이 필요한 업무를 수행할 능력이 있는 사람, 즉 더 나은 교육을 받은 사람에 대한 수요는 증가하는 노동력의 변화가 일어날 것으로 전망했다.

기술혁신이 지속되면서 사람들에게 새로운 기술과 지식을 습득하거나 역량을 향상시킬 수 있는 기회를 제공하는 것이 중요해졌다. 일자리를 얻기 위해 더 뛰어난 재능, 경력 전환의 유연성 등이 요구된다. 이 같은 관점에서 독일에서는 '평생학습 및 훈련 계좌lifelong learning and training account' 기금이 제안되었다. 노동자들은 1년에 일정 금액을 적립할 수 있으며, 이 금액은 소득공제를 받는다. 연방정부나 개인 고용주는 개인 적립금에 상응하는 금액을 적립해준다. 이렇게 준비한 계좌를 통해 사람들은 은퇴할 때까지 아무 때나 재훈련 및 성인 교육을 받을 수 있다. 프랑스는 이와 비슷한 '개인 활동비 계좌activity account' 제도를 시작했다. 또 다른 방식은 18세가 되는 시민이라면 누구나 보조금, 선급금grubstake을 받는 방식이다. 이 돈으로 성인이 된 청년들은 자신에게 도움이 될 강의나 교육을 자유롭게 선택할 수 있어 대학에 진학하거나 직업훈련 프로그램에 참가하고 있다.

독일은《노동 4.0 백서》에서 높은 수준의 고용과 취업 가능성을 보장하는 방안으로 다음과 같이 능력 개발과 평생직업능력개발의 필요성을 제시한다. 사회 및 직장에서 디지털 기술과 지능형 기계 시스템의 활용 목적에 대한 지속적이고 심도 있는 토론이 이루어져야 한다. 직원들이 기술 활용을 위한 제도를 설계하는 데 자신의 경험과 업무 공정 지식을 활용하고 이용자로서 자신의 요구를 제시하는 활발한 참여 문화와 평생직업능력개발 훈련이 필요하다. 노동 4.0은 평생직업능력개발을 위해 모든 이들이 자유롭게 이용할 수 있는 상담 서비스를 시행하고, 품질 보장 및 관련 인력의 전문성 강화를 위해 공적 자금의 확대를 촉구한다. 평생직업능력개발 제도로 파트타임 능력 개발 방안이 검토되고 있다. 파트타임 훈련 휴가 모델은 과거에 고령자의 은퇴 전 파트타임을 지원하던 모델에서 발전한 것으로, 능력 개발 지원 메커니즘을 차용하고 있다. 오스트리아에서는 근로자들이 훈련 이수를 위해 근로시간을 단축할 수 있고, 줄어든 근로시간에 대해서는 국가가 지원하는 '소득 대체income replacement' 급여로 보상받는다.

디지털 쇼크 한국의 미래

노동 4.0에서는 특정 목표 집단을 위한 맞춤형 교육 방법으로 디지털화에 따라 혼합형 학습blended learning과 같이 새롭거나 발전된 방식의 지속적 훈련을 주장하고 있다. 새로운 학습 유형들은 지속적 훈련의 시행 장소 및 시간에 유연성을 높여주며 직장 내 학습의 가능성도 높여준다. 컴퓨터 기반 훈련은 '업무 흐름 통합 학습'의 길을 열어주었고, 비용을 줄이며 새로 학습된 업무 공정을 바로 업무에 적용할 가능성을 높여준다. 디지털 보조 및 튜터링 시스템은 생산 공정 내에서 근로자 개인에게 맞춤 지원을 제공할 수 있다. 새로운 지속적 훈련 방식과 시스템은 특정 목표 집단과 연령대에 적합한 방식으로 내용을 전달하는 데 유용하다. 평생직업능력개발을 위한 제도인 '장기근로시간계좌'는 근로자들이 법에 명시된 목적(돌봄휴가, 육아휴가 등) 또는 사용자와 합의된 목적(평생직업능력개발, 안식기, 퇴직 전 휴가 등)으로 휴가를 사용하는 경우에 탄력적으로 사용할 수 있는 방안이다.

막을 수 없는 디지털 전환의 가속화

코로나19가 인류에게 던진 메시지는 두 가지로 요약할 수 있다. 첫째 디지털 전환이 거스를 수 없는 흐름이 되었다는 점, 둘째 전 지구적 위기는 언제든지 닥칠 수 있다는 점이다. 코로나19가 급속하게 팬데믹으로 발전하고 세계가 국경과 사람의 이동을 통제하는 상황까지 온 것은 디지털화가 가져온 공간적 글로벌화와 가치사슬의 완성에 따른 것이라고 할 수 있다. 공간적 연결은 세계의 생산과 소비를 촘촘한 글로벌 가치사슬망으로 만들었다. 이 속에서 전염병 또한 급속히 확산되었다. 나아가 디지털 기술은 전 세계 어디에서 일어나는 일이든 실시간으로 세계 모든 사람이 알 수 있는 세상을 만들었다. 전 세계가 같은 시공간대에 살게 된 것이다.

치료제와 백신이 없는 상태에서 가장 효과적인 대책은 사회적 거리두기로 전염병의 확산 속도를 늦추는 것이었다. 물리적 이동이 제한된 상태에서 사람들은 언택트 또는 온택트on-tact(온라인 접촉) 활동으로 대응했다. 직접 만나는 대신 SNS로 소식을 공유하고, 쇼핑뿐만 아니라 교육, 게임, 회의, 근무 등 많은 활동이 온라인으로 전환되었다. 누구도 추진하지 못한 급속한 디지털 전환을 코로나19가 강제했다.

인류가 만든 글로벌 세계는 한편으로 지구의 위기를 의미한다. 코로나19를 비롯하여 사스, 메르스 등 최근에 발생한 전염성 질병은 인간이 이전에는 겪어보지 못한 인수공통 전염병이라는 특성이 있다. 인간이 점점 더 깊은 오지까지 개발하면서 생태계가 파괴되고 야생동물과 인간의 접촉이 늘어난 것이 새로운 질병의 직접적 원인이다. 산업화 이후 급속한 지구온난화는 더 큰 위험을 예고하고 있다. 인류학자들은 지구의 온도가 1.5~2도 이상 상승하면 지구는 '찜통 효과(빙하 속에 갇혀 있던 이산화탄소가 높은 기온에서 대기 중에 배출되어 온실 효과를 가속해 온도가 더 상승하는 효과)'로 인하여 동식물의 서식지가 급속히 황폐화되고 많은 해안 인근 도시 지역이 바다에 잠길 것으로 예상하고 있다.[1] 코로나19로 인한 봉쇄

기간 동안 인간의 활동이 급속히 줄어든 틈을 타 지구는 빠르게 회복되었다. 전 세계 곳곳에서 관측 이래 최고의 대기 상태가 유지됐다. 교통량 감소, 생산 감소에 따른 것이었다. 결국 인간이 이동을 줄이고 온라인 활동을 하는 것만으로도 지구 환경이 개선될 수 있다는 것을 보여주었다.

디지털 전환의 가속은 지구 환경의 개선과 지속가능성을 위해서도 필요하다. 디지털 기술을 이용하여 에너지 효율을 높이고, 산업을 저에너지 산업으로 전환하고, 일하는 방식을 디지털로 전환하는 노력을 더 기울여야 한다. 디지털화로 인하여 기존 산업에서 감소한 노동력이 에너지 절약 산업으로 이전될 수 있도록 대책 방안이 필요하다. 디지털 기술이 인류가 직면한 지속가능성의 위기를 극복하는 솔루션이 되어야 한다. 이러한 노력을 기울일 때 디지털은 진정으로 새로운 시대를 여는 힘이 될 것이다.

플랫폼의 정보 독점, 민주주의를 위협하다

플랫폼의 독점 이슈는 경제 분야에서 정치 분야로 확대되고 있다. 페이스북, 트위터, 유튜브 등 SNS 플랫폼의 알고리즘은 이용자의 성향에 맞춰 정보를 큐레이션해 제공한다. 이는 소비자들을 특정 성향의 필터 버블filter bubble에 갇히게 하는 역효과, 에코 챔버echo chamber 효과를 가져온다. 사용자 맞춤형 서비스는 사용자가 듣고 싶고, 보고 싶어 하는 정보를 찾아 제공하면서 모든 사람이 자신과 비슷한 생각을 한다고 착각하게 만든다. 사용자는 진영 논리 속에

갇히고 플랫폼은 더 극단적이고 음모론적인 콘텐츠로 사용자를 이끈다. 온라인상에서 정치적 의견의 대립이 격화되고 있는 것은 현실 세계의 정치적 갈등을 반영하는 것이기도 하지만, 온라인 플랫폼이 이를 조장한 경향도 있다. 관심을 끌어 광고 수익을 올리는 SNS 플랫폼의 관심경제에 대한 제재가 필요하다는 목소리가 커지고 있다.

최근에는 모바일이 보급되면 정치적 양극화가 심화된다는 연구 결과도 나왔다. 유럽 지역에 모바일이 보급되면서 기존 정당, 정부에 대한 신뢰가 감소하고 반대로 극우와 극좌 성향의 정당 지지도는 증가했다는 것이다. 모바일 사용 증가는 SNS 이용의 증가로 이어지기 때문에 SNS가 정치적 성향의 양극화를 부추기고 있다고 볼 수 있다.

플랫폼 운영 기업이 플랫폼을 통해 사용자에게 미치는 영향력이 커지는 문제는 언론의 자유와 민주주의라는 측면에서 새로운 이슈를 제기하고 있다. 도널드 트럼프 전 미국 대통령이 대통령 선거 결과에 불복하며 지지자들을 선동하는 가짜 정보를 게시하고, 그를 지지하는 극단주의자들이 워싱턴 국회의사당에 난입하는 사태가 발생하자 페이스북은 트럼프의 게시물을 삭제했고 트위터는 계정을 일시적으로 정지시켰다. 가짜뉴스에 대한 플랫폼 기업의 책임 있는 대응이 요구되는 상황이었던 한편, 다시 한 번 플랫폼 그리고 플랫폼 운영자가 여론 형성에 미치는 영향력을 확인시켜 주는 결과가 되었다. 민주주의는 자유로운 언론과 여론, 정당 간의 경쟁에 기반하고 국민에 의해 선출된 국가(정부) 권력에 통치와 통제의 정당성을 부여하는데, 사기업인 플랫폼이 정치적 영향력을 행사하는 일이 벌어진 것이다. 또한 국외 세력이 플랫폼을 이용해 다른 나라의 정치와 선거에 영향을 미칠 수 있다는 문제도 드러났다.

플랫폼 독점을 어떻게 규제할 것인가

플랫폼 독점은 온라인 네트워크 효과에 따른 것이기 때문에 자연스러운 현상이고, 이를 강제로 규제하는 것은 자유로운 경제활동을 침해하는 것이라는 주장도 많다. 그러나 플랫폼의 시장지배력이 커지고 정보독점이 심화되면 새로운 경쟁자가 등장하거나 공정하게 경쟁하는 일이 어려워질 것이라는 우려에 공감대가 커지고 있다.

현재 플랫폼 독점에 대한 규제로는 세 가지 방안이 거론되고 있다. 첫째는 반反독점법으로 플랫폼 기업을 해체하고 여러 기업으로 나누는 것이다. 그러나 네트워크의 특성 때문에 시간이 지나면 쏠림 현상으로 특정 기업의 시장지배력이 높아질 것이라는 주장도 있다. 두 번째는 플랫폼을 인프라와 서비스 제공자로 나누는 것이다. 유틸리티 플랫폼은 인프라로 간주해 독점을 허용하고, 대신 인프라를 공개해 여러 서비스 제공자가 인프라 데이터를 활용할 수 있게 하는 것이다. 최근 프랜시스 후쿠야마Francis Fukuyama 스탠퍼드대 석좌교수가 주장한 '미들웨어middleware' 기업이 플랫폼 위에서 소비자에게 맞는 인터페이스를 제공하는 방안도 비슷한 방안이다.

그러나 이 역시 플랫폼의 영향력은 약화할 수 있지만, 미들웨어도 필터 버블 효과를 일으킬 것이라는 비판이 있다. 세 번째는 플랫폼의 자연독점 현상은 용인하고, 불공정 행위를 규제하고 가짜뉴스 등에 대한 책임 관리를 강화하는 방안이다. 플랫폼상의 개인정보 이동권(전송 요구권)을 보장하는 방안도 제기되고 있다. 이는 플랫폼 독점이라는 구조는 건드리지 않고 운영 방식을 규제하는 방안이다. 현실을 인정하는 미흡한 대책이라는 비판이 크다.

플랫폼 독점 이슈는 앞으로 디지털의 영향력을 어떻게 시민사회가 수용하고 통제할 것인가라는 이슈와 맥을 같이 한다. 플랫폼의 긍정적인 효과는 유지하면서 독점적 영향력은 약화하고 플랫폼이 자유시장경제와 민주주의를 촉진하는 방향으로 기여하도록 만드는 지혜가 필요하다. 온라인에 모인 대중의 집단지성의 힘을 발휘할 때다.

글로벌화된 세계, 사이버 분열과 갈등 넘어서야

우리는 글로벌화된 세상에 살고 있지만, 세계는 다시 분열하고 있다. 그리고 이러한 분열은 세계를 하나로 만드는 데 기여했던 통신의 연결에서 발생하고 있다. 5G를 둘러싸고 미국과 중국을 양축으로 하는 대립이 확대되고 있는 것이다.

통신은 정보보안, 국가안보, 첨단기술이 만나는 첨예한 영역이다. 이전의 4G통신이 주로 음성과 데이터 등 사람과 정보의 연결에 주력했다면 5G는 사람의 연결을 넘어 사물인터넷이라는 사물

디지털 쇼크 한국의 미래

의 연결로 이어지고 있다. 사물의 연결은 자율주행차, 스마트시티, 교통 시스템, 스마트팩토리, 스마트홈, 원격의료 등 물리적인 생활의 모든 인프라와 장비가 연결되는 것을 의미한다. 즉 해킹이 일어날 경우 엄청난 물리적 손실뿐만 아니라 사람의 생명까지 위험해진다. 보안과 신뢰성이 더 중요해졌다.

현재 상황은 세계가 상품 생산과 물류의 글로벌화를 넘어 사회 운영 인프라의 글로벌화로 나아가는 단계에서 제동이 걸렸다고 볼 수 있다. 앞에서 살펴보았듯이 빅데이터 시스템은 개인 맞춤형 서비스뿐만 아니라 개인의 프라이버시를 침해하고 감시할 수 있는 시스템이 될 가능성이 있다. 디지털 시스템이 악용되는 것을 막기 위해서 시민사회의 감시가 필요하다고 지적한 이유다.

마찬가지로 5G통신 인프라에 대해서도 국제적인 시민사회의 감시 필요성이 커지고 있다. 인류의 자산인 통신 시스템을 둘러싼 국가 간 이해관계 대립을 해소해야 한다. 글로벌 차원에서 디지털화가 한 단계 더 진전되기 위해서는 국제사회에서 디지털에 대한 신뢰성이 더 높아져야 한다. 디지털이 인류가 갈등을 극복하고 신뢰를 높여나가는 데 기여할 수 있을 것인가? 정보의 투명성은 신뢰를 높인다. 디지털이 정보의 투명성을 높이고 의사 결정의 투명성을 높이는 데 기여할 수 있다면, 디지털은 새로운 세상을 열 수 있을 것이다. 디지털 대전환은 지구의 위기를 극복하고, 국가 간 갈등을 해결하는 거대한 과제를 극복하는 과정이 될 것이다. 물론 실패한다면, 디지털은 유례없는 대재난의 씨앗이 될 수 있다.

18장

한국 경제,
어떻게 혁신할 것인가?

한국 경제에 대한 위기의식이 커지고 있다. 일차적인 지표는 경제성장률의 저하다. 한국은행은 2021년 경제성장률을 코로나19 팬데믹 상황에서 3%대로 전망하였다. 이전 수준의 경제성장이 전망되고 있지만, 여전히 잠재성장률에 못 미치고 있다.

경제성장을 저하하는 외부 요인으로는 미국과 중국 간의 무역분쟁으로 인한 글로벌 교역 부진, 코로나19 팬데믹 이후 지역 경제블록의 강화, 반도체 경기의 변동, 중국의 내수 부진 등 전반적인 수출 분야의 부진이 지목되고 있다. 우리나라와 같은 수출 주도 경제에서 세계 경기의 둔화는 국내 경제에 직접적인 영향을 미친다.

내부 요인에 대해서는 의견이 분분하다. 소득 주도 성장 정책에 따른 최저임금의 급격한 인상, 52시간 노동제에 의한 노동시간의 감소 등이 경제 활력을 떨어뜨렸다는 주장과, 소득분배 격차가 완화되는 성과가 나오고 있다는 주장 등 대립된 진단과 분석이 나오고 있다. 국내 요인에 대한 진단과 처방은 보수와 진보 진영 간의 정쟁 차원으로 비약하고 있다. 현상과 부분에 집착하고, 이론과 이념의 프레임으로 재단하여 구조적인 원인 분석을 도외시하고 있기 때문이라고 본다.

이 장에서는 단기적, 현상적 진단이 아닌 장기적, 구조적 측면에서 한국 경제의 작동 구조와 한계를 밝히고 극복 방안을 제안하고자 한다.

한국 경제의 성장과 한계

한국은 놀라운 경제성장을 이룬 나라다. 한국전쟁 직후인 1953년 1인당 국민총소득은 67달러에 불과했으나 2018년에 3만 달러를 달성하는 성과를 거두었다. 우리나라는 원조를 받던 나라에서 원조를 주는 첫 번째 나라가 되었다. 그런데 왜 불안할까?

우리나라는 1970년대와 1980년대에 연간 10%대의 고도성장을 지속하였고, 1990년대에도 연평균 7.2% 성장을 유지하여 2006년에 국민소득 2만 달러를 달성하였다. 그러나 1998년 IMF 금융위기를 겪은 이후 경제성장률이 2000년대에는 4.6%, 2010년 이후에는 3%대로 떨어졌다. 2011년부터는 세계 경제성장률보다 낮은 성장률을 보이고 있다. 선진국에 진입하면 경제 규모가 커지기 때문에 경제성장률이 감소하는 경향이 있지만, 한국은 그 감소세가 급격하다. 이는 국민소득 3만 달러를 달성하는 데까지 걸린 시간을 봐도 알 수 있다. 우리나라는 2006년 2만 달러였던 국민소득이 12년 후인 2018년이 되어서야 3만 달러에 달했는데, 선진국들은 2만 달러에서 3만 달러가 되는데 평균 8.3년이 걸린다. 성장률 저하도 선진국들보다 빠르게 나타나고 있다.

성장률 저하의 원인은 무엇인가? 일반적으로 성장을 이끄는 요소는 소비, 투자, 수출, 생산성, 재정지출(경제 내적 요소에 집중하기 위해 재정 분석은 제외하였다) 등으로 설명되며 이들이 복합적으로 작용한다. 우선 투자의 측면에서 보면, 한국은 여전히 높은 투자율을 유지하고 있다. 2017년 기준 OECD 국가들의 GDP 대비 투자는 평균 22%인데, 한국은 35%로 높은 투자율을 유지하고 있다. 즉, 투자 부진을 성장 정체의 원인으로 보기는 어렵다. 투자가 성장을 유지하고 있지만, 효율성은 떨어진다고 봐야 한다. 소비를 살펴보면, OECD 국가들의 GDP 대비 소비는 평균 68%인데 한국은 61%로 상대적으로 소비시장이 작다. 즉 소비시장이 성장을 견인하는 데 큰 기여를 못 하고 있다는 뜻이다. 우리나라의 소비시장은 합계출산율이 1명 이하로 떨어진 저출산과 고령화로 인하여 더 위축될 가능성이 크다. 이는 한국 경제가 투자와 국내 소비시장과의 연계성이 약한 수출 주도 경제라는 것을 보여준다.

또 다른 특징은 가계소득은 감소하는데 법인소득은 증가한다는 점이다. 우리나라 국민총소득GNI 중에서 가계소득 비중은 1980년 72%에서 2016년 62%로 감소한 반면, 법인소득 비중은 1980년

14%에서 2016년 24%로 증가하였다. 특히 1990년대 말부터 가계소득은 급속히 감소하고, 기업소득은 급속히 증가하는 양상을 보인다. 2016년 국가별 GNI 대비 가계소득/법인소득 비중을 보면 영국, 미국, 프랑스, 이탈리아, 캐나다, 독일 모두 가계소득이 70% 대로 높은 비중을 보이지만 한국은 일본과 네덜란드(64%)보다 낮은 62%에 불과하다. 기업의 성장이 가계소득의 증가로 연결되지 못하고 있다.

투자와 국내 소비시장의 연계 부족, 법인과 가계의 소득격차 증가는 소득 주도 성장론의 배경이 되었다. 국내 소비시장을 키우기 위해서는 가계소득이 늘어야 하기 때문이다. 정부는 최저임금인상과 재정지출로 소득 보전을 지원하고 있으나, 생산성이나 성장률 증가 대책으로는 한계가 있다.

우리나라의 성장동력이 약해진 원인을 경제 외의 부분에서 찾아보면 우선 정치가 갈등 비용을 키우며 효율성을 저해하고 있고, 정부가 과거의 성공 경험에 젖어 물량 투입 방식과 보신주의에 빠져 있으며 연구개발 혁신 시스템이 고장 나 효율성이 떨어진다는 점을 꼽을 수 있다. 다만 이 장에서는 이러한 경제 외적인 논의는 제외하고 경제 내적 문제에 집중하고자 한다. 한국 경제 내부의 구조적인 문제는 낮은 가계소득과 노동의 양극화를 들 수 있다. 가계소득은 주로 근로소득과 자산소득으로 구성되고 근로소득은 고용과 노동생산성(노동자 1인당 부가가치액)과 관련이 있다.

결국 생산성 저하가 문제다

고용의 양적 측면을 보면, 가장 큰 문제는 높은 청년실업률이다. 청년실업률은 2009년 8.1%에서 2018년 9.7%로 증가했다. 특히 남성과 대졸 실업률이 높다. 청년실업률이 전체 실업률보다 2.5배 높으며, 청년 중에서도 대졸 이상의 실업률이 고졸보다 2배 높다. 사회 전체적으로 고용은 유지되고 있으나, 대졸 이상의 청년들에게 제공되는 양질의 일자리가 부족하고, 새로운 양질의 일자리가 충분히 만들어지지 않고 있다.

결국 많은 대졸 청년들이 취업준비생으로 상당한 시간을 보낸다. 청년들이 공무원, 교직원 시험에 몰리는 이유는 신분의 안정성과 더불어 높은 연금 때문이다. 고학력 청년 실업의 원인은 고학력 전문직 수요보다 높은 대학 진학률에서 찾을 수 있다. 우리나라 고등교육 이수율은 OECD 국가 중 최고다. 높은 고학력 청년실업의 둘째 원인은 신규 고용을 만들어내는 신생 기업이 부족한 데 있다. 일반적으로 신생 기업은 청년 고용 비중이 높다. 그러나 단순히 고용의 양적 측면만으로는 경제성장 저하의 원인을 설명하기 어렵다. 원인은 고용의 질적 측면에서 찾을 수 있다.

고용의 질적 측면은 임금과 노동생산성(실질총부가가치/노동시간)이다. OECD가 발표한 자료(2017년 기준)에 따르면, 한국의 1인당 연평균 노동시간은 2,024시간으로 OECD 국가 중 멕시코와 코스타리카 다음으로 길었다. OECD 평균은 1,760시간이고 가장 낮은 독일은 1,356시간에 불과하다. 긴 노동시간은 시간당 노동생산성이 낮다는 것을 의미한다. 2017년 기준으로 한국은 시간당 노동 생산성이 34.3달러로 미국의 52%, 독일의 55%, 일본의 79% 수준에 불과하고 OECD 35개국 중에서 27위에 머무르고 있다. 특히 서비스업 노동생산성은 시간당 약 24달러로 OECD 중 최하위이고, 제조업 노동생산성의 51% 수준이다. 서비스업의 낮은 노동생산성은 공급과잉으로 서비스 단가가 낮기 때문이고 이는 다시 서비스업의 낮은 임금으로 이어지고 있다. 전체적으로 한국은 독일보다 1.5배 더 길게 일하고 노동생산성은 독일의 절반에 불과한, 비효율적인 노동 관행을 보인다. 제조업이 경제성장을 이끌던 역할이 축소되었고, 이를 대신할 새로운 산업이 등장하지도 다른 분야 산업이 발전하지도 못하고 있다.

노동생산성과 함께 총요소생산성도 문제다. 한국은행의 잠재성장률 추이 및 요인별 기여도 자료(2019년)에 따르면, 경제성장률에서 기여하는 총요소생산성이 지속적으로 하락하고 있다. 총요소생산성은 1980년대 5%대, 1990년대와 2000년대 3%대 수준, 2010년대 1%대로 급락하였다. 총요소생산성은 자본, 노동 이외의 기술, 지식 등에 의한 혁신 및 효율성과 규제 등의 경제 환경을 의미한다. 즉 일반적인 자본과 노동 이외에 경제성장에 기여하는 새로운 지식, 연구개발 투자, 규제 완화, 경제의 개방도 등을 포함한다. 노동력 투입이 경제성장률에 기여하는 부분은 급속히 낮아지고 있으며 자본 투입이 경제성장률 유지에 큰 기여를 하고, 총요소생산성의 기여는 정체하고 있다. 노동시간을 늘리는 노동 투입으로는 경제성장을 견인할 수 없고 총요소생산성, 즉 새로운 기술과 지식에 의한 혁신 및 효율성을 높이는 노력이 필요하다. 이는 한국생산성본부의 총요소생산성 국제 비교 자료(2018년)를 보면 명확하다. 전산업의 부가가치 기여율 분석(2001~2016년 평균)을 보면 한국 총요소생산성의 산출 성장에 대한 기여율이 미국과 독일의 약 3분의 1 수준에 불과하다. 선진국들의 경우 경제성장률은 낮지만, 그나마 총요소생산성이 큰 기여를 하고 있다. 따라서 총요소생산성을 높이지 못하면 한국 경제는 정체될 수밖에 없다.

대기업과 중소기업 간의 임금격차와 생산성 격차

한국의 고용 구조의 특징은 중소기업의 고용 비중이 높다는 것이다. 2017년 기준으로 종업원 수 300인 미만 중소기업에 근무하는 취업자 비중이 85.4%(20인 미만 소기업 취업자 비중은 51.7%)에 달한다. OECD 통계에 따른 종업원 수 250인 미만 중소기업의 고용 비중은 한국이 87.2%로 독일(62.9%), 일본(52.9%), 미국(40.7%)에 비해 과하게 높다. 이렇듯 국민 대다수가 중소기업에서 일하고 있는데, 중소기업과 대기업 간의 임금(보상)격차가 확대되는 것은 한국 경제의 구조적 문제점이다.

대기업 대비 중소기업의 평균임금 비율 추이를 보면 대기업 임금을 100으로 하였을 때 1980년 중소기업의 임금은 전산업의 경우 96.7%, 제조업의 경우 91.0% 수준이었다. 그러나 이후 급속히 격차가 벌어져 2014년 기준으로 각각 62.3%, 53.2%로 격차가 커지고 있다. 중소기업과 대기업 간의 평균임금격차는 다른 선진국들과 비교할 때 비정상적인 수준이다.

특히 우리나라의 대기업과 중소기업의 연봉 격차는 근속연수가 길수록 증가하는 양상을 보인다. 연공성에 따른 임금격차 또한 심하다. 한국노동연구원의 제조업 임금 연공성 비교(2016년)에 따르면 근속연수 1년 미만의 임금을 100으로 두었을 때, 매년 격차가 커져 10~15년 사이에 211, 20~30년 사이에 313으로 3배 이상 차이를 보인다. 비교 국가인 독일, 프랑스, 이탈리아, 스웨덴, 영국, 일본 모두 20~30년 사이에도 1.5배 수준이다. 근속 1년 차와 30년 차의 임금격차도 핀란드 1.23배, 영국 1.6배, 독일 2.1배, 일본 2.48 배인 데 비해 한국은 3.28배에 달한다. 동일노동 동일임금이라는 원칙에서 볼 때, 다른 비교 국가들은 노동생산성에 비례하여 임금이 높아지고 있다면 한국은 노동생산성보다는 연공성이 더 크게 작용하고 있다. 이는 전체 임금에서 장기근속자가 단기 근속자의 임금을 이전받은 것이라고 볼 수 있다. 또한 통계청에 따르면 기업 규모별 근로자의 평균 근속기간(2018년)은 대기업이 7.5년인 데 비해 중소기업은 절반에도 못 미치는 3.1년이다(비정규직의 근속기간은 2.4년에 불과하다). 중소기업 근로자의 짧은 근속연수는 경험의 차이를 가져와 낮은 생산성에도 영향을 미친다. 이와 같이 근속연수의 차이와 연공성 임금이 대기업과 중소기업 간의 임금격차를 키우고 있다.

대기업과 중소기업 간의 임금격차는 직접적으로는 노동생산성의 차이에서 기인한다. 대기업 대비 중소기업의 노동생산성을 비교해 보면 대기업을 기준으로, 중소기업은 1988년에 57%였고, 2008년 33% 수준으로 내려온 후 지금까지 30% 초반대를 유지하고 있다. 반면에 주요국의 대기업 대비 중소기업 노동생산성 비율은 프랑스 63.7%, 독일 58.5%, 일본 50.5%로 우리나라를 크게 상회하고 있다.

그럼 무엇이 이런 생산성(부가가치, 이윤) 차이를 가져왔는가? 자본 장비율, 외주·하청 가공, 협상력 등의 차이에서 원인을 찾을 수 있다. 첫 번째로는 대기업의 근로자 1인당 자본 장비율이 중소기업의 2배 수준에 달하는 점을 꼽을 수 있다. 자본 장비율을 추정하는 부가가치 중 감가상각비 비중은 2016년 대기업 23%, 중소기업 12%로 대기업이 더 자본집약적이다. 대기업의 유형자산 설비 투자 비중도 매우 높은 것으로 추정된다. OECD 통계에 의하면 2016년 기준 우리나라 기업의 GDP 대비 총고정자본형성은 30%로 미국, 독일, 일본 등 20% 내외인 주요 선진국들보다도 높은 수준이다. 산업용 제조 로봇 도입률에서도 알 수 있는데, 2015년 근로자 1만 명당 로봇 수가 우리나라는 520여 대에 달하여 일본과 독일의 300대보다 훨씬 높은 자동화 로봇 도입률을 보이고 있다.

둘째는 대기업의 외주·하청 가공의 확대다. 대기업은 고용 여력(높은 부가가치 증가)이 있는데도 고용 규모를 늘리지 않고 대신 인건비가 싼 중소기업을 활용하고 있다. 2000년부터 2016년까지 전국의 제조업 전체 고용 증가분 65.2만 명 중 중소기업 고용 인원은 57.5만 명으로, 중소기업이 전체 고용 증가분의 88%를 차지하고 있다. 원하청 단계별 근로조건 격차를 보면 원청기업의 임금 총액을 100으로 하였을 때, 하청기업은 51.1, 3차 이상 하청기업은 42.2에 불과하다. 노동조합 가입률을 보면 원청기업이 39.2%인 데 비해 하청기업은 6.8%이고, 3차 이상 하청기업은 2.8%에 불과하다.

셋째는 대기업의 중소기업에 대한 가격 협상력 강화다. 납품 단가 인하, 불공정 거래 등 대기업의 가격 협상력이 강화된 데는 중소기업의 상대적 약화와 더불어 대기업의 해외 직접 투자 확대가 원인이다. 2000년 16억 달러에 불과했던 기업체의 해외 직접 투자는 2016년 78억 달러로 증가하였다. 제조업의 해외생산 비중도 2003년 4.6%에서 2017년 19.1%로 증가하였다. 이는 주로 수출 대기업의 해외 직접 투자 증가, 생산 공장의 해외 이전 때문이다.

넷째, 글로벌 가치사슬 구조에 편입된 대기업의 경쟁력 때문이다. 수출 주도형 대기업의 경우 국내 산업과의 연관관계가 적은 상태에서 해외의 부품에 의존하거나(우리나라 반도체 등 장치 산업의 일본 소재, 부품, 장비 의존 사례), 해외에서 조립 생산하는 추세가 늘어나고 있다. 대기업이 주도하고 있는 통신, 가전 등의 경우 해외 생산 비율 90%에 달하고 있다.

이러한 이유로 유발된 중소기업의 낮은 생산성은 주로 중소기업의 저임금 비정규직 양산으로 이어지고 있다. 즉, 대기업과 중소기업의 이중구조는 정규직과 비정규직의 이중구조와 연계되어 비정규직의 저임금을 유발한다. 한국노동연구원의 자료에 따르면 정규직 임금을 100으로 하였을 때 비정규직의 상대임금 추이가 2004년 65를 정점으로 2009년 54.6으로 급락했고 2016년에는 53.5로 떨어졌다. 기업 규모가 커질수록 정규직과 비정규직의 임금격차가 커지고 있다. 2016년 기준 대기업 정규직 임금을 100으로 하였을 때, 대기업 비정규직은 62.7, 중소기업 정규직은 52.7, 중소기업 비정규직은 37.4로 큰 격차를 보이고 있다. 정규직과 비정규직의 노동시장 간 이동도 매우 제한적이다. 정규직과 비정규직은 과거 신분제의 부활이라고 할 수 있다.

한국 경제의 이중구조는 왜 고착되는가

한국 경제의 양극화, 즉 이중구조는 법인과 가계소득, 대기업과 중소기업, 정규직과 비정규직 등 다방면에 걸쳐 나타나고 있다. 일반적으로 격차가 발생하면 균형화 메커니즘이 작용한다. 그러나 균형화 메커니즘이 전반적으로 작용하지 않고 분절된 시장 내에서만 작동하면 경제 전체적으로는 균형화 경향이 나타나지 않고 격차가 확대된다. 한국 경제에는 이런 이중구조가 고착화되고 있다. 이중구조에서는 둘 사이에 장벽이 존재하고 이해관계가 대립하는 성격을 갖게 된다. 수출과 내수 시장의 연결이 약하고, 대기업과 법인은 중소기업과 가계에 대한 불충분한 이윤 배분으로 성장하고, 정규직은 비정규직의 희생 위에 공고히 자리를 지키고, 장기근속 장년은 단기 근속 청년의 임금을 이전받고 있다. 둘 사이에 이해가 충돌하는 제로섬 게임이 작동하고 힘의 우위에 있는 한쪽(대기업, 법인, 정규직, 연공성)이 더 많은 이익을 가져가는 이중구조가 정착하고 있다. 이러한 이중구조는 경제정책에서도 왜곡 현상을 가져온다. 중소기업과 비정규직은 과잉 공급 상태에서 긴 노동시간으로 소득을 보전하는 구조다. 그래서 노동시간 단축은 저임금 노동자들의 소득 감소, 최저임금인상은 저임금 노동자의 고용 감소라는 혼란을 가져온다.

한국 경제의 이중구조는 어떻게 시작되었고, 또 어떻게 고착화되고 있는 것일까? 우선 성장 방식의 문제를 살펴보면 한국의 경제 발전은 불균등 성장론, 선택과 집중의 성장론에 바탕을 두고 있다. 1960년대 경제개발 5개년계획은 관료에 의한 정부 후견의 경제 발전 방식을 채택하였다. 농업경제에서 산업 경제로 단기간에 전환하기 위해서는 국제 분업 구조 속에 편입되어 수출 주도의 경제성장 정책을 추진할 수밖에 없었다. 정부의 외국 차관 도입, 산업은행을 통한 수출산업 육성 정책 속에 정부 후견으로 수출품을 만드는 기업이 쉽게 성장했다. 농촌의 저가 농산물과 농촌에서 유출된 저임금 노동자들을 활용하여 경공업의 수출 경쟁력을 만들어 국제 분업 구조에 편입될 수 있었다. 계속해서 정부의 강력한 산업구조 고도화 정책으로 우리나라는 경공업에서 중화학공업과 전자산업으로, 국제 분업 구조에서 가치사슬을 고부가가치 산업으로 성공적으로 이동했다. 또한 낮은 임금과 장시간 노동, 생산관리의 효율화로 경쟁력을 확보했다. 정부의 각 분야 연구소 설립과 연구개발 정책은 수출 대체 기술을 신속히 개발 공급하여 기업의 기술력과 수출 경쟁력을 높이는 데 기여하였다. 이와 같은 정부 주도의 산업정책은 1980년대 '한강의 기적'이라는 경제성장을 이뤄냈다.

그러나 1980년대 말에 들어서면서 기업의 모방 추격 방식의 경쟁력은 한계를 드러낸다. 당시에는 정경유착을 통해 정부의 지원 하에 은행 대출을 받아 공장을 운영하면 쉽게 돈을 벌 수 있었다. 그래서 기업들은 무리한 문어발 확장을 시도했고, 결국 과잉 공급이라는 새로운 상황에 직면하여 도산이 증가하였다. 결국 1998년 IMF 외환위기로 한국 경제는 파국을 맞이하였다. IMF 외환위기는 국내 내수 시장을 침체시키는 데 결정적 역할을 했다. 기업의 도산으로 실업이 증가하고 자영업이 과잉 공급되면서 국내 서비스와 내수 시장은 저임금, 저수익 구조가 정착되었다. 모방 생산 속에서 자체적인 기술력과 경쟁력을 확보한 기업과 확보하지 못한 기업 간의 경쟁력 차이가 벌어지면서 대기업 중에서도 많은 기업이 수출 경쟁에서 탈락하고, 소수의 대기업 집단으로 재편되었다.

이와 같이 수출 주도형 한국 경제는 수출 중심의 기업과 내수 중심의 기업, 수출 중심 기업 간의 경쟁력 차이가 기업 간의 격차를 키웠고 소수의 수출 중심 대기업에 경제력이 집중되는 현상을 가져왔다. 경제력 집중은 교섭력의 차이를 가져와 대기업과 중소기업 간의 격차 증대로 이어지고 있다. 또한 불공정 관행은 교섭력 차이의 원인인 동시에 격차 확대를 초래했다.

기업별 노조 체계가 이중구조를 공고화해

기업별 노동조합 체계는 대기업과 중소기업, 정규직과 비정규직의 이중구조를 가속하고 구조화하는 데 일조하였다. 우리나라의 노동조합은 1987년 6월 민주항쟁과 함께 본격적으로 세력화되었다. 1987년 7~9월의 노동자 대투쟁은 군대 문화가 지배하던 중화학공업의 남성 노동자들이 주도하였다. 여성·경공업·중소기업 중심의 노동조합이 경공업과 함께 쇠퇴하고 새롭게 등장한 중화학공업으로 노동조합의 주력 세력이 바뀌었다. 중화학 대기업의 남성 중심 노조는 이전의 경공업 중소기업의 여성 중심 노조와 투쟁 방식이 달랐다. 주로 대기업군의 노조는 연대하여 회사의 부패, 정경유착을 공격하며 치열하게 임금인상 투쟁을 벌였고, 대기업군은 높은 이윤 구조로 임금인상 여력이 있었기 때문에 임금인상으로 자사 노동자를 포섭하려 했다. 어떤 면에서는 하청기업에 돌아갈 이윤으로 자사 노동자의 임금을 인상했다고 할 수 있다. 교섭력과 단결력이 약한 중소기업과 중소기업 노동자를 희생시키며 대기업의 임금이 인상되는 현상이 현재와 같은 대기업과 중소기업의 이중구조를 강화, 공고화하는 데 일조했다.

산업별 노조 체계에서는 산업별로 임금 교섭을 하기 때문에 같은 업종에 근무한다면 대기업과 중소기업, 정규직과 비정규직의 임금 및 근로조건이 비슷하다. 같은 업종인데, 대기업과 중소기업의 이윤 격차, 임금격차가 벌어지는 구조가 강화된 것은 기업별 노조와 기업별 단체협약 체계 때문이다. 대부분의 유럽 국가들은 산업별 노조 체계와 산업별 교섭 체계를 갖추고 있다. 산업별 노조 체계는 동일노동 동일임금의 원칙이 적용되고, 국가 단위에서 산업별 정책과 산업별 구조조정이 쉽기 때문이다. 또한 산업별 노조 체계는 기업의 입장에서도 동일 산업의 임금이 비슷해 임금 경쟁이나 임금 삭감에 눈을 돌리지 않고 기술이나 프로세스 개선 등 다른 분야의 혁신(비용 절감)에 집중하게 한다. 국가 전체적으로도 한계 산업이 쇠퇴하고 새로운 산업군으로 인력과 기업을 이전하기에 더 쉬운 구조이기도 하다.

반면에 우리나라에서 선택하고 있는 기업별 노조 체계에서는 산업이 어려워져도 대기업은 구조조정을 늦추며 손실을 하청과 중소기업에 전가한다. 관련 산업이 쇠퇴해도 정점에 있는 대기업은 끝까지 버티다가 대마불사의 논리로 정부의 재정 지원을 받아 회생하는 경우가 반복되고 있다.

글로벌 가치사슬의 변화로 한계에 도달

소수의 대기업으로 경제력이 집중되는 현상은 글로벌 가치사슬에서의 경쟁 구도 변화와 관련이 있다. 경공업의 가격 경쟁력은 새로운 개도국으로 떠오른 중국, 베트남 등에 밀리면서 쇠락했고, 중화학과 전자산업으로 이동한 대기업은 고가 제품 시장을 겨냥하면서 더 성장할 수 있었다. 그러나 중화학과 전자산업이 선진국의 생산설비(장비)를 수입하여 대규모로 설치하고, 다시 선진국의 부품을 수입하여 대량생산으로 가격과 품질 경쟁력을 확보하여 수출하는 방식은 국내 산업과의 연계성을 더욱 분리했다. 생산설비 중심의 투자는 고용이 증가하지 않는다는 문제가 있다. 일반적으로 선진국은 첨단 제품을 생산할 때 관련 장비와 부품을 동시에 개발하면서 연관 기업들(전문 중소기업)이 성장하였지만, 우리나라는 이러한 후방 연계성이 없는 상태에서 선진국의 설비와 부품에 의존해 대량생산 노하우만으로 경쟁함에 따라 수출과 내수 경제가 분리되는 현상이 고착되었다. 선진국은 생산(제조) 라인이 폐쇄되거나 해외에 이전되더라도 생산·제조 장비와 소재·부품 산업들은 여전히 고부가가치 산업으로 남아 있기 때문에 지속적으로 성장하고 있다.

한편 최근의 수출 부진은 글로벌 가치사슬의 경쟁 구도가 변화하고 있는 것과 관련이 있다. 경공업에서 중화학공업으로 재편에 성공했지만, 설비 중심의 제조업 경쟁력이 약화하고 있는 데에 따른 것이다. 제조공정 규모화와 최적화라는 성과는 이룩하였지만, 국내 관련 전후방 산업의 취약으로 내부 혁신역량의 한계에 직면했다. 수출을 주도하였던 10대 주력산업(자동차, 자동차 부품, 조선, 일반 기계, 철강, 석유화학, 정유, 휴대전화, 디스플레이, 반도체)의 부가가치, 고용, 노동생산성, 수출 증가율 모두 급격하게 하락하였다. 유일하게 성장한 반도체산업도 소재, 부품, 장비 분야에서 국내 기업이 차지하는 비중이 적고 해외에 의존하고 있다. 2019년 일본이 무역 제재를 가했을 때 타격을 받은 것도 이러한 우리 산업구조의 취약성 때문이었다.

최근 성장률이 둔화한 것은 이와 같은 주력산업의 수출 증가율의 둔화 때문이다. 중국 등이 우리의 주력산업 분야인 장비 중심 산업에 투자를 확대하고 있고, 2008년 금융위기 이후 해외 수요가 감소했다. 나아가 중국의 제조 2050전략은 10대 산업(차세대 정보기술, 고정밀 수치 제어 및 로봇, 항공우주장비, 해양장비 및 첨단기술 선박, 선진 궤도교통설비, 에너지 절약 및 신에너지 자동차, 전력 설비, 농업 기계장비, 신소재, 바이오의약 및 고성능 의료기기) 분야에서 지식재산권 보유율 및 시장점유율을 제고하여 핵심 기술에 대한 해외의존도를 낮춘다는 계획이다. 이는 한국의 대중국 수출 감소와 글로벌 무역에서 중국과의 경쟁 심화로 이어질 수 있다.

한편 최근 미국과 중국의 무역 갈등은 글로벌 무역의 위축으로 이어지고 있기 때문에 수출 중심의 한국 경제에 더 큰 위기로 다가온다. 또다시 글로벌 가치사슬의 변화 속에서 어떻게 산업구조를 고도화할 것인가 하는 과제가 제기되고 있다. 일부의 대기업만 살아남는 고도화인가, 연관 산업을 강화하여 같이 성장하는 고도화인가에 대한 방안을 찾아야 한다.

정부의 주력산업 경쟁력 제고 방안, 무엇이 문제인가

정부는 경제성장의 정체와 주력산업의 경쟁력 약화에 대한 대책으로 잇달아 주력산업 경쟁력 제고 방안을 내놓고 있다. 2019년 경제정책방향에서 자동차, 조선, 석유화학, 디스플레이 외에 스마트 공장, 인공지능, 지능형 반도체 등에 대한 연구개발 투자 확대

정책을 발표했다. 2018년에는 혁신성장 전략투자 방향으로 4대 전략투자·8대 선도사업 재정투자 계획을 발표하였다. 플랫폼 경제 구현을 위한 전략투자 분야로 데이터·블록체인·공유경제, 인공지능, 수소 경제를 선정하고 공통 분야로 혁신인재 양성을 지정하여 총 1조 5000억 원을 투자한다는 계획이다. 8대 선도사업으로는 스마트 공장, 스마트 팜, 핀테크, 에너지 신산업, 스마트시티, 드론, 미래자동차, 바이오 헬스를 선정하고 총 3조 5000억 원을 투자할 계획이다.

큰 틀에서의 문제점은 여전히 정부 주도의 기술과 산업 육성 정책에 머무르고 있다는 것이다. 선진국들은 산업정책의 주도권을 관료에서 시장으로 이전했다. 산업화 초기에 정부의 재정투자가 필요한 시대는 지났고, 지금은 오히려 정부의 개입이 시장을 왜곡하거나 시장과 맞지 않아 실효성을 내지 못하는 시대가 되었다. 기업의 자체 투자 및 연구개발 역량이 강화된 상태에서 정부는 아래로부터 정책이 만들어지는 협력 구조의 조성자 역할에 머물러야 하는데, 산업정책은 여전히 관료들의 손에서 만들어지고 있다. 이전 정부들이 제시한 많은 신성장동력 육성 전략이 왜 문서상의 목표로 끝나고 현실에서는 경쟁력 저하가 계속되고 있는지를 성찰해야 한다. 성찰 없는 정책의 반복은 무능이다.

일차적으로 글로벌 가치사슬이 변하고 있다는 것을 놓치고 있다. 생산과 조립에서 디자인과 마케팅으로 고부가가치가 이전하였다. 맥킨지가 2019년 발표한 보고서에 따르면 2008년 금융위기 이후 제품의 무역집중도(총수출/총생산)가 감소하고 지식산업의 무역이 빠르게 증가하고 있다. 저임금 노동에 의존한 무역이 전체의 18% 수준으로 감소하고 연구개발, 지식재산, 브랜드, 소프트웨어, 알고리즘 등 무형자산을 무역하는 지식집약도가 증가하고 있다. 또한 글로벌 가치사슬이 지역화되어 소비시장과 밀착되는 현상이 심화되고 있다. 현재 우리나라에서 큰 비중을 차지하고 있는 장비 중심의 제조업은 점차 부가가치가 떨어지고 산업의 지식집약도가 부가가치 증가에 기여하고 있다.

지식집약자본 축적은 대기업만의 노력으로 달성할 수 없다. 중소 전문 기업, 대학, 연구소 등 많은 이해관계 당사자 간의 협력이 필요하다. 새로운 지식을 창출하는 대학의 역량, 지식을 기술과 산업으로 전환하는 기업의 역량, 지원기관의 이해 조정 능력, 협력 플랫폼과 산업 공용재Commons의 중요성이 커지고 있다. 그러나 정부 정책은 구조적 해결을 기피하고 있다. 이는 또 다른 문제점이다. 특히 산업의 지식집약도를 높이는 방안, 전문가 중심의 거버넌스 구축을 위한 노력이 취약하다.

높은 혁신역량지수를 어떻게 이해해야 하나

경제 활력은 떨어지는데 국가경쟁력이라는 성적표에서는 높은 점수를 받고 있는 상황이 정부를 잘못된 정책으로 이끌고 있다. 세계경제포럼WEF은 2019년 국가경쟁력 보고서에서 우리나라의 국가경쟁력 순위를 141개국 중 13위로 평가하였다. 이는 전년도보다 2단계 높은 순위로 우리나라는 2017년부터 2년 연속 2단계 씩 높아지고 있다. 다른 글로벌 지수도 우리나라의 국가경쟁력 수준을 높은 수준으로 평가하고 있다. 심지어 블룸버그 혁신지수는 2014년부터 계속 1등급을 유지하고 있다. 종합적인 국가 평가 지표가 경제력이나 경제성장으로 직결되는 것은 아니지만, 강한 국제 경쟁력이 유지되고 있는데 한국 경제는 왜 성장이 정체되고 있는 것일까?

세계경제포럼의 국가경쟁력 평가 분야에서 우리나라의 혁신역량은 6위로 높은 편이다. 그런데 혁신역량의 세부 항목을 살펴보면 특허출원과 연구개발 부문 지출이 2위를 차지해 점수를 높이고 있지만, 클러스터 개발 현황은 25위, 다수의 이해당사자 간 협력은 31위에 머무르고 있다. 기술사업화라는 점수에 잡히지 않는 부분은 취약한데, 세계 최고의 연구개발비 지출로 특허를 많이 내어 보기에만 그럴듯한 점수를 얻고 있는 꼴이다. 제품 및 서비스 관련 회사, 공급자와 생산자가 밀집되어 협력할 수 있는 혁신생태계는 취약하다. 개방 혁신이 글로벌 추세이고 지식집약도가 경쟁력의 핵심이 되는 시대에 이를 대표하는 클러스터 내에서의 여러 산학연 주체들의 협력이 취약하기 그지없다. 이는 대기업과 중소기업 간 협력, 연구소와 기업 간 협력, 대학과 산업 간 협력이 취약한 우리 현실을 보여준다. 2019년도에 발표된 IMD 보고서를 봐도 우리나라의 과학 인프라는 3위로(2018년 7위) 매우 우수한 편이나, 산학 간 지식 교류는 35위로 저조한 수준이고, 순위도 2018년 29위에 비해 오히려 하락했다. 과학 연구 관련 법률이 혁신을 지원하는 정도는 34위, 지적재산권의 보호 정도는 37위로 지식집약적 산업이 육성될 수 있는 풍토가 조성되어 있지 않다는 것을 보여주고 있다. 현재 우리 경제는 대기업 혼자 글로벌 수출 경쟁력을 갖추고 경제를 이끄는 구조다. 중소기업의 낮은 역량을 높여야만 국가 전체의 경쟁력이 높아지고 소득격차를 해결하고 경제성장도 가능하다. 혁신역량, 특히 협력 역량을 높이는 정책을 강하게 추진해야 한다.

인프라에 대한 투자로 순위를 높이는 행태는 중단되어야 한다. 인프라는 더 이상 혁신을 이끄는 일에 기여하지 못한다. 우리나라가 부족한 것은 협력 역량이다. 어떻게 협력 역량을 강화할 것인가에 대한 정책을 마련해야 한다. 대기업과 중소기업 간의 불공정 관계, 정규직과 비정규직의 임금 차별을 개선하는 것은 협력의 기반이라는 측면에서 중요하지만, 기반일 뿐이다. 직접 협력하는 구조, 특히 산업체와 대학이 협력하여 지식집약적인 클러스터를 조성하는 노력에 더 집중해야 한다. 새로운 기술과 제품이 등장할 수 있는 지식 및 혁신생태계를 만드는 노력이 정부 정책이 간과하는 부분이다.

협력적 혁신 플랫폼을 만들자

미국이 첨단 제조업에서 리더십을 유지하기 위해 수립한 가장 중요한 정책은 국가 제조혁신네트워크의 구축 및 제조혁신연구소의 설치였다. 제조혁신연구소는 기업, 학계, 연방·주·지방 정부가

공동 출자한 민관 파트너십으로 독립적인 비영리기관이 주관기관을 맡도록 하고, 응용 연구를 통한 기술 개발, 시제품 개발, 제조 소프트웨어 개발, 교육 및 인력 개발 관련 업무를 담당한다. 디지털 제조, 제조용 첨단 센서 등 45개 산업 분야의 연구소가 설립될 계획이며, 2018년 3월 기준으로 국방부, 에너지부, 상무부의 주도로 14개 기술에 대한 제조혁신연구소가 설립되었다. 제조혁신연구소는 대학교, 국가연구소, 제조 대기업, 중소기업, 하이테크 스타트업 등이 참여하는 산업공용재Industrial Commons다. 특정 분야 기업들이 이용할 수 있는 '혁신을 유지 및 창출하는 지리적으로 착근된 집합적인 지식, 연구개발, 엔지니어링 및 제조 역량'의 집합체를 만들어서 혁신이 기업들에 퍼져나가도록 하고 있다. 중국도 미국을 따라서 제조업혁신센터(산업기술연구기지)를 2020년까지 15개, 2025년까지 40개를 설립한다는 계획이다.

한편 많은 선진국의 혁신 정책은 기업에 연구개발 자금이나 마케팅을 지원하기보다는 협력관계를 구축하는 데 집중하고 있다. 기업에 보조금을 주는 대신 완전 개방식 공동 작업장을 제공하고, 협업과 학습 공유를 촉진하고, 다양한 혁신 네트워크가 구성되도록 지원하고 있다. 공동 창조 기금, 공동 혁신 기금으로 연구기관과 다수의 기업이 참여하는 협력도 지원한다. 정부 정책은 협력생태계와 협력 플랫폼 구축에 집중되고 있다.

마지막으로 중요한 것은 중앙정부 주도의 산업정책에서 지자체 주도의 지역 혁신 거버넌스 중심으로 전환되어야 한다는 점이다.

앞에서 언급했듯이 지역을 중심으로 하는 시산학 정책이 필요하다. 중앙정부의 예산을 따내는 것이 아니라 지역 주체들이 협력하는 자조自助의 거버넌스를 구축하는 데 힘을 쏟아야 한다. 지자체, 산업체, 대학 및 연구개발의 세 주체가 지역 여건에 맞는 신산업을 발굴하고 육성하기 위해 긴밀히 협력하여 효과를 극대화하는 체계가 필요하다. 지자체가 독자적인 산업정책을 주도하고, 대학과 공공연구소에 대한 예산 지원이 가능하도록 중앙정부의 재정권을 시도정부에 이양할 필요가 있다.

한국 경제의 이중구조는 단기간에 해결할 수 있는 과제는 아니다. 그러나 이중구조를 가지고는 더 이상 성장하기 어렵다는 것도 명확하다. 불공정 관행에 대한 엄격한 대처, 동일노동 동일임금에 따른 중소기업과 비정규직 노동자의 보상 개선 등이 어느 정도 기여할 수 있을 것이지만 한계도 있다. 그래서 새로운 동력을 새로운 방식으로 만드는 노력이 중요하다.

4차 산업혁명, 디지털혁명이라는 패러다임 전환은 누가 더 뛰어난 혁신생태계를 만들 것인가의 경쟁으로 전환되고 있다. 새로운 지식이 빠르게 창출되고 산업화로 이어지기 위해서는 여러 이해관계자의 협력이 중요하다. 대학과 기업의 협력, 연구개발과 생산의 협력, 소재-부품-장비-제조를 담당하는 대기업과 중소기업의 협력이 중요하다. 더 중요한 것은 여러 이해관계자가 협력할 수 있는 제도와 플랫폼, 생태계를 만드는 정책이다. 협력생태계를 만들지 못한다면 혁신생태계도 성공할 수 없다.

19장

새로운 비즈니스 모델의 등장과 갈등

디지털 갈등이 새로운 단계로 진입하고 있다. 디지털 갈등은 주로 디지털 미디어를 이용한 정보 습득과 활용의 격차, 이해관계의 차이에서 비롯됐다. 그러나 지금은 생계가 걸린 경제적 갈등으로 확대되고 있다. '타다' 논란은 단순히 규제 개혁의 문제에 머무르지 않았다. 신산업과 구산업에 종사하는 사람들의 일자리와 생존권 대립으로 확대되었다. 이는 디지털이 사회 전반에 걸쳐 이전과 다른 질서를 수립하고 사회를 재편하는 단계로 들어서고 있다는 것을 보여준다. 이에 따른 사회적 대립과 갈등 또한 심화될 것이다. 디지털로 야기되는 사회적 갈등은 어떤 특징을 갖고 있고, 어떻게 해야 이를 발전적인 동력으로 전환할 수 있을까?

산업은 법과 제도에 의해 규제된다. 금융업, 교통업, 숙박업 등에서는 종사자에게 필수 자격 요건을 요구하는 인허가 제도를 채택해 시장이 혼탁해지는 것을 막는다. 하지만 이는 신규 사업자가 시장에 진입하는 것을 어렵게 만드는 규제로도 작용한다. 선진국에서는 일반적으로 시장이 먼저 형성되고 이후 법과 제도가 정비되어 시장을 보호하고 안정시키는 역할을 한다. 하지만 우리나라와 같은 후발 산업 국가에서는 시장을 형성하고 활성화하기 위해 법과 제도를 먼저 정비하기 때문에, 시간이 흐를수록 오히려 기존 사업자를 보호하고 새로운 비즈니스 모델이나 기술을 가진 신규 사업자의 시장 진입을 어렵게 만드는 규제로 작동하게 된다.

왜 핀테크는 되고, 타다는 안 되었을까

핀테크FinTech도 처음 우리나라에 도입될 때는 촘촘한 시장 규제에 막혀 시장 진입이 어려웠으나 법제가 개정되면서 사업이 활성될 수 있었다. 기존의 금융업 회사의 적극적인 디지털 기술 활용 추세와 더불어 토스, 카카오뱅크, 케이뱅크 등 IT 기업의 금융업 진출로 금융업에 새로운 경쟁 구도가 만들어졌다. 금융 당국은 새로운 시장 진입자를 끌어들여 금융업을 선진화하려는 적극적인 규제 개혁 조치를 취했다. 핀테크 출자 규제를 기존의 낡은 포지티브 규제(정책에 허용되는 것을 열거하고 나머지는 모두 불허하는 규제)에서 포괄적 네거티브 규제(정책에 금지한다고 열거한 것 이외에는 모두 허용하는 규제)로 변경했다. 핀테크의 성장은 신기술 발달, 디지털 환경 변화 등을 고려하여 규제 방식을 전환한 데 따른 성과라고 할 수 있다.

우버와 타다 논란은 한국 택시 업계의 특수성 때문에 갈등이 증폭되었다. 우버는 모바일 카풀 중개 서비스로, 스마트폰이라는 모바일 환경에서 등장한 성공적인 공유경제 비즈니스 모델이다. 우버와 에어비앤비는 흩어져 있던 개인을 묶어 새로운 공급자로 만들었고, 새로운 수요를 창출하였다. 그러나 에어비앤비와 달리 우버는 한국 시장 정착에 어려움을 겪었다. 우리나라에서 택시운송사업은 국가가 관리하는 면허제인데, 2015년 제3차 총량 조사에 따르면 택시는 이미 적정 대수보다 5만여 대가 초과 공급된 상태였다. 아무리 우버가 혁신적인 서비스라고 하더라도 택시 업계의 생존권이 달린 문제에 추가 공급을 허용하기는 어려웠다. 타다의 11~15인승 렌터카에 기사를 알선하는 서비스도 법의 맹점을 활용한 택시 서비스로 규정되어 금지되었다. 택시가 대중교통수단이나 다름이 없는 상황에서 법인택시의 저임금 노동자와 개인택시라는 영세 자영업자가 공존하는 시장에는 내부적으로 혁신을 일으키거나 수용할 여력이 없었다. 이런 한국의 특수한 상황에서는 우버보다는 택시 호출 서비스인 '카카오 택시'가 시간대 및 지역별 수요와 공급의 불균형 해소에 기여했다는 점에서 혁신적인 서비스라고 볼 수 있다.

타다 금지는 규제에 의한 혁신의 좌절이라는 평가도 있지만, 그렇게만 단정하기는 어렵다. 택시 총량의 감소가 필요한 상황에서 공급을 늘리는 방식은 시장에서 수용하기 어려운 접근 방식이다.

현재 택시 업계에 필요한 혁신은 자발적으로 적정 규모화를 이루고 혁신적 디지털 기술을 도입하여 고객 경험 서비스를 개선하는 것이다. 타다가 인기를 얻은 데에는 효율적으로 차량을 배차하는 혁신적 기술보다는 클래식 음악을 틀고 차량 내에 방향제를 놓는 등 소비자의 승차 경험을 개선했던 것이 큰 영향을 미쳤다. 규모화 측면에서는 국토부가 택시총량제 안에서 모빌리티 혁신을 유도하고 있지만, 앞으로 자율주행 택시 및 셔틀버스 등이 등장할 경우 필요한 차량의 대수가 급속히 감소할 수 있다는 점에서 여전히 갈등의 소지를 안고 있다. 장기적으로 인공지능 등을 활용하여 택시 운행의 효율을 높이면서 자율주행차 시대를 대비하는 것이 필요하다.

앞으로 자율주행차 시대가 열릴 경우 많은 운송 및 물류 분야에서 갈등이 예상된다. 네덜란드에서는 이미 항만 물류를 자율주행 기술을 이용하여 처리하고 있다. 화물트럭도 자율주행차로 바뀌게 될 것이다. 많은 운수 노동자들의 일자리가 감소할 것이다. 장기적으로 운송 물류업의 구조조정에 대비해야 한다.

이중적 노동 구조에 따른 혁신 수용력 약화

디지털이 가져온 산업의 변화와 동시에 일자리 변화는 심각한 문제점을 내포하고 있다. 기본적으로는 산업의 변화가 일자리 변화로 이어지고, 일자리 변화는 급작스럽게 노동자가 일자리를 잃는 사회문제를 동반하게 된다. 디지털화에 따른 일자리 변화는 다방면에 걸쳐서 나타나고 있다. 기업의 아웃소싱과 노동력 유연화는 디지털 기술에 의한 기업 관리의 원격화, 노동시간과 장소의 유연화에 따른 것이다. 노동이 유연화되는 것은 피할 수 없는 기술적 흐름이다. 문제는 노동 유연화가 양극화된 노동시장의 이중구조로 인하여 갈등을 증폭한다는 데 있다.

대기업과 중소기업 종사자, 정규직과 비정규직 등으로 구분되는 노동시장의 양극화는 대기업과 중소기업, 경제 집단 간의 비대칭적 교섭력 차이에 의한 것이다. 노동자도 소속된 집단에 따라 비대칭 교섭력을 갖게 됨으로써 업무는 비슷한데 처우와 보상에서 차별이 일어난다. 대기업 정규직은 규모는 줄어들지만 강한 교섭력으로 과잉보호를 받고, 중소기업과 비정규직은 약한 교섭력으로 차별적 대우를 받는 구조가 정착되었다. 이러한 상황에서 디지털화에 의한 노동 유연화는 비정규직, 계약직, 플랫폼 노동자의 상태를 더 열악하게 만드는 방향으로 작동한다. 노동력의 상대적 공급과잉이 일어나면서 처우가 더 열악해지는 것이다.

대기업 정규직 종사자들은 어떤 변화를 겪게 될까? 대기업 정규직 종사자들이 퇴사 후 벤처기업이나 스타트업을 창업하면서 역동적이고 혁신적인 경제로 전환하는 것이 선진국 모델이다. 그러나 한국의 경우 이들이 과잉보호의 울타리 안에서 자기들만의 파이를 키우고 있는 것이 문제다. 이는 한국의 혁신역량을 저하하는 원인으로도 작용하고 있다. 이러한 구조가 한국 노동시장의 디지털화와 자동화에도 차별적으로 작용해 비정규직과 중소기업 노동자들의 고통을 가중하고 갈등과 저항을 불러오고 있다. 인천국제공항 보안요원의 정규직 전환 문제, 고속도로 요금소 수납원의 한국도로공사 자회사 직원 전환 등은 차별적 대우에 디지털화가 결합된 문제라 할 수 있다. 타다 논란도 저임금 운수 노동자와 디지털 신기술과의 갈등이라고 할 수 있다. 이렇듯 차별적 노동시장 때문에 열악한 위치에 있는 노동자들은 디지털화, 자동화에 대한 수용 거부의 입장을 취하게 된다. 그나마 일부 공기업의 비정규직은 정부와 공기업을 대상으로 한 싸움에서 여론의 지지를 받을 수 있지만, 많은 비정규직 노동자들은 열악한 처지를 벗어나기 어렵다.

디지털화, 자동화가 노동시장의 이중구조로 인하여 갈등이 증폭되는 것을 어떻게 풀 것인가? 일차적으로는 소비자 후생, 이익의 관점에서 변화의 방향을 정하는 것이 중요하다. 어떤 우여곡절과 갈등을 겪더라도 결국은 소비자 후생이 증가하는 방향으로 기술과 사업은 발달하게 되어 있다. 이 흐름을 바꾸려는 것은 무모하다. 그보다는 사전에 예고하고 이해관계를 조정하여 사회 전체적으로 이득이 되는 방향으로 갈등 해결의 원칙을 정해야 한다. 둘째는 새로운 기술을 가진 신규 진입자와 기존 기업 간의 경쟁을 유도하는 것이다. 그러기 위해서는 기존 기업의 신기술 도입, 활용을 촉진하는 정책적 지원이 필요하다. 셋째는 신기술 기반의 새로운 산업의 시장 진입을 제한적, 부분적으로 허용하여 사업 진행을 지켜보면서 기존 제도를 개편하는 정책이다. 우리나라는 시장이 법제에 의해 조성되거나 정착된 경우가 많아 제도가 경직되게 작용하는 경우가 많다. 규제 샌드박스, 지역적 규제 완화 정책을 적극적으로 도입해 산업 내 경쟁을 유지하여 산업생태계를 건강하게 발전시켜야 한다.

노동조합도 장기적 변화의 흐름을 인정해야 한다. 특히 직장 내 직무 전환 교육의 필요성은 더 말할 필요도 없다. 우리나라 성인은 정규교육을 마칠 때까지는 학습 능력이 뛰어나다가 직업 세계로 진입하면 다른 선진국들에 비해 학습 능력이 지속해서 떨어지는 경향이 있다. 경직된 고용 구조가 변화 수용 의지와 적응력을 떨어뜨리는 것이다. 노동조합도 장기적인 변화를 인정하고 새로운 능력을 습득하지 못한 노동자들을 구조조정하는 데 협조할 필요가 있다. 독일의 지멘스가 스마트공장을 구축하면서 현장 노동자를 다른 전문 분야의 노동자로 전환해 전체 고용 유지에 성공한 사례를 따라야 한다. 영화 〈히든 피겨스〉를 보면 컴퓨터라는 신기술이 등장해 기존 계산 직원들이 해고 위기에 놓였으나 이들이 컴퓨터 사용법을 익혀서 일자리를 유지하는 이야기가 나온다. 신기술의 등장에 노동자들이 어떻게 대응하는 것이 현명한지를 보여주는 사례다.

의료·교육·법률 시장, 변화는 시작되지도 않았다

지금까지의 갈등 사례만 봐도 이미 전 분야에서 디지털 갈등이 드러난 것으로 생각할 수 있다. 그러나 아직 전문직 집단에서의 디지털 전환은 본격적으로 이루어지지 않았다. 대표적인 규제 업종은 금융, 의료, 교육, 법률 업종이라고 할 수 있다. 금융은 규제 산업이지만 법률로 자격 요건을 정하지 않았기 때문에 핀테크처럼 기술 기업이 업계에 진입하여 빠르게 디지털로 전환되고 있다. 그러나 법률에 의해 자격 요건이 규정된 업종에서는 진행 속도가 상당히 더디다. 원격의료로 상징되는 의료의 디지털 전환은 10년 넘게 의료계의 반대로 진행되지 못하고 있다. 코로나19 상황에서 한시적으로 일부 비대면 진료가 허용되었지만, 여전히 제도의 벽에 막혀 있다.

헬스케어 디바이스도 많이 개발되었고, 인터넷에서 전문 지식도 쉽게 찾아볼 수 있지만, 의료와 법률 분야에서는 여전히 전문가의 권한이 더 크고 디지털 의료 및 법률 서비스는 엄격히 제한되어 있다. 의사와 변호사에 의한 의료 및 법률 서비스 외에 디지털 기술을 이용한 서비스는 엄격한 규제 대상이다. 이에 따라 국내에서는 디지털 의료 및 법률 서비스가 개발되어도 시장에 진출하지 못하는 실정이다. 교육도 마찬가지다 보니 사교육 시장인 학원에서 오히려 더 활발히 태블릿과 인공지능 등 디지털 기술을 활용한 맞춤형 교육을 하고 있다.

디지털 기술은 사람의 일을 대체하거나 보조하면서 효율성을 높이는 방식으로 혁신을 이끌고 있는데, 법으로 직업 자격이 정해진 분야에서는 디지털 기술을 활용한 신규 진입자의 등장을 원천적으로 막고 있다. 이렇게 진입장벽이 높은 의료, 교육, 법률 시장은 외국에 개방되지도 않고 국내에서 강력한 기득권, 이익집단의 지위를 누리고 있다. 결국 많은 인재가 좁은 시장에 들어가기 위하여 치열한 경쟁에 몰두하고 있으며 이는 국가 및 사회적 인재 손실로 이어진다. 이들 업종이 더 개방되고 신규 진입자의 등장을 격려해야 경쟁 속에서 혁신이 일어날 수 있다. 역시 소비자의 이익이라는 관점에서 디지털 기술을 활용한 신규 진입이 법 제도적으로 허용돼야 한다. 이런 분야에서의 디지털 갈등은 혁신의 관점에서 바람직하다.

디지털 갈등은 피해야 하는 문제가 아니다. 디지털 갈등은 신기술과 구기술의 경쟁, 신구 산업의 경쟁, 기득권과 신규 진입자의 경쟁이라는 관점에서 바라봐야 한다. 디지털 갈등을 두려워하지 말고 디지털 혁신의 계기로 삼기 위해서는 정부의 적극적인 제도 개선이 필요하다.

20장

인공지능 트랜스포메이션을
준비하자

기술의 발전은 갑작스러운 것으로 보일 수 있지만, 그 이면에는 축적의 과정이 있다. 기술은 세상에 드러나고 성과를 보이기 전까지는 주목받지 못한다. 기술의 발전 과정에 관심을 가지고 흐름을 지켜보면 갑자기 내가 모르던 일이 발생했다고 충격을 받기 전에 기회와 위기를 미리 생각할 수 있다. 그래서 현대사회에서 기술의 흐름을 파악할 줄 아는 것은 미래를 살아가는 지혜가 되었다고 본다. 앞으로 우리가 주목해야 할 기술은 인공지능 분야에서 새롭게 등장하고 있는 기술들이다.

디지털 트랜스포메이션에서 인공지능 트랜스포메이션으로
컴퓨터, 인터넷, 사물인터넷, 모바일, 클라우드, 빅데이터, 인공

디지털 쇼크 한국의 미래

지능 등 디지털 기술들이 급속도로 우리의 일상과 비즈니스 영역으로 들어오고 있다. 단순히 하나의 디바이스를 사용하거나 디지털 요소들을 추가하는 것을 넘어 여러 디바이스와 네트워크의 연결과 통합, 연계 작업이 확대되면서 디지털 기반으로 일상과 비즈니스 전반을 변화시키는 디지털 트랜스포메이션Digital Transformation으로 진화하는 중이다. 기업의 가치사슬 프로세스(상품 기획-재료 구매-가공-유통-판매-고객 관리)의 운영 관리와 비즈니스 모델의 전환에 디지털 기술이 활용된다. 우리는 정보를 얻고, 배우고, 이동하고, 구매하고, 소통하고, 일하고, 건강을 관리하는 등의 다양한 과정에서 디지털을 이용하고 있다. 트랜스포메이션은 디지털 기술의 이용과 디지털화를 넘어 여러 디지털 요소들이 연계되어 전체적인 운영이나 체계를 바꾸고 부가가치를 구현하거나 새로운 가치를 창출하는 것을 의미한다.

디지털 트랜스포메이션의 핵심에 인공지능이 자리 잡고 있다. 인공지능이 디지털 요소의 복잡한 연계 속에서 발생하는 데이터와 상호 간의 피드백을 관리하여 최적으로 결과를 얻어내는 데 뛰어난 기능을 발휘하고 있기 때문이다. 인공지능이 주도하는 디지털 트랜스포메이션이 우리에게 어떠한 새로운 가치와 세상을 가져다줄 것인가를 알아보기 위해서는 먼저 지능에 대한 이해가 필요하다. 지능은 감각기관을 통하여 파악한 정보를 바탕으로 몸을 보호하기 위한 사고 과정이다. 과거에 있었던 사건의 내용을 기억하고 서로 다른 사건의 내용을 비교하여 의사 결정을 하는 능력을 지능이라고 할 수 있다.

인공지능은 이러한 지능의 역할을 하는 인공적 장치로, 인간의 두뇌를 대신하거나 보조하는 역할을 한다. 즉 인공지능이란 디지털화된 정보를 파악, 분석하여 의사 결정하는 장치다. 인공지능은 일상생활에서 여러 디지털 요소들이 연계되어 생성한 데이터 또는 빅데이터를 분석하여 부가적인 가치를 구현하거나 새로운 가치를 창출하는 데 활용되고 있다.

앞으로 주목해야 할 인공지능 기술들

인공지능에서 가장 큰 기술의 진척이 일어난 분야는 자연어 처리 분야다. 음성을 문장으로 바꾸는 기술인 음성인식은 이미 완벽한 수준에 달했고, 2~3년 전부터는 기계학습에 기반한 번역 기술이 획기적인 수준의 향상을 보여주었다. 알파고에 사용된 인공지능 기술인 기계학습은 방대한 번역 문장을 주고 인공지능이 번역의 패턴을 학습하고 번역 알고리즘을 자체적으로 습득하게 하는 방식이다. 2020년에는 인공지능이 번역에서 작문으로 능력을 확장했다. 작문에는 여러 가지 방식이 있는데, 주식 시황이나 스포츠 경기같이 일정한 패턴이 있는 사건의 경우 내용만을 바꿔주면 기사 작성이 가능하다. 이 분야에서는 이미 몇 년 전부터 작문 인공지능이 사용되고 있다. 두 번째는 보고서의 핵심 내용을 추려서 요약문을 작성하는 것이다. 좀 더 난도가 높다. 중요한 부분을 파악해야 하고 핵심적인 내용으로 문장을 재구성해야 한다. 단어의 빈도와 문맥의 중요성을 이해하고, 비교 문서에 기반한 작문 능력을 갖추어야 한다. 한 사건과 유사 사례를 찾아서, 판례와 법률을 대조 분석하는 법률 지원 시스템이 활용 분야다. 세 번째는 주제가 주어지면 이에 대해 스스로 논리를 세우고 설득력 있는 문장을 작문하는 분야다. 최근에 급속한 기술 개발이 이뤄지고 있고, 선두에 있는 프로그램은 앞에서 언급한 오픈AI의 GPT-3다. IBM의 디베이터는 사람과 주제를 놓고 논박을 주고받는다. 대화형 인공지능은 여러 분야에서 필요한 전문적인 정보를 방대한 자료에서 뽑아내어 요약해 주는 기능으로 활용될 예정이다. 근미래에 엄청난 식견을 갖춘 전문가를 보조원으로 쓸 수 있게 된다.

자연어 처리가 소프트웨어 분야라면 하드웨어 분야에서는 엣지 edge 인공지능 기술이 주목받고 있다. 하나의 칩에서 작동하는 인공지능 반도체, 처리 속도를 몇 배나 향상한 신경망 압축 기술 등이 이 분야에 속한다. 고난도 작업을 처리하는 인공지능은 엄청난 규모의 하드웨어를 요구하는데 이 하드웨어 크기를 줄이는 분야가 바로 엣지 인공지능이다. 서버로 데이터를 보내 분석하는 대신 단말에 있는 데이터를 인공지능 칩에서 분석하고, 분석된 부분을 서버의 인공지능에 보내서 분산 처리하면 속도와 정교성을 동시에 달성할 수 있다. 자율주행차에도 엣지 기술이 필수적이다. 단말의 인공지능과 중앙 서버가 협력하는 연합학습 기술도 주목받고 있다. 단말에 있는 개인정보를 서버에 보내지 않아도 되기 때문에 개인정보 보호 문제도 해결할 수 있다.

세 번째는 생성적 인공지능 기술이다. 딥페이크 기술로 알려져 있다. 실재하지 않는 인물의 얼굴 사진을 만들고, 실재 인물을 본떠서 가짜 동영상도 만들 수 있다. 인공지능 도움을 받으면 멋진 그림도 그리고 작곡도 할 수 있다. 미디어 제작의 한계가 풀린 것이다. 다양한 형태의 콘텐츠를 쉽게 제작할 수 있는 창작 도구들이 많이 나올 것이다. 개인이 컴퓨터 한 대로 배경, 음악, 가상 배우, 연기 등을 조정하여 영화 한 편을 만들 날이 다가오고 있다.

이미 방대한 데이터를 다루는 작업은 인공지능이 인간의 능력을 뛰어넘고 있다. 인간이 하면 수십 년이 걸릴 일을 인공지능은 수초 만에 수백만 장의 사진에서 특정 얼굴을 찾아낼 수 있다. 이제 이렇게 발전한 인공지능이 개인, 조직, 공간, 가정, 비즈니스, 건강관리, 스마트워크 등에서 어떻게 사용되고 있고, 어떻게 발전할 것인지를 살펴보도록 하겠다.

비서이자 분신인 디지털트윈

우리는 점점 더 많은 디지털 기기를 가지고 다니거나 부착하게 될 것이다. 스마트폰으로 시작하여 스마트워치, 부착형 센서 등은 사용자의 신체뿐만 아니라 의중을 파악하여 사용자보다 먼저 의사 결정을 내리는 방식으로 진화하고 있다. 바이오리듬에 맞춰서 편안히 잠들도록 조명이 바뀌고, 아침에는 알람이 울린다. 실시간으로 교통 상황을 고려하여 일정에 맞게 나갈 수 있도록 스마트폰으로 알려준다. 이동하는 중에 커피를 주문하고 원하는 시간에 픽

업할 수 있다. 하루 일정과 관련된 연락, 예약, 처리 등의 이벤트가 스마트 거울이나 텔레비전에 표시되고 세팅을 하면 알아서 알람을 보내고 예약하는 것이 가능해진다. 스마트폰이나 시계 속에 탑재된 인공지능 에이전트는 클라우드의 인공지능과 연결되어 나의 하루를 디지털트윈으로 구성해 비서이자 분신, 아바타처럼 나를 대신하거나 도와줄 것이다.

몸의 상태도 모니터링하여 운동과 업무 강도에 따라 스트레스와 질병을 예방할 수 있도록 도와줄 것이다. 스마트워치로 심전도 등을 파악하여 과로로 인한 뇌출혈 등 질병을 사전에 예방하는 미래가 곧 올 것이다. 개인의 생체 정보는 물론 개인이 머무른 환경 정보(미세먼지나 오염 상태 등)를 파악하여 개인에게 적절한 행동을 하도록 조언하거나 병원 시스템과 연결되어 의사의 조치를 받을 수 있다. 치료가 필요한 경우 근처의 응급 센터를 방문하면 이미 방문자의 정보에 근거하여 준비해 놓은 치료를 해주는 시스템이 조만간 등장할 것이다.

지능화된 공간, 집과 건물

사물인터넷과 인공지능은 우리가 거주하는 집과 건물, 나아가 도시까지 스마트한 공간으로 바꾸고 있다. 인공지능은 각종 센서, 스마트폰, 차량 등에서 수집한 엄청난 양의 데이터에서 '약한 신호'를 포착해 도시 전역에서 시민들의 행동을 파악하고, 각 지역에 필요한 것을 제안하는 능력도 보여주고 있다.

알리바바는 중국 항저우에서 신호등과 교차로의 CCTV 촬영 영상과 차량의 GPS 데이터 등을 인공지능 시스템이 분석해 신호등 시간을 조절하는 시티 브레인City Brain 시범 사업을 시행하고 있다. 지금은 교통의 흐름을 원활하게 하는 목적으로 사용되지만 추후에는 치안과 공공서비스로 확대한다는 계획이다. 한국도 5G 기술을 활용하여 V2V Vehicle to Vehicle, V2X Vehicle to Everything 기술 등이 통합된 차세대 지능형 교통시스템C-ITS, Cooperative-Intelligent Transport Systems을 개발하고 있다. 차량이 주행 중(자율주행 포함)일 때 운전자에게 주변 교통 상황과 급정거, 낙하물 등의 사고 위험 정보를 실시간으로 제공한다. 이는 모든 교통정보를 통합하여 실시간으로 시뮬레이션하는 가상물리시스템의 사례라고 할 수 있다. 이러한 가상물리시스템 또는 디지털트윈은 점차 모든 공간에 적용될 것이다.

스타벅스는 입지 분석 플랫폼 아틀라스Atlas의 데이터에 기반해 신규 매장 입지를 선정하고 마케팅 시 참고 지표로 활용하고 있다. 아틀라스는 상업지구와의 거리, 인구 구성 및 밀집도, 소득 수준, 교통량, 해당 지역의 비즈니스 분포도 등의 빅데이터를 분석하여 기존 매장의 실적에 영향을 주는 다양한 요소를 파악해 신규 매장 입지 선정에 반영하며 메뉴 및 프로모션 기획에도 활용하고 있다.

공간 자체도 똑똑해지고 있다. 집에 들어오는 사람의 상태를 스마트폰이나 스마트워치로 파악해 기분에 맞추어 음악과 조명이 바뀌고, 벽면에 적절한 이미지나 풍경이 나타나게 할 수 있다. 부족한 음식이 있으면 알아서 주문해 주고, 퇴근 시간에 맞춰 밥을 해놓거나 좋아하는 커피를 만들어줄 수도 있다. 게다가 인공지능은 사람의 반응을 확인하여 더 적절한 대응을 학습한다. 집 안의 모든 전자기기는 사물인터넷으로 연결되어 사람이 직접 스마트폰으로 통제하는 단계에서 벗어나 인공지능이 알아서 필요하다고 판단한 것을 제안하여 승낙받거나, 반복적인 행동을 자율적으로 판단하여 조치하는 단계로 발전할 것이다.

공간이 지능화된다는 것은 CCTV는 물론 여러 디바이스로 개인에 대한 정보를 수집하는 것을 전제로 하고 있기 때문에 개인의 사생활 침해라는 이슈가 있다. 공간이 지능화될수록 시스템을 운영하는 과정이 투명하게 공개되고 통제돼야 한다. 나아가 개인에 대한 정보를 수집할 때 어디까지 공공의 목적으로 허용할 것인가, 어떤 정보를 개인의 개별적 허락을 받고 수집할 것인가 등의 이슈가 해결돼야 한다.

스마트워크인가, 인간 없는 인공지능 워크인가?

3차 산업혁명의 자동화가 주로 디지털화에 의한 공장, 생산설비의 자동화였다면 지금의 인공지능에 의한 자동화는 사무실, 즉 사무직과 지식 노동의 자동화라는 특징을 보여주고 있다. 보험 처리, 주문 처리 등 정형화된 데이터를 처리하는 규칙적인 업무는 일차적으로 컴퓨터 코드로 전환되어 자동화되고 있다. 이미 부분적으로 디지털화된 많은 규칙적인 업무는 로봇 프로세스 자동화RPA,

Robotic Process Automation에 의하여 자동으로 처리된다. 최고의 전문성을 요구한다는 의사와 변호사의 업무도 인공지능으로 처리 가능하도록 코드화되고 있다. 사건 서류를 분석하여 사례와 판례, 적용 법률을 검토하는 초보 변호사의 일을 처리해 주는 인공지능 변호사 시스템이 점점 더 정교해지고 있다. 이미 환자의 영상 이미지를 판독하는 일은 인공지능이 더 잘한다.

인공지능이 정형화된 방대한 데이터를 처리하는 데는 뛰어나지만, 아직 전체 맥락을 이해한다든가 새로운 상황에 대응하는 데는 한계가 있다. 또한 인공지능의 조치와 제안에 대한 최종적인 판단을 하고 개선하는 것은 여전히 인간의 일이다. 인공지능과 인간이 협력해 인간의 능력을 증강하는 방향으로 인공지능이 도입되고 설계돼야 한다. 인공지능이 잘할 수 있는 작업은 인공지능이 담당하게 하고, 사람들은 인공지능 활용 능력을 높여 새로운 분야에 도전해야 한다. 인공지능 트랜스포메이션이 인간을 배제하는 것이 아니라 인간을 증강시키고 인간이 보람 있는 일을 하고 행복한 삶을 사는 데 도움이 되도록 해야 할 것이다.

21장

미래 사회
시나리오

미래 사회는 사회기술적 환경 속에서 주체적 선택과 이행 전략을 통해 달라질 수 있다. 이 장에서는 디지털로 인한 산업과 노동의 변화를 전망하고 이를 바탕으로 바람직한 사회로 나아가기 위해 어떤 대응이 필요한지 살펴보려 한다. 특히 인공지능이 다양한 사회구조에 어떻게 적용되느냐에 따라 각기 다른 모습의 미래 사회가 펼쳐질 수 있다는 점을 시나리오로 도출하고, 이에 대한 미래 전략을 수립해 보고자 한다.

기술의 속도와 숙련 시나리오

기술의 진보에 맞춰 우리 인간이 어떻게 대응하고, 적응하느냐에 따라 미래 일자리 환경이 달라질 수 있다. 즉 미래의 일자리는 기술의 발전 속도와 인간의 대응 능력에 따라 결정된다. 2017년 세계경제포럼은 기술의 발전 속도와 인간의 대응 능력 시나리오에서 미래의 일자리를 전망했다. 시나리오를 구성하는 두 개의 축은 기술 발전의 속도와 인간의 기술 활용 능력의 진화 수준이다.

① 로봇에 의한 대체Robot Replacement 기술은 빠르게 발전하지만, 인간의 습득 속도는 늦어 대부분의 일자리가 자동화 로봇으로 대체된다. 새로운 기술을 다룰 수 있는 높은 역량을 보유한 일부만이 변화에 적응하는 사회가 된다.

② 민첩한 적응자들Agile Adapters 빠르게 발전한 기술에 맞춰 노동자들을 재교육해 필요한 인력으로 만든다. 노동자들은 인공지능과 기계학습 같은 분야에서 새로운 기술에 효과적으로 적응하고 기술을 더 발전시키면서 새로운 일자리를 만드는 사회가 된다.

③ 양극화된 사회Polarized Society 기술의 발전은 반복적인 업무의 수행을 개선하지만, 노동자들이 적응에 실패해 노동시장의 양극화 현상이 나타난다. 자동화의 영향을 받은 노동자들은 반복적이지는 않으나 낮은 인지 능력을 요구하는 저임금 일자리 또는 저숙련의 일자리로 내몰리는 사회가 된다.

④ 독립적인 일자리 혁명Independence Revolution 지속적이고 앞선 교육 훈련 프로그램으로 노동자들이 점진적인 기술의 발전을 따라간다. 플랫폼의 도움으로 노동자들은 독특한 기술을 효율적으로 제공할 수 있게 되면서 점점 더 전문적이고 독립적인 노동자가 된다.

이 시나리오들은 인공지능과 로봇 등에 의한 자동화에도 불구하고 인간이 새로운 능력을 개발하는 데 주저하지 않는다면 전문성과 독립성을 갖춘 질 높은 일자리를 창출할 수 있을 것이고 그렇지 않다면 대량 실업과 양극화가 발생할 수 있다는 것을 시사한다. 기술 발전에 맞게 능력을 개발하면 높은 생산성을 발휘하는 일부 전문직들은 살아남을 수 있다는 희망적인 전망을 펼치지만, 사라진 일자리에 대한 대책이나 새롭게 생길 일자리 분야에 대한 전망을 제시하지 못한다는 점이 이 시나리오의 한계다.

기술의 능력과 사회 다양성 시나리오

미래 사회를 전망하는 데 가장 핵심적인 변화 동인은 범용기술로 등장하고 있는 인공지능이다. 인공지능이 기술의 축이라면 또 다른 축은 사회의 발전 정도와 성격을 특징짓는 사회의 다양성 정도다. 이번에는 인공지능의 발달 정도와 사회의 다양성 정도를 두 개의 축으로 하여 미래를 전망해 보고자 한다. 인공지능은 발달 정도에 따라 인간의 두뇌와 같이 다양한 기능을 수행할 수 있는 강強 인공지능과, 특정 기능만을 수행할 수 있는 약弱인공지능으로 구분한다. 강인공지능은 다양한 지적인 업무를 인간보다 더 뛰어나게 수행할 수 있는 인공지능을 의미한다. 사회의 성격은 다양한 분야에서 전문성을 발휘하는 대중의 힘이 큰 사회를 다양성(유연성)이 강한 사회로 정의하였다. 반대로 독점적인 인공지능을 소유한 기업의 지배력이 강한 사회를 전체성(경직성)이 강한 사회로 정의하였다. 인공지능과 사회 다양성을 축으로 하여 2×2매트릭스로 구

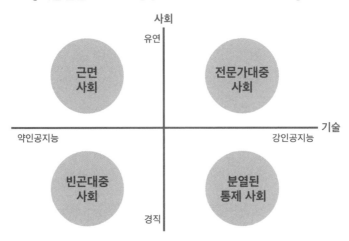

[기술 발전과 사회 다양성에 따른 미래 사회 시나리오]

성하면 네 가지 시나리오가 예상된다. 우리는 수십 년 내에 다음 네 가지 중 하나의 사회에서 살게 될 것이다.

① 빈곤대중 사회(약인공지능+다양성이 약한 사회) 약인공지능 소유자의 지배하에 획일화된 인재들이 낮은 수준의 노동으로 생계를 유지하는 사회. 인공지능이 발달하지 않아 생산성에서 획기적 증가가 일어나지 않고, 개성을 상실한 대중이 생계를 위해 숙련도가 낮은 일에 종사하는 사회다. 획일적 사회 구조가 유지되면서 낮은 생산성과 저임금 고용 구조가 유지되는 사회로, '글로벌 하청'이라고 할 수 있는 개발도상국이 이런 사회가 될 가능성이 높다.

② 근면 사회(약인공지능+다양성이 강한 사회) 인공지능의 지배력이 약하거나 인공지능이 시민사회에 의해 통제되고 있고, 인간의 다양성과 개성이 존중되는 인본주의 성격의 사회다. 다양한 분

야에서 인공지능을 활용해 개성을 발휘할 수 있는 일을 하지만 생산성이 높지 않아 소득 수준이 비슷하고 모두 열심히 일해야 하는 사회로, 인공지능의 발전이 뒤처진 유럽의 복지국가들이 이런 사회가 될 가능성이 높다.

③ 분열된 통제 사회(강인공지능+다양성이 약한 사회) 강인공지능 소유자의 지배하에 획일화된 인재들이 대다수 실업 상태인 사회다. 인공지능을 소유한 독점적 기업이 생산 등 제반 경제 영역에서 자동화로 고용을 줄이고 이윤을 극대화한다. 획일적 사회 구조로 사람들의 다양성이 개발되지 못한 상태에서 실업이 증가해 사람들의 불만이 커지고, 소득이 없어 소비가 감소하여 경제가 정체된다. 극심한 양극화로 사회불안이 증가하면서 경찰 등 공권력의 통제가 강화되고 사회 분열이 지속된다. 글로벌 자본의 지배력이 강하고 시민사회의 역량이 약한 중진국의 함정에 빠진 나라들이 이렇게 될 가능성이 높다.

④ 전문가대중 사회(강인공지능+다양성이 강한 사회) 강력한 인공지능 기술과 기업이 등장하지만 동시에 다양한 사람들이 전문성을 발휘하며 인공지능을 활용해 새로운 가치를 만들어내는 사회다. 인공지능을 활용한 생산성의 향상으로 노동시간이 줄어들고, 사람들은 다양한 개성을 발휘하며 여가시간을 즐긴다. 다양성을 강조하는 사회 분위기 속에서 새로운 직업들이 나타나고, 수요 역시 다각화되어 생산물과 서비스가 활발히 공유되며 사회가 풍요로워진다. 도시는 호혜에 기반한 시민들의 공동체로 변하고 이

를 기반으로 자연생태계를 보전하면서 새로운 문명사회를 건설한다.

미래 사회로의 전환 로드맵이 필요하다

어떤 동력을 주요 요소로 보느냐에 따라서 미래 사회의 발전 경로를 위와 같이 예측할 수 있다. 인간이라는 존재가 자신의 다양성을 발휘할 때 행복을 느낀다는 점에서 다양성은 사회 발전의 중요한 가치다. 전체성이 강요되는 사회에서는 구성원 사이에 상당한 갈등이 있을 것이다. 따라서 직업이 다양한 사회가 곧 발전된 사회라고 볼 수 있고, 이러한 사회로 가기 위해 다양성 강화를 위한 노력이 필요하다.

사회 구성원 중에 획일적 인재들이 다수인지, 다양한 일을 만들 수 있는 창의적이고 개성을 가진 인재들이 다수인지에 따라 사회의 운명이 갈릴 수 있다. 전자의 경우, 인공지능으로 무장한 플랫폼을 대기업이 지배하고 노동에서 배제된 사람들은 기본소득을 받는 사회가 될 수 있다. 다국적 대기업도 대중을 기본소득으로 먹여 살리며 수요를 만들어내고 사회 불안을 막고자 할 것이다.

다른 길은 인공지능을 활용할 능력을 지속적으로 개발하고 학습하여 자신의 개성을 찾는 사람들이 늘어나는 것이다. 이들로 인해 다양한 직업과 산업이 생기면서 창조적인 중소도시 속에서 다양한 일과 삶, 문화와 예술을 추구하는 사회가 조성될 수 있다.

인공지능의 도움으로 새로운 일을 점점 더 쉽게 배우고, 전문적인 수준에도 빠르게 도달하는 것이 가능해지고 있다. 이 방향으로 가기 위해서는 획일화된 대도시 혹은 '빅 브라더'가 될 수 있는 플랫폼의 독재를 극복하고 공동체성과 다양성을 강화해야 한다. 한마디로 로봇이 만든 생산물의 가치보다 인간의 개성이 들어간 생산물의 가치가 더 크게 평가되고 거래되는 사회가 되어야 한다는 뜻이다.

인공지능과 인간의 다양성은 미래 사회의 중요한 키워드다. 인공지능에 의해 인간의 개성이 사라질까? 아니면 인공지능으로 인해 인간의 다양성이 더욱 풍부해질까? 미래는 다른 무엇도 아닌 우리의 선택과 의지, 노력에 달려 있다.

22장

복지의 미래,
소득보험

현재의 문제를 해결하고, 미래를 대비하고, 관리의 효율성을 높일 수 있는 새로운 사회보장제도를 마련해야 할 시기에 다다랐다. 고용을 중심으로 한 복지제도는 산업혁명과 동시에 시작되었다. 조사에 따르면 영국은 산업혁명 초기인 1770~1810년에 실질임금이 10% 하락했고 실질임금이 인상된 것은 산업화가 시작되고 60~70년이 지난 시점이었다. 미국에서도 19세기 말~20세기 초에 일어난 산업화로 엄청난 전환 비용이 발생했다. 대량생산 공장이 증가하며 고용주들은 카르텔과 독점을 형성하며 부를 축적했고, 노동자들은 저임금과 열악한 노동환경 속에서 노동조합을 결성해 폭력적인 파업을 벌이기도 했다. 이런 긴장 상태가 완화되기까지는 수십 년이 걸렸다.

국가는 산업 시대를 맞이하는 노동자들을 도와주기 위해 건강보험, 의료보험, 퇴직연금 등 사회보장제도와 실업보험을 개발하였다. 여기에 소요되는 재원은 기업과 노동자가 같이 부담했다. 즉 기업과 고용 중심의 복지제도가 정착된 것이다. 그러나 이러한 산업 경제의 복지제도는 디지털 경제로 전환됨에 따라 고용의 유동성이 증가하고 노동의 형태가 다양화되면서 제 기능을 못 하고 있다.

점차 확대되는 기본소득 도입 주장

현재 우리 사회는 불안한 미래에 대한 우려로 전 국민 기본소득에 관한 관심이 높아지고, 코로나19로 실업자가 증가하면서 전 국민 고용보험의 필요성이 절박해지고 있다. 한국 사회에 필요한 사회보장제도는 무엇인가를 고민하고 새로운 해결 방안을 찾아야 할 때다. 왜 새로운 방향인가? 현재 이루어지고 있는 주된 논의는 국민이 느끼는 불안감에 기반하고 있지만, 그 불안감을 근본적으로 해결할 수 있는 구조적 대안과 사회 발전의 동력은 제시하지 못하고 있기 때문이다. 한국의 현실에 뿌리를 내리고, 디지털 전환이 심화되고 있는 미래를 내다보는 사회보장제도에 대한 논의가 필요하다.

기술 발전이 가속화되면서 노동의 수요가 감소하면 소비자이기도 한 노동자가 급여로 기본적인 생활에 필요한 소득을 보장받지 못하고 일자리에 대한 희망을 잃게 될 것이며 양극화는 심화될 것이라는 우려가 증가하고 있다. 앞으로 이 문제를 해결하지 않으면 경제는 악화 일로를 걷게 될 것이고 사회 불안이 증가할 것이다. 이에 대한 대안으로 새로운 사회계약이 제안되고 있다. 회사나 업종을 옮기더라도 혜택을 받을 수 있는 이동식 혜택을 주는 시민 계좌citizen account 개설, 빈곤 노동자를 돕는 근로소득 세액공제EITC, Earned Income Tax Credit 확대, 시간제 근무에 대한 지원, 보편적 기본소득 제공 등이다. 이 중 가장 파격적인 제도는 보편적 기본소득이다. 이는 모든 국민이 일이나 소득에 관계없이 매월 일정 금액을 국가로부터 지급받는 것을 말한다. 여러 국가에서 다양한 형태로 실험이 이뤄지고 있고 여러 장단점이 나타나고 있다. 문제는 그 재원이 결국 세금에서 나올 수밖에 없다는 점이다. 실질적 생활 보장에 필요한 기본소득을 제공하기 위해서는 세부담이 급격히 증가해야 하는데 이는 국민의 동의를 얻기 쉽지 않다. 이미 상당히 많은 세금을 부담하고 있는 북유럽 국가들도 기본소득에 필요한 추가 세부담에 대해서는 반대가 많다. 전국 단위로 기본소득을 도입할 경우 소득기준점을 올려서 인플레이션을 유발하고 결국 현금 가치도 하락할 것이기 때문에 소득 보조 효과가 없게 된다는 지적도 있다.

새로운 사회보장 프로그램을 위한 재원 마련에는 몇 가지 방법이 제기되고 있다. 우선 언급되고 있는 것은 소득 상위 1%의 세금 인상이다. 또 다른 방법은 고가 소비재에 대한 누진세를 높이는 것이다. 급진적인 방법으로는 연대세solidarity tax가 있다. 연대세는 고액 순자산 보유자가 가진 토지, 주식, 연금, 금융자산에서 부채를

뺀 순자산에 부과하는 세금을 말한다. 그러나 이러한 세금 증가는 경제적으로 성공한 사람들의 경제활동을 위축시키고 전체적인 경제 활력을 떨어트려 결국 국민경제에 도움이 되지 않는다는 반론을 극복하기 어렵다. 또한 기득권층의 정치적 반발을 불러일으켜 사회적으로 합의를 끌어내고 정치적으로 제도화하기는 더욱 어려울 것이다.

기본소득 주장은 기술의 발달로 대다수의 일자리가 없어질 것이라는 미래에 대한 우려 때문에 관심이 증가하고 있다. 양극화가 심화된 한국 사회에서 소득재분배 효과는 기대할 수 있겠지만 취약 계층 우선 지원제도와 같은 기존의 사회보장제도보다 취약 계층에 주는 직접적인 도움은 적어질 것이다. 동시에 재정 부담이 가중되고 생산 활동이 줄어드는 도덕적 해이를 유발할 수 있으며 새로운 사회 시스템을 만들어갈 역동적이고 현실적인 동력을 제시하지 못하고 있다.

기업 중심 복지의 종말

현재의 복지제도는 기업 중심의 복지다. 기업에 고용된 사람들을 대상으로 의료보험, 퇴직연금, 실업보험 등 사회보장 비용을 기업과 노동자가 분담하고 있다. 그러나 우리나라 경제활동 종사자의 절반에 달하는 1240만 명이 고용보험에 가입되어 있지 않고, 사회안전망 밖에서 불안한 경제활동을 이어가고 있다. 보험설계사, 학습지 교사, 골프장의 캐디, 레미콘 운전자, 지입차주 등과 같은 특수형태근로종사자(특고)뿐만이 아니라 초단시간 근로자(주당 소정근로시간이 15시간 미만인 단시간 근로자), 가구 내 고용활동자(사업주 및 자영업자와 무급가족종사자와 같은 비임금 근로자)를 비롯하여 최근에 증가하고 있는 플랫폼 노동자, 독립계약자, 1인 자영업자, 아르바이트 등은 고용보험의 혜택을 받지 못하고 있다. 사용자들도 이 같은 고용보험의 사각지대에 있는 노동자들을 양산하고 있다. 최근에 예술인을 고용보험 가입 대상으로 포함하는 법개정이 이뤄졌으나, 이렇게 업종을 추가하는 방식으로는 근본적인 해결을 할 수 없을 뿐만 아니라 사례별로 노동자성을 따지며 적용 범위를 줄타기하는 사회적 논란만을 가중할 수 있다. 이런 상황에서 대안으로 제시되는 것이 전 국민 고용보험이다. 전 국민 고용보험은 고용보험 가입자를 늘리고, 소득 상실에 대비한 안전망을 강화한다는 점에서는 긍정적이다. 그러나 전 국민 고용이라는 불가능한 목표를 제시하고, 미래 노동시장의 변화를 반영하지 못한다는 문제점을 내포하고 있다.

새롭게 구상되는 사회보장제도가 한국의 노동시장을 개선하는 데 기여할 수 있는지를 살펴보는 것도 중요하다. 한국의 노동시장은 앞에서 이야기한 대로 이중구조라는 심각한 문제를 안고 있다. 이는 공정한 대우를 왜곡해서 혁신을 저해하는 요인으로 작용한다. 보호받는 소수의 고임금 종사자들이 다수의 저임금 노동자들 위에서 혜택을 누리는 구조다. 사회보장제도는 노동시장의 이중구조라는 현실 속에서 이를 개선하는 데 기여할 수 있어야 한다.

기본소득은 소득재분배 효과가 있지만, 본질적인 노동의 차별을 해결하는 방안이 되기에는 미흡하다. 전 국민 고용보험은 실업보험의 혜택을 확대한다는 측면에서는 긍정적이나 미래의 노동시장 변화를 따라가지 못하는 한계가 있다.

기업의 노동력 아웃소싱은 정보화와 디지털 기술, 디지털 경제의 발달에 따른 현상이라고 할 수 있다. 업무가 표준화되고 온라인으로 처리할 수 있는 일이 늘어나면서 직원을 고용하여 사업장에서 관리하지 않아도 생산성의 저하가 일어나지 않고 비용을 절감할 수 있게 되면서 아웃소싱이 늘어났다. 이는 신자유주의의 확산과 함께 기술의 발전에 따른 자연스러운 결과라고 할 수 있다. 한편 노동력의 아웃소싱화는 노동시간과 공간의 유연화, 노동자의 결정권 증가라는 측면에서 긍정적인 면도 있다. 재택근무를 비롯하여 다양한 방식의 근무 형태와 계약 형태가 확대되면서 고용과 노동시간이라는 경계가 모호해지고 있다.

디지털 경제의 발달은 사회보장제도를 '고용'이라는 경제활동의 조건이 아니라 '소득'이라는 경제활동의 결과를 중심으로 새롭게 구축해야 한다는 과제를 제기하고 있다. 산업화 시대에는 고용의 측면에서 노동자를 보호할 수 있는 노동조합 단결권과 고용보험이라는 사회보장제도가 필요하였으나, 앞으로는 고용이 유연화되기 때문에 소득의 측면에서 사회보장제도가 구축돼야 한다. 노동 방식이 개인화·소규모화되고 노동의 결과물이 콘텐츠와 알고리즘으로 변하는 시대에 더 이상 사업자에게 고용되어 노동력을 제공하는 방식으로는 혁신을 이끌어낼 수 없다. 한국 사회의 엘리트들이 고수익의 안정적인 직장을 선호하고, 혁신적이고 모험적인 경제활동에 나서지 않고 안주하는 것도 현재의 제도가 변화에 조응하지 못하여 오히려 고소득자를 과잉보호하고 저소득자를 차별하는 구조를 만든 역진화 현상이라고 할 수 있다.

왜 소득보험인가

일부 노동계와 복지 분야에서 소득 중심의 사회보장 체계로의 개편이 필요하다는 주장이 제기되고 있으나, 구체적인 방안은 부재한 상황이다. 이런 상황에서 실현 가능한 전 국민 소득보험의 방안을 제안하고자 한다. 덧붙여 이 방안이 어떻게 현재 노동시장의 이중구조를 해소하고, 경제활동과 혁신을 촉진하며 사회보험의 관리 비용을 줄이고 지속가능하게 할 것인가를 설명하고자 한다.

첫째, 소득보험의 가입 조건은 경제활동에 따른 소득의 발생이다. 이때의 소득은 원칙적으로 이자 및 배당의 자본소득은 제외하고 근로소득과 사업소득에 한정한다. 지금은 노동법으로 정한 고용의 조건에 따라서 노동자성의 여부가 판정되고, 근로자로 판정되면 보호를 받을 수 있다. 그러나 근로자로 판정되지 않으면 실업급여나 산재보험과 같은 사회보장의 대상에서 제외된다. 이러한 이분법적 제도 운영을 개선해야 한다. 소득 중심의 사회보장이란 고용 여부와 근로 기간과 관계없이 어떤 형태이든지 노무를 제공하여 발생하는 소득을 기준으로 소득보험에 가입할 수 있는 것이다. 이렇게 되면 정년 제한이 실질적으로 사라진다. 노무 제공의 계약이거나 1인 기업으로 용역을 제공하는 등 자영업자를 포함하여 모든 소득이 발생하는 경제활동에 종사하는 자는 소득보험에 가입하게 된다. 이 경우 전 국민 고용보험이 초래할 수 있는, 고용되지 않았는데 고용보험에 가입하는 모순적인 용어 및 개념상의 혼란도 피할 수 있다.

둘째, 소득보험의 보험료 기준은 급여가 아닌 소득이다. 현재는 노동법의 고용에 해당할 경우 근로자가 급여의 0.8%를 고용보험료로 내고, 사용자가 동일한 금액을 분담금으로 내게 되어 있다. 국민연금도 동일하게 사용자가 분담금을 낸다. 이는 기업이 고용을 꺼리게 만드는 요인으로 작용하고 있다. 고용에 대한 부담이 혜택과 차별로 작용하고 있는 것이다. 소득을 중심으로 사회보험이 개편될 경우 이러한 문제를 해결할 수 있다. 모든 경제활동을 하는 사람들은 특정 기업에 전속되어 노무를 제공하든, 다양한 거래처에 노무를 제공하든 상관없이 소득보험에 가입하여 얻은 소득에 비례해 보험료를 납부하면 된다. 이 경우 기업의 분담금이 없어지기 때문에 이에 해당하는 금액과 자영업자에 대한 추가 보험료는 법인세와 부가가치세를 올려 그중 일부를 사회보장세로 전환할 수 있다. 기업체로서는 고용에 따른 의무적 비용이 발생하지 않고, 연말에 수익에 따라 정산하는 방식이기 때문에 오히려 노무 제공자와 계약을 늘릴 가능성이 크다. 즉, 경제활동 종사자를 늘려 실업자를 줄이면 국가 전체적으로 소득이 증가하는 효과가 있다. 소득의 증가는 소득보험의 기금을 튼튼하게 하는 데도 도움이 된다.

셋째, 소득보험의 혜택 대상은 현재의 실업급여 조건인 강제적 퇴사자만이 아니고 소득이 줄어들거나 없어진 모든 사람을 포함한다. 새로운 직장으로 옮기기 위해 재교육을 받거나 창업을 하기 위해 자발적으로 퇴사한 사람, 코로나19와 같은 재난 상황으로 소득이 급격하게 줄어든 자영업자도 소득 보전금(실업급여)을 받을 수 있다. 물론 일정 기간 보험료를 납부했던 조건을 충족해야 하고 납부 보험료의 액수에 비례하여 소득 일부를 보전받게 한다. 이는 노동력의 질을 높이고, 안정적인 고소득 엘리트들이 창업이라는 혁신적인 경제활동에 참여하도록 독려해 전체적으로 경제성장에 도움이 될 것이다. 또한 개별화되는 미래 디지털 시대의 노동에 대한 사회적인 안전망을 확대하여 다양한 직업이 늘어나는 데 기여할 것이다. 한편 아직 직업을 갖지 못하고 소득 활동을 시작하지 못한 청년들을 위해서는 청년 자본을 지급하여 구직을 위한 자기계발이나 창업 기금으로 사용하도록 하는 보완적 제도도 필요하다.

물론 도덕적 해이에 대한 대책도 마련해야 한다. 한동안 소득을 높게 만든 후 자의적으로 일을 줄여 소득보험으로 차액을 보전하는 행위를 방지하는 방안이 필요하다. 보험금 기여 금액과 기간에 비례하여 수급 기간과 금액을 차등하는 보완책도 있어야 한다. 나아가 노동 의욕이 있어도 취업을 하지 못하는 경우 또는 직업적으로 사회봉사 활동을 원하는 사람들에게 최소 소득 보장으로 참여소득을 제공하는 방안도 있다. 사회봉사 활동이나 사회적 경제활동 등 사회에 유용한 활동 및 참여에 대하여 보편적인 정액 급여를 주는 방안이다. 이는 사회적 연대와 사회보장의 확대에 기여할 것이다.

넷째는 보험관리의 간편화와 통합이다. 노동시장의 이중구조로 대부분의 중소기업 종사자들이 현재의 직장에 만족하지 못하고 빈번하게 직장을 옮기고 있다. 1년에 고용보험 가입자의 절반이 신규 취득자이고, 절반이 자격 상실자다. 1년에 피고용자의 절반이 직장을 옮기고 있다. 이 때문에 보험관리공단뿐만 아니라 기업도 매년 자격변동 행정 업무에 비용을 지출하고 있다. 아르바이트를 포함하여 모든 경제활동 종사자가 국가보험에 한 번만 가입하고, 기업이나 개인은 소득이 발생했을 때만 금액을 보험공단에 신고하면 행정 처리를 간소화할 수 있다. 기업도 경제활동 이외에 국가가 수행해야 할 보험 업무를 대신 처리하는 비용을 줄일 수 있다. 소득보험료 징수 업무를 국세청에서 대행하면 더 정확하고 빠른 행정 처리가 가능할 것이다. 나아가 소득보험, 국민연금, 건강보험 모두 소득을 기준으로 보험료를 책정하고 관리하면 사회보험 관리 업무를 통합할 수 있다. 특히 건강보험의 경우 직장가입자는 소득을 기준으로, 지역가입자는 재산을 기준으로 보험료를 부과하고 있는데 이러한 이중 기준은 우리나라만이 유일하게 채택하고 있다. 자영업자의 사회보험료 지원제도, 근로장려세제, 실업급여와 창업 지원 등으로 분절화된 사회보장 및 경제활동 지원제도도 통합할 수 있다. 모든 경제활동과 소득을 개인 계좌 방식으로 통합하여 운영하는 대안도 필요하다.

다섯째, 소득보험은 노동시장의 이중구조를 해소하고 사회통합에 기여할 수 있다. 과잉보호되고 있는 고소득 직장인의 소득보험 기여금은 저소득 불안정 직업인들의 생활 안정과 재교육 및 자기계발에 도움을 준다. 고용에서 소득으로 경제활동의 기준이 바뀜에 따라 기업에서도 정규직과 비정규직의 차별을 줄이고 동일노동 동일임금을 채택하게 하는 유인책으로 작용할 것이다. 소득 감소와 실업에 대한 두려움으로 창업에 나서지 못하는 사람들에게도 혁신적인 경제활동을 부추기는 역할을 할 수 있다.

여섯째, 소득보험은 현재 활발히 논의 중인 전 국민 기본소득을 위한 제도 정비로도 기능할 수 있다. 기본소득은 고용적 노동에서 해방되어 기본적인 사회생활을 보장하면 자유롭고 더 인간적인 사회활동이 촉진될 것이라는 희망에 근거하고 있다. 이에 동의하는 바이며 기본소득이 고용적 노동을 완화하고 궁극적으로는 해방시켜 인류가 독립적 경제활동으로 나아가게 할 것으로 믿는다. 그러기 위해서는 먼저 기술에 의한 생산성의 급속한 향상, 노동시간을 감소시키며 고용을 유지하는 사회적 합의, 높은 세금과 사회보장 지출에 의한 소득재분배 등이 이뤄져야 한다. 소득보험은 소득이라는 측면에서 사회보장 시스템을 재편하고 궁극적으로 기본소득이 가능한 사회경제적 기반을 마련하는 데 도움이 될 것이다.

고용은 인간을 경제활동에 종속된 존재로 만들지만, 소득은 인간을 경제활동의 주체로 만들 수 있는 개념이다. 고용이라는 기준에 따르며 불안과 안정 사이에서 줄타기할 필요 없이, 소득을 기준으로 행동할 경우 더욱 주도적인 경제활동이 가능하다. 또한 소득이 감소할 경우 소득보험으로 소득을 보전받기 때문에 더욱 적극적으로 삶을 살 수 있다. 일정 수준의 생활을 영위할 수 있는 소득을 얻을 경우 더 이상 노동에 끌려다니지 않고 하고 싶은 일을 하고 보람 있는 활동을 할 수 있다. 이는 사람들에게 사회가 기본적인 생활을 위한 소득을 보전해 주는 것이 사회의 풍요와 발전을 위해 필요하다는 인식이 자리 잡도록 하는 데도 도움이 될 것이다. 위의 조건들이 선행되면 현재 제기되고 있는 기본소득에 대한 우려들, 예를 들어 노동에 대한 동기 부여 부족, 막대한 재정 부담, 사회보장제도와의 충돌 등도 모두 불식시키고 새로운 사회보장제도가 성공할 수 있다고 본다. 또한 앞에서 논의한 미래 사회 시나리오 중 전문가대중 사회로 전환하는 데에도 소득보험 제도가 도움이 될 것이다. 인공지능의 활용 능력을 높이고 다양한 개성을 추구하는 사회를 이루기 위해서도 소득보험 제도가 필요하다.

현재 한국 노동시장의 구조적 문제점을 해결하고, 디지털이라는 변화에 대응해 혁신을 촉진하며 경제활동을 안정시키고 사회통합을 촉진하고 사회보장 관리체계를 효율화하는 방안은 전 국민 소득보험이다. 시급히 실행 방안을 논의하고 제도를 마련해야 한다.

과거를 되돌아보고,
미래를 향해 발을 내딛자

이 책에 5년 동안 싱크탱크 (재)여시재에서 '디지털과 사회 변화'를 주제로 연구한 결과를 담았다. 연구를 진행하면서 여러 가지 질문이 꼬리에 꼬리를 물었다. 디지털이란 어떤 기술인가? 디지털은 사회의 운영 방식을 어떻게 바꿀 것인가? 디지털 세력은 누구이고, 추구하는 가치는 무엇인가? 디지털은 현재 사회(산업사회와 디지털 사회가 혼재된 사회)를 근본적으로 다른 사회로 바꿀 것인가? 디지털사회가 근본적으로 다른 것은 무엇인가? 디지털이 가져올 위험은 무엇인가? 디지털은 인류에게 어떻게 기여할 것인가? 어떻게 우리나라가 디지털 분야에서 앞설 수 있을까? 많은 질문에 아직도 답을 찾아가는 중이다.

디지털이 가져온 변화에 대한 현시점의 잠정적인 결론은 다음과 같다.

첫째, 디지털은 전문성의 대중화, 지식의 민주화를 가능하게 했지만 동시에 지식의 혼돈(가짜뉴스, 편향성, 양극화)이라는 극복해야 할 문제를 남겼다. 지식의 주체로 인공지능이 등장했고 역할이 커지고 있다.

둘째, 연결된 개인의 강화다. 네트워크 속에서 개인의 능력과 영향력이 커졌고, 인공지능과 로봇의 도움으로 육체도 보강할 수 있게 되었다. 그러나 동시에 슈퍼파워, 승자독식의 우려와 개인정보 유출, 개인에 대한 감시와 조종이라는 문제도 등장하고 있다.

셋째, 인간이 사용하는 도구가 갈수록 자동화되고 지능화된다. 이는 개인의 능력 향상, 업무 생산성 향상으로 이어지는 한편, 노동에서 인간을 배제해 실업을 유발한다는 우려도 커지고 있다. 불안정한 고용의 문제는 새로운 사회보장제도, 고용이 아닌 소득 중심의 사회보장제도 도입을 요구하고 있다.

넷째, 인간이 모인 조직의 규모가 작아지고, 계층 조직에서 수평 조직, 통제적 조직에서 자율적 조직으로 바뀌고 있다. 이는 디지털에 의한 커뮤니케이션 용이와 비용의 감소에 따른 것이기도 하다. 재택근무 확산, 도심 사무실의 축소와 분산 사무실 확대로 이어지고 있다.

다섯째, 생산과 공급, 소비를 포함한 경제활동의 방식이 플랫폼으로 바뀌고 있다. 플랫폼은 작은 기업을 포함하여 모든 기업의 허브 역할을 하면서 영향력을 확대한다. 글로벌 플랫폼 기업들의 독점화, 정치적 영향력의 증대에 대한 우려가 있다.

여섯째, 사람과 서비스를 중심으로 하는 공간의 지능화다. 온라인 쇼핑은 시작이고 교육, 의료, 업무 등 각종 서비스와 활동이 개인과 집을 중심으로 이뤄질 것이다. 기업, 직장을 중심으로 구성된 도시의 공간은 집, 커뮤니티를 중심으로 변할 것이다. 공간이 지능화되면서 공간에 대한 통제권을 누가 가질 것인가를 두고 국가와 개인, 공동체가 대립하게 될 것이다. 지능화된 공간은 쉽게 감시공간이 될 수 있다. 디지털의 발달은 더 높은 수준의 민주주의를 요구하고 있다.

이러한 변화는 개인에게는 물론 기업과 도시에 기회이면서 위기일 수 있다. 이를 정확히 인식하고 미래를 준비하는 데 도움이 되기를 바라면서 이 책을 집필했다. 필자도 아직 모르는 부분이 많고 변화라는 것이 불확실한 것이기 때문에 미래는 의도대로 되지 않을 수 있다는 걱정도 든다. 그러나 생각을 나누면서 독자 스스로 어떤 견해를 가지게 되었다면 소임을 다했다고 본다.

이 책을 집필하면서 여러 선구자와 전문가의 도움을 많이 받았다. 많은 저자와 학자에게 고마움을 표한다. 직접적인 도움을 주신 분들도 많다. 우선 여시재에서의 연구를 후원해 주신 한샘드뷰연구재단 조창걸 이사장님께 감사를 표한다. 이사장님은 재정적인 지원뿐만 아니라 연구 주제에 대해 많은 혜안을 주셨다. 4년 동안 여시재 원장으로 이끌어 주신 이광재 국회의원님께도 감사를 표한다. 이외에도 여시재에서 함께 했던 많은 연구원의 조언이 이 책의 완성도를 높이는 데 도움이 되었다.

필자가 연구자로서 또 정책 개발자로서 성장하는 데 도움을 주신 분들이 많지만, 특히 돌아가신 노무현 전 대통령님과 이민화 벤처기업협회 회장님께 감사드린다. 노 대통령님은 국회의원과 비서관이라는 관계로 만나 첫 직장 상사로 모시며 4년을 함께한 분이다. 견제와 균형이라는 민주주의에 대한 원칙, 사람 사는 세상이라는 가치를 배울 수 있었다. 상임이사로 (사)창조경제연구회 고 이민화 이사장님과 함께한 2년은 길지 않았지만, 격렬하게 일하고 배운 시간이었다. 벤처, 혁신 생태계, 과학기술 및 사회정책, 생명경영 등 많은 분야에 관한 뛰어난 통찰을 옆에서 배울 수 있었다. 두 분 모두 치열하게 살며 시대를 개척하셨다. 필자가 작은 열정을 유지할 수 있었던 것은 두 분의 뜨거운 열정의 온기가 남아 있기 때문일 것이다. 마지막으로 많은 깨달음을 주고 이 책의 추천사를 써주신 이광형 KAIST 총장님, 김도연 (재)여시재 이사장님, 염재호 SK이사회 의장님께도 감사를 드린다. 그러나 역시 가장 큰 지지자는 예쁜 서영, 멋진 태연, 사랑하는 아내 김효미였다.

그동안 되돌아보고, 발을 내딛자는 마음을 가지고 살았다. 이 책은 5년 동안의 연구를 돌아보고, 다음 연구를 위한 디딤돌이다. 독자들에게도 지난 사회의 흐름을 반추하고, 미래를 전망하며 발을 내딛는 데 도움이 되기를 바란다.

2021년 3월 8일
백석동길에서 저자 이명호 씀

/ 주석 /

8장

1) 「일자리의 미래는 사회 하기 나름」,《뉴스위크 한국판》 1366호

2) 「독일 4차산업혁명 현장 가다-독일 인더스트리4.0 전략」,《매일경제》

9장

1) 사회보장위원회, 『빅데이터 시대, 사회보장 정보 연계 현황과 과제 자료집』, 2019.7.18.

10장

1) 김경훈 외, 「인공지능, 코로나19를 만나다」, 《AI TREND WATCH》, 2020-4호

2) 국회입법조사처, 『코로나19(COVID-19) 대응 종합보고서(개정증보판)』, 2020

11장

1) Suphachai Chearavanont, 「How digitization and innovation can make the post-COVID world a better place」, WEF, 2020.8.11.

2) David Vergun, 「AI Aids DOD in Early Detection of COVID-19」, DOD NEWS, 2020.9.22.

3) Sophie Porter, 「Digital transformation in the time of COVID-19」, Healthcare IT News, 2020.6.4.

4) Parth Desai and Dan Gebremedhin, 「Beyond Covid-19: 5 opportunities for startups to reshape the future healthcare landscape」, MedCityNews, 2020.7.22.

5) Benjamin K. Scott, Geoffrey T. Miller, Stephanie J. Fonda, Ronald E. Yeaw, James C. Gaudaen, Holly H. Pavliscsak, Matthew T. Quinn, and Jeremy

디지털 쇼크 한국의 미래

C. Pamplin, 「Advanced Digital Health Technologies for COVID-19 and Future Emergencies」, Telemedicine and e-Health, 2020.10.

12장

1) E. Warren, 「Here's how we can break up Big Tech」, 2019.3.8.
2) 최계영, 「디지털 플랫폼의 경제학Ⅰ: 빅데이터·AI 시대 디지털 시장의 경쟁 이슈」, 『KIDSI Premium Report』 20-01
3) 「House Democrats say Facebook, Amazon, Alphabet, Apple enjoy 'monopoly power' and recommend big changes」, CNBC, 2020.10.6.

16장

1) 「Covid19 and the workforce」, MIT Technology Review Insights, 2020
2) Gallup, 「COVID-19 and Remote Work: An Update」, 2020.10.13.
3) Global Workplace Analytics, 「Global Work-from-Home Experience Survey Report」, 2020
4) 「Coronavirus: What's the future for the office?」, BBC, 2020.5.25.
5) Global Workplace Analytics, 「Global Work-from-Home Experience Survey Report」, 2020
6) 「Coronavirus: What's the future for the office?」, BBC, 2020.5.25.

17장

1) 조천호, 『파란하늘 빨간지구』, 동아시아, 2019

/ 참고문헌 /

1부

2장
___ 니콜라스 네그로폰테,『디지털이다』, 커뮤니케이션북스, 1999
___ 앤드루 맥아피 외,『머신 플랫폼 크라우드』, 청림출판, 2018
___ 한국사회사학회 엮음,『지식변동의 사회사』, 문학과지성사, 2003
___ 피터 버크,『지식은 어떻게 탄생하고 진화하는가』, 생각의날개, 2017
___ 리처드 서스킨드 외,『4차 산업혁명 시대, 전문직의 미래』, 와이즈베리, 2016
___ 톰 니콜스,『전문가와 강적들』, 오르마, 2017

3장
___ 피터 F. 드러커,『자본주의 이후의 사회』, 한국경제신문사, 2003
___ 마셜 맥루언,『미디어의 이해』, 민음사, 2002
___ 이시다 히데타카,『디지털 미디어의 이해』, 사회평론아카데미, 2017
___ 유발 하라리,『사피엔스』, 김영사, 2015

4장
___ 숀 두브라박,『디지털은 운명이다』, 아름드리미디어, 2017
___ 한국언론학회 엮음,『커뮤니케이션의 새로운 은유들』, 커뮤니케이션북스, 2014
___ 이언 골딘 외,『발견의 시대』, 21세기북스, 2018
___ 에드먼드 펠프스,『대번영의 조건』, 열린책들, 2016
___ 앨프리드 챈들러,『보이는 손 1』, 지식을만드는지식, 2014
___ 제프리 D. 삭스,『빈곤의 종말』, 21세기북스, 2006

2부

7장

___ 이주호, 「코로나 위기를 21세기 에듀테크 도입 계기로 삼아야」, 《중앙일보》

___ 이주호, 「대학행정 교육부에서 분리해야」, 《중앙일보》

___ 이주호, 「미래 먹거리로 부상한 AI 교육혁명 불 지펴야」, 《중앙일보》

___ 이명호, 「4차 산업혁명시대의 대학, 해체까지 고민하지 않으면 살아남지 못할 것」, 《여시재 인사이트》

___ 이명호, 「치명적 자연재해가 준 선물, '협력의 DNA'가 네덜란드 만들었다」, 《여시재 인사이트》

3부

8장

___ 뉴 사이언티스트 외, 『기계는 어떻게 생각하고 학습하는가』, 한빛미디어, 2018

___ 독일연방노동사회부, 「노동 4.0 백서」, 2017

___ 어제이 애그러월 외, 『예측 기계』, 생각의힘, 2019

___ 이대열, 『지능의 탄생』, 바다출판사, 2017

___ 토머스 데븐포트 외, 『AI 시대, 인간과 일』, 김영사, 2017

___ 토비 월시, 『생각하는 기계』, 프리뷰, 2018

___ 「일자리의 미래는 사회 하기 나름」, 《뉴스위크 한국판》

___ 「독일 4차산업혁명 현장 가다- 독일 인더스트리4.0 전략」, 《매일경제》

9장

___ 캐시 오닐, 『대량살상 수학무기』, 흐름출판, 2017

___ 최윤희, 「데이터·AI 기반 바이오경제에 대한 한국의 사회적 수용성 현황과 과제」, 산업연구원, 2019

___ 「데이터 3법 정책브리핑」, 대한민국 정책브리핑, 2020.1.10.

___ 「데이터 경제 정책브리핑」, 대한민국 정책브리핑, 2019.8.8.

___ 사회보장위원회, 「빅데이터 시대, 사회보장 정보 연계 현황과 과제 자료집」, 2019.7.18.

___ 한국정보화진흥원, 「데이터 경제 기반 정책 연구. 4차산업혁명위원회」, 2018

___ 한국정보화진흥원, 「데이터 경제 활성화규제혁신 현장 보고서」, 2018

___ 한국정보화진흥원, 「데이터 경제를 위한 우리의 준비- AI와 데이터 그리고 플랫폼」, 2019

___ 정보통신정책연구원, 「4차산업혁명과 데이터 경제 컨퍼런스 자료집」, 2018

___ 관계부처 합동, 「데이터 산업 활성화 전략」, 2018

10장

___ 김경훈 외, 「인공지능, 코로나19를 만나다」, 《AI TREND WATCH》, 2020-4호

___ 국회입법조사처, 「코로나19(COVID-19) 대응 종합보고서(개정증보판)」, 2020

___ 「"경찰, 안면 인식 카메라 쓰지마"…美 캘리포니아주 금지법 통과로 논쟁 가열」, 《IT조선》

___ 「'제2 이루다' 아른거리는 안면 인식 AI」, 《미디어오늘》

___ 「코로나19 한국 따라하기 애먹는 독일…"서울 비하면 제3세계"」, 《매일경제》

11장

___ Anthony Pannozzo, 「Under COVID-19 pressure, healthcare finally embraces new digital tools」, mobihealthnews, 2020.6.25.

___ Christopher Eccleston, Edmund Keogh, Emma Fisher, 「Coronavirus has forced us to embrace digital healthcare」, theconversation, 2020.6.11.

___ Fagherazzi G, Goetzinger C, Rashid MA, Aguayo GA, Huiart L, 「Digital Health Strategies to Fight COVID-19 Worldwide」, J Med Internet Res 2020;22(6):e19284

12장

___ 마셜 밴 앨스타인 외, 『플랫폼 레볼루션』, 부키, 2017
___ 스콧 갤러웨이, 『플랫폼 제국의 미래』, 비즈니스북스, 2018
___ 아룬 순다라라잔, 『4차 산업혁명 시대의 공유경제』, 교보문고, 2018
___ 이언 골딘 외, 『발견의 시대』, 21세기북스, 2018
___ 최계영, 「디지털 플랫폼의 경제학Ⅰ: 빅데이터·AI 시대 디지털 시장의 경쟁 이슈」, 『KIDSI Premium Report』 20-01
___ 최계영, 「디지털 플랫폼의 경제학Ⅱ: 빅데이터·AI 시대 디지털 시장의 규제 이슈」, 『KIDSI Premium Report』 20-02
___ 「House Democrats say Facebook, Amazon, Alphabet, Apple enjoy 'monopoly power' and recommend big changes」, CNBC, 2020.10.6.

4부

15장

___ 조너선 해스컬 외, 『자본 없는 자본주의』, 에코리브르, 2018
___ 김은환, 『기업 진화의 비밀』, 삼성경제연구소, 2017
___ 이근 외, 『디지털 사회 2.0』, 21세기북스, 2019
___ 딜로이트 컨설팅, 『일의 미래』, 원앤원북스, 2018
___ 나이절 섀드볼트 외, 『디지털 유인원』, 을유문화사, 2019
___ 변부환 외, 『초연결성 시대의 가치와 혁신』, 북오션, 2018
___ 타일러 코웬, 『타일러 코웬의 기업을 위한 변론』, 한국경제신문, 2019

16장

___ 리처드 볼드윈, 『그레이트 컨버전스』, 세종연구원, 2019

___ 리처드 플로리다, 『도시는 왜 불평등한가』, 매일경제신문사, 2018

___ 에드워드 글레이저, 『도시의 승리』, 해냄, 2021

___ 제프리 웨스트, 『스케일』, 김영사, 2018

___ 니킬 서발, 『큐브, 칸막이 사무실의 은밀한 역사』, 이마, 2015

___ 이명호, 「재택/원격근무와 미래의 일 공간」, SPRI, 2020

___ 「The future of work in technology」, Deloitte Insights

___ 「COVID-19: Is this what the office of the future will look like?」, WEF, 2020.4.22.

___ 「The end of the office? Coronavirus may change work forever」, Financial Times, 2020.5.1.

___ 「How the office was invented」, BBC, 2013.7.21.

___ 「The office as we knew it is dead」, Business Insider, 2020.5.11.

___ 「Coronavirus has lifted the work-from-home stigma. How will that shape the future?」, NBC News, 2020.5.13.

___ 「How COVID-19 could impact workplace design: managing movement」, FRAME, 2020.5.11.

___ 「Post-pandemic workplaces will be decentralized, and empower employees, say #FrameLive panellists」, FRAME, 2020.5.28.

___ 「The Agile Workplace 2.0: designing for diversity on #FrameLive」, FRAME, 2020.5.29.

5부

17장

___ 이명호, 「플랫폼 경제의 명암: 기업가치 최상위권 점령한 플랫폼 기업들, 혁신과 독점의 기로에 서다」, 《여시재 인사이트》

___ 홍지연, 「글로벌 빅테크에 대한 규제 강화 추세」, 《자본시장포커스》 2021-02호

___ Carlo Amenta, Michele Boldrin, Carlo Stagnaro, 「Digital Platforms May

Be Monopolistic Providers, But They Are Not Infrastructure」, Promarket, 2021.1.26.

____ Francis Fukuyama, Barak Richman, Ashish Goel, 「How to Save Democracy from Technology」, Foreign Affairs, January/February 2021.

____ Jody Berger, Daphne Keller, 「Q&A with Daphne Keller of the Program on Platform Regulation」, Stanford Cyber Policy Center, 2020.8.20.

____ Lina M. Khan, 「What Makes Tech Platforms So Powerful?」, Promarket 2018.4.5.

____ Robert Sprague, Mary Ellen Wells, 「The Great Deplatforming: Can Digital Platforms Be Trusted As Guardians of Free Speech?」, Promarket, 2021.1.29.

____ 「What We Should Regulate Once We Regulate Social Media Platforms」, Daily Zsocial Media New, 2021.2.1.

____ 「Regulate Social-Media Companies」, Defenseone, 2021.1.27.

____ 「Big Tech's attention economy can be reformed. Here's how.」, MIT Technology Review, 2021.1.10.

____ 「Faith in government declines when mobile internet arrives」, The Economist, 2020.10.10.

19장

____ 김도현 외, 「국내 신산업 발전을 위한 규제법령 및 정책개선 방안 보고서」, 2020

____ 김문조 외, 「미디어 융합과 사회질서의 재구성」, 정보통신정책연구원, 2011

____ 김종길, 「접속시대의 사회갈등과 사회통합」, 정보통신정책연구원, 2005

____ 김준연, 「디지털 혁명과 사회적 갈등」, 《월간 SW 중심사회》 2019년 1월호

____ 윤정현, 「4차 산업혁명의 한국적 담론과 대응전략 진단」, 『4차 산업혁명론의 국제정치학』, 사회평론아카데미, 2018

____ 이광석, 『디지털의 배신』, 인물과사상사, 2020

___ 이명진 외, 「미디어 발전과 사회갈등 구조의 변화」, 《정보와사회》, 2011

___ 이수진 외, 「4차 산업혁명 시대, 각국의 사회갈등과 대응」, 《국토》, 2020

___ 이원재, 「한국에서의 기술혁신과 사회통합」, 《동아시아재단 정책논쟁》 129호

___ 이원태 외, 「소셜미디어 시대 사회갈등의 재탐색」, 《21세기정치학회보》, 2015

___ 이윤희, 「과학기술의 사회적 수용에 관한 연구」, 《한국사회학회 사회학대회 논문집》, 2009

___ 채종헌, 「4차 산업혁명 시대의 사회갈등 양상과 갈등관리의 중요성」, 《국토》, 2020

___ 칼 베네딕트 프레이, 『테크놀로지의 덫』, 에코리브르, 2019

___ 한국행정연구원, 「4차 산업혁명 시대의 사회갈등 양상과 갈등관리 연구」, 2020